MODERNIDADE, MULHER, IMPRENSA:

A revista O *Cruzeiro* no Brasil de 1928-1945

Leoní Serpa

Catalogação na Fonte
Elaborado por: Dayanne Leal Souza
Bibliotecária CRB 9/2162

S486m
2024

Serpa, Leoní
Modernidade, mulher, imprensa: a revista "O Cruzeiro" no Brasil de 1928-1945 / Leoní Serpa. - 2. ed. - Curitiba: Appris, 2024.
278 p. : il. ; 21 cm. (Coleção Ciências da Comunicação).

Inclui referências.
ISBN 978-65-250-6238-9

1. Propaganda. 2. Publicidade. 3. Mulher. 4. Papel feminino. I. Serpa, Leoní. II. Título. III. Série.

CDD - 305.4

Livro de acordo com a normalização técnica da ABNT

Appris editora

Editora e Livraria Appris Ltda.
Av. Manoel Ribas, 2265 - Mercês
Curitiba/PR - CEP: 80810-002
Tel. (41) 3156 - 4731
www.editoraappris.com.br

Printed in Brazil
Impresso no Brasil

MODERNIDADE, MULHER, IMPRENSA:

A revista O *Cruzeiro* no Brasil de 1928-1945

Leoní Serpa

Appris editora

Curitiba - PR
2024

FICHA TÉCNICA

SUPERVISOR DA PRODUÇÃO Renata Cristina Lopes Miccelli
REVISÃO Camila Dias Manoel
DIAGRAMAÇÃO Andrezza Libel de Oliveira
CAPA Giuliano Ferraz
REVISÃO DE PROVA Renata Cristina Lopes Miccelli

COMITÊ CIENTÍFICO DA COLEÇÃO CIÊNCIAS DA COMUNICAÇÃO

AGRADECIMENTOS

Gratidão aos meus familiares. Agradeço sempre o apoio das amigas e dos amigos. Aos acadêmicos e aos orientandos, pelas trocas e experiências. Aos colegas de profissão e àquelas pessoas que sempre contribuem para meu crescimento pessoal e profissional. Agradecimento especial ao professor doutor Astor Antônio Diehl, de quem tive a honra de receber orientações. Agradecimento especial também ao professor doutor Antônio Hohlfeldt, pela distinção do Prefácio desta obra. Teço agradecimentos pela convivência nos espaços de pesquisas: aos funcionários do Museu de Comunicação Hipólito da Costa, de Porto Alegre; à coordenação do Museu de Publicidade Hipólito da Costa, de Porto Alegre; e ao Gedoc, do jornal *O Estado de Minas*.

APRESENTAÇÃO

NA VITRINE E NO FOGÃO

De uma ou outra forma, todos nós já nos sentimos bicados e, por que não dizer, também vacinados pela experiência do tempo presente. É um momento de perplexidades como em qualquer outro momento, porém agora com a diferença de vivermos o tempo presente com todas as suas representações e linguagens. Parece que tudo escorrega entre os dedos da mão como areia seca do deserto. Se quisermos outra metáfora, podemos usar a do nevoeiro da subjetividade que encobre a experiência multifacetada e circunstancial de um momento cultural de saturação de informações, porém é também o momento de fome e ansiedade de compreensão do próprio momento em experimentação.

É nesse contexto que está inserido o trabalho de Leoní Serpa, cuja formação é no jornalismo. O livro "Modernidade, Mulher, Imprensa: A revista *O Cruzeiro* no Brasil de 1928-1945", que ora apresentamos, é resultado da dissertação de mestrado em História, defendida no curso de mestrado em História da Universidade de Passo Fundo sob minha orientação. Quero destacar dois aspectos que julgo resumirem a importância do seu trabalho.

O primeiro aspecto está vinculado à escolha da revista *O Cruzeiro* sobre a qual constrói seu sistema de referências para compreender as representações simbólicas sobre as mulheres e a modernidade brasileira durante o período do Estado Novo.

Apesar da grandiosidade e do fascínio que a revista possa ter em relação ao processo produtor de imagens e representações do Brasil, ainda são poucos os trabalhos mais sistemáticos sobre o seu papel na formação de uma cultura historiográfica brasileira. *O Cruzeiro* é um material riquíssimo para quem quer passar em revista a história mais recente do Brasil. As reportagens, as notícias, as fotos, as diferentes colunas, a publicidade e propaganda revelam o modo da construção e da mentalidade sobre a modernidade em um período ainda pouco trabalhado na historiografia brasileira.

O segundo aspecto está vinculado diretamente ao objeto de pesquisa, que investiga as ideias, as simbologias e as representações ligadas à história das mulheres a partir da revista. Nesse sentido, o título – "a máscara" – que se refere a publicação anterior - é também revelador quanto aos objetivos da autora. Considera-se que essa é uma história cheia de signos e de imaginários da propaganda da modernidade inspirada na cultura hollywoodiana, a qual possibilitou, por um lado, compreender a doutrina da beleza e do consumo. Por outro lado, a modernidade mascarada, através da propaganda dos últimos gritos em eletrodomésticos, estimulou o fato de a mulher continuar em casa ou facilitar o trabalho doméstico, apesar do seu ingresso lento no mercado de trabalho, e dar continuidade aos cuidados dela em relação à família.

Nesse sentido, a vitrine e o fogão revelam o imaginário feminino das páginas de *O Cruzeiro*, que, em tese, não se anulam, mas dão o lastro dessa nova mulher do pó de arroz e da moderna dona de casa. Higiene e beleza passam a ser os componentes, em extensionalidade e intencionalidade, das expectativas no horizonte da mulher representada na revista.

Nesse processo, a história pode revelar a condição humana naquilo que ela tem de mais fascinante e de mais temeroso. Nessa perspectiva, a noção experiência como prática da referência assume condição especial nos estudos históricos através das práticas dos sistemas de referência. Não basta apenas a consciência daquilo que está mudando e que fora condenado às trevas pela razão histórica moderna, de que estamos vivendo num tempo de experiências e práticas multiculturais, multitemporais e de interesses pluriorientados em termos historiográficos, os quais nos podem deixar perplexos frente aos nossos desgastados modelos explicativos.

O momento parece ser de revigoramento cultural e de inserção hermenêutica na compreensão do passado e, nesse sentido, rompe-se com o exclusivismo de uma verdade científica. Fato que, por si só, já pode gerar alguns problemas de repercussões teórico-metodológicas.

É bem verdade que, em tese, podemos afirmar que estamos assistindo a uma luta encarniçada entre as noções de espaço x tempo, a qual precisa, sem dúvida, de uma topoanálise diferenciada. O espaço antropológico está cada vez mais presente na experiência reconstituída em detrimento do tempo. E, neste caso, a função do espaço é a de reter o tempo comprimido ou, mesmo, imobilizado. No afirmar de Gaston Bachelard, o teatro do passado é a memória, onde o calendário do tempo só poderia ser estabelecido em seu processo produtor de imagens. Assim, o espaço garante para a noção experiência um lócus especial no debate historiográfico numa espécie de revanche da experiência antropológica sobre a estrutura e do local da cultura sobre a explicação. Está claro que a descrição densa da experiência enfatiza, de forma extraordinária, as formulações discursivas no passado sem a dinâmica do tempo, porém projetadas na atualidade como uma espécie de ciência do texto.

Por outro lado, já entendemos que o conhecimento do passado como meio de redenção do homem no futuro produziu monstros terríveis e o século XX é exemplar. Talvez o passado só exista mesmo apenas como experiência, como imaginação e como afetividade presentista, cujas leituras são aquelas que nos remetem para o seu fundamento metodológico *do como é possível de ser reconstituído* o sentido clandestino.

Nessa perspectiva, entendemos que este é o momento ou tempo de experiências que podem possibilitar a problematização do presente pelo passado no sentido de reconstituirmos *as idéias de futuro no passado* e, sobretudo, compreendê-las como os argumentos para *uma cultura da mudança*. Nesta orientação, a história como texto representativo das experiências humanas somente se deixa explicar e compreender a partir de três funções específicas. Vejamos: a) história como o processo de generalizações de motivos, de ações e de representações de perspectivas de futuro no sentido de orientações dos objetivos individuais e coletivos para o futuro agir; b) história é a soma de ações orientadas em modelos de explicação da experiência, integrando os aspectos pertinentes à multiplicidade, à heterogeneidade da conduta de vida e às relações sociais; c) história é a representação exemplar de critérios de regulamentação de experiências, que, por sua vez, sedimentam e estabilizam a construção de modelos legítimos e normativos da práxis social.

Essas três possibilidades, como potencialidades da experiência histórica, podem agora ser diferenciadas em um número extraordinário de funções específicas da cultura propriamente dita, dentre as quais podemos destacar as de motivação, de orientação, de satisfação, de disciplinaridade, de recrutamento e estratificação, de legitimação, de integração e, finalmente, de significação.

Metodologicamente, essas funções envolvem um amplo espectro de leituras das experiências. Pois bem, onde podemos perceber o envolvimento da experiência? Podemos perceber o envolvimento não apenas na materialidade da experiência, mas, sim, em estruturas de representação, tais como: na lembrança, na memória, na tradição, no simbólico, no imaginário, no psicológico, no local da cultura e, no caso da historiografia, em textos como resultado da racionalização e estetização das práticas e experiências.

De outra forma, não é desprezível que a situação mostre que a saturação de perspectivas seja concebida como a condição maior de produção de sentidos. De forma que os custos da modernização seletiva não seriam mais percebidos como obstáculos metodológicos, mas, sim, como recursos, como matéria-prima para sua (re)utilização através dos esforços da metanarrativa, da metaficção ou, ainda, da intertextualidade.

Portanto, o tempo de experiências e o sistema de referências presentes, percebidos através do fascínio histórico e envolvidos tanto pela estética como pelas funções do conhecimento histórico, são campos férteis para o desenvolvimento de novas possibilidades, mas esse fato traz consigo alguns desafios, tais como: a analogia entre a reconstrução da biografia e a interpretação crítica através dela de estruturas simbólicas; a ciência não desempenharia mais seu papel de motor do pensamento, pois esta função estaria ocupada pela política; a história com plausibilidade científica não pode ter mais a função de propor identidades, pois a historiografia é o resultado de racionalizações metodológicas; a história, para poder dar conta dessa busca de significações sobre experiências, precisa ampliar seus lastros de conteúdos.

Boa leitura!

Passo Fundo, junho de 2017.

Prof. Dr. Astor Antônio Diehl

Doutor em Teoria Metodologia e Didática da História - Ruhr Universitat Bochum, RUHR, Alemanha.

Professor do Curso de Graduação em História - Universidade de Passo Fundo/UPF.

Docente permanente do Programa de Pós-Graduação em Envelhecimento Humano - UPF/RS.

PREFÁCIO

O CONSERVADORISMO POR TRÁS DA APARÊNCIA DE MODERNIDADE

Ler o livro de Leoní Serpa é aceitar uma provocação de múltiplas memórias. Por exemplo: cresci sob o horizonte das imagens fotográficas da revista *O Cruzeiro*, que meu pai comprava semanalmente e religiosamente entregava a minha mãe. Eu estava nos primeiros anos do primário, como se dizia então, gostava de ler, e a revista me fascinava – nem tanto pelo texto, que às vezes era demasiado longo para uma criança, mas por suas imagens. Lembro-me nitidamente de enormes fotografias que mostravam o encontro dos homens brancos do SPI – Serviço de Proteção ao Índio, na época (mais tarde transformado na Funai) – com índios alegadamente selvagens e até então desconhecidos, que os intrépidos jornalistas da revista haviam alcançado em aventuras perigosas e emocionantes. As reportagens pareciam profundamente sérias e sugeriam que havia ainda muito de Brasil a ser descoberto (refiro-me à década de 1950, portanto, período já bastante avançado em relação à história da revista, se considerarmos que ela nasceu entre 1928 e 1929, conforme os dados que a autora deste estudo nos apresenta). Na verdade, havia alguma coisa de sensacionalista naquelas índias nuas, de seios à mostra, que a revista parecia *naturalizar*, mas que nem por isso deixavam de provocar a imaginação do menino de então. Sim, as índias podiam ficar de seios à mostra, embora a regra não se aplicasse às mulheres brancas, até mesmo àquelas que alegadamente frequentavam as praias cariocas, em especial as de Copacabana. Os homens, ao seu lado, eram barbudos, muitos apresentando o torso nu e cabeludo, figurando como corajosos e audazes aventureiros que haviam conquistado a selva e seus habitantes, muito especialmente as índias, é claro. Isso ficava intrínseco, não era bem conscientizado pelo leitor, mas certamente alimentava nosso imaginário.

Pessoalmente, gostava mais das imagens de *O Amigo da onça*, que certamente adocicava o mau-caratismo nacional. Não por acaso, a personagem vestia-se quase a rigor, antecipando dos crimes de colarinho branco a que assistiríamos nas décadas seguintes, até os dias de hoje.

Claro, havia também o Van Gogh – mais tarde Millôr Fernandes – e aquelas publicidades maravilhosas que sugeriam aparelhos miraculosos que resolviam todos os problemas de administração de uma casa.

Estas reflexões podem ser uma introdução viável para se falar deste projeto qualificado que Leoní Serpa nos apresenta, como resultado de seus estudos de tempos atrás. Mas quem sabe tentar um outro caminho, também sugerido por ela?

Quando a revista *Cruzeiro/O Cruzeiro* surge, entre 1928 e 1929, o Brasil prepara-se para um grande salto de modernização, primeira etapa de uma alegada e necessária evolução de sociedade rural para urbana, projeto que só se completaria ao longo das décadas de 1950 e 1960, com a administração Juscelino Kubitschek (50 anos em 5, que incluíram o assassinato das ainda incipientes redes ferroviárias e o implante das malhas rodoviárias) e os projetos desenvolvidos pela ditadura militar (discagem direta a distância, rede nacional de televisão etc.). Embora Assis Chateaubriand – o todo poderoso comandante dos Diários Associados – ora desenvolvesse parcerias com Getúlio Vargas, ora dele se distanciasse e até o atacasse, havia interesses em comum que justificavam maior aproximação do que distanciamento. Chateaubriand jamais deixaria de querer ganhar dinheiro, e a modernização implicava em alcançar enormes fortunas graças à organização do que, mais tarde, chamar-se-ia de cultura de massa e que hoje já dispõe de excelentes estudos a seu respeito. É interessante observar-se que, se Vargas sonhava com a unidade nacional, a centralização do poder (em suas mãos, claro) e a formação de uma potência brasileira no continente, com reconhecimento internacional (suas negociações com os Estados Unidos, no decorrer da II Grande Guerra, que redundaram na criação de Volta Redonda bem o atestam), não podia manter-se alheio à urbanização, que fazia parte deste movimento e, por consequência, a modernização que acompanhava a urbanização, mediante a industrialização. Assim, havia movimentos paralelos que, no entanto, completavam-se e às vezes se cruzavam/encontravam: para se ter um país único, abolidos os mandatários medievais das províncias, os coronéis do sertão, tanto no Rio Grande do Sul quanto em todo o Nordeste, havia que se buscar a integração, se não fisicamente real, como no caso dos índios e das grandes massas rurais, ao menos simbólica e imaginária: as pessoas que viviam na cidade precisavam saber dos índios, incorporá-los a sua realidade (embora à maneira dos brancos, não dos próprios índios), do mesmo modo que o voto feminino de 1934 incluíra as mulheres entre os membros da cidadania nacional (de fato) e as imagens publicitárias pretendiam ampliar tal inclusão por meio do consumo do modo de vida internacional tomado como modelo, sobretudo a partir dos Estados Unidos. Isso também aparece e, de certo modo, é o centro do estudo deste trabalho de Leoní Serpa.

No final dos anos 1920, é bom lembrar-se, concretizava-se uma universidade que, anos depois, começaria a desenvolver projetos de antropologia – inclusive com a participação de Levi Strauss, por exemplo, de que Darcy Ribeiro revelar-se-ia fiel discípulo, enquanto os irmãos Villas Boas transformavam a teoria antropológica em práticas e experiências reais de campo, em suas múltiplas visitas às aldeias indígenas.

Se *O Cruzeiro* criticara o projeto do voto feminino, isso não a impedia de promover a integração das mulheres na sociedade masculina brasileira de então por meio daquela modernização da dona de casa proprietária de um sem-número de maquinismos que a ajudariam na administração do lar: simbolicamente, ela se autonomizava, mesmo que fosse para continuar subalterna ao marido e ao homem, o mesmo que ocorria com a política: o populismo varguista parecia libertar os trabalhadores, mesmo que os mantivesse sob controle por meio dos dispositivos da CLT.

Pode-se entender, assim, que não havia contradição – mesmo que, de fato, ela existisse – entre o fato de *O cruzeiro* ser impressa em oficinas da mais alta tecnologia, adquiridas no exterior, apresentar diagramação inovadora e trazer o colorido da fotografia para as suas páginas, mas manter-se fiel a certo conservadorismo e até reacionarismo no conteúdo de suas matérias. Era para continuar sendo o mesmo que o Brasil parecia renovar-se. Isso foi sempre a marca da história do País, tanto no episódio de sua independência de Portugal quanto no de sua passagem de monarquia para república.

No momento em que, uma vez mais, vivemos a aparência de uma grande modernização, com tecnologias de comunicação que tornam o Brasil um dos maiores consumidores de telefones celulares, iPads e redes eletrônicas, mas continuamos dominados pelo colonialismo dos grandes clãs político-partidários, é interessante olharmos para trás e nos darmos conta de que tudo aquilo que parecia tão moderno, tão inovador, tão diabolicamente provocador, não passava de um mero conjunto de manobras destinadas a manter o País no mesmo estágio. A revista *O Cruzeiro*, tanto por seus conteúdos quanto por sua história mesma, mostra-nos isso. E esse é o principal motivo de precisarmos estudá-la. Ela é uma síntese da cultura brasileira: parece ela mesma, mas na verdade é uma outra. Estamos sempre em transição, nunca chegamos a lugar algum. A leitura proposta por Leoní Serpa evidencia isso. Uma aparente vanguarda para manter um profundo conservadorismo.

Boa leitura: passear por estas páginas certamente me levou – e espero que leve a cada leitor, igualmente – a reorganizar, uma vez mais, as ideias que tenho/temos a respeito de nós mesmos e de nosso país.

Prof. Dr. Antônio Hohlfeldt *

Professor no Programa de Pós-Graduação em Comunicação Social, da Famecos/PUCRS.

Pesquisador do CNPq e membro do Instituto Histórico e Geográfico do Rio Grande do Sul.

* O autor dedica-se à pesquisa sobre a história do jornalismo luso-brasileiro.

SUMÁRIO

INTRODUÇÃO

REVISÃO À PESQUISA DE 2003

O presente livro resultou da pesquisa de mestrado, defendida em 6/6/2003, junto ao PPGH - Programa de Pós-Graduação em História da Universidade de Passo Fundo-RS e que originou a obra *A Máscara da Modernidade: a mulher* na revista *O Cruzeiro - 1928 -1945.*[01]

Desde então, dezenas de pesquisas vem sendo elaboradas no País, cujas fontes percorrem as páginas do *O Cruzeiro* e assim se abastecem dessa pioneira pesquisa que no princípio também considerou, como objeto de estudo, a *Revista dos Arranha-Céus*. Rótulo esse, por ela mesma cunhada, devido a uma atmosfera moderna que circunferenciava as grandes cidades do País nos padrões daqueles anos de 1930-60. Esses pesquisadores encontraram sentido histórico na revista para seus estudos, seja no campo da História, do Jornalismo ou da História da Mídia, eis mais um dos sentidos para esta nova edição.

Como uma das fontes bibliográficas pioneira: *A Máscara da Modernidade: a mulher na revista* O Cruzeiro - *1928-1945* contribuiu para elucidar pontos da história da mídia brasileira pouco conhecida e até desconsiderada. Ajudou a compreender uma imprensa brasileira, que, sendo comparada com o restante do mundo, nasce tardia, mas que se revela uma das principais protagonistas em diferentes aspectos da vida social, econômica, cultural e política do país.

Pesquisar sobre *O Cruzeiro*, no início deste século, foi desafiador devido à escassez de fontes e dados completos das edições.

---

[01] SERPA, Leoní. *A máscara da modernidade:* a mulher na Revista O Cruzeiro (1928-1945). Passo Fundo: UPF, 2003.

Com a Internet, cada vez mais se popularizando, as fontes vão se consolidando, abrindo assim possibilidades de interação entre pesquisadores. O site Memória Viva[02] tem disponibilizado imagens das páginas da revista, capas e algumas das colunas que circulavam nas edições daqueles anos da sua publicação.

Narrar aspectos sobre a história do Brasil de 1928-1945 pelo viés das páginas de *O Cruzeiro*, meio de comunicação que polemizou, escandalizou e emocionou o leitor brasileiro, além de ditar modas, normas e até conceitos, num período em que o país cada vez mais se urbanizava e a sociedade passava por transformações, é contribuir com a reconstituição de uma parte da história cultural brasileira. Passa ainda por trilhar o caminho da ampliação dos estudos específicos sobre o imaginário feminino, sobre a história das mulheres, levando em consideração uma fonte pouco explorada, que tinha uma linha editorial definida como moderna desde o seu surgimento, em 10 de novembro de 1928.

Mulher

A revista que divulgou as mulheres brasileiras das camadas mais privilegiadas da sociedade priorizou temas como comportamento, moda, política, e possibilitou uma pesquisa histórico-jornalística. Define-se, então, o período de estudo como a *belle époque hollywoodiana*, porque nessa época o imaginário feminino mostrado por *O Cruzeiro* era de um mundo glamoroso. Era uma realidade fantasiada a partir de informações vindas em abundância dos estúdios da capital do cinema mundial, que estimulavam as moças e senhoras a se espelharem nas estrelas de Hollywood, as quais usavam cosméticos, belas roupas, tinham novas ideias e conquistavam a fama e o prestígio social. Mas era

[02] Disponível em: http://www.memoriaviva.com.br/. Segundo site, está online desde 20 de abril de 1998.

sobretudo por meio da propaganda de produtos que enalteciam a beleza e que reforçavam a ideia de uma nova mulher, agora mais consumista, que a revista vendia o sonho de mudanças.

REVISTA SEMANAL ILLUSTRADA

Por JOAN GRAWFORD

DEUS sabe que não sou uma autoridade sobre homens. Gosto muito deles como toda a mulher, mas não penso nem um momento que vou abismá-la com o que sei a respeito e do que — deixe-me dizer logo — não tenho muito que me gabar. As mulheres sempre acharam o assunto homens fascinante; muito fascinante mesmo. E eu sou como todas as outras.

O melhor meio para conhecê-los é, talvez, trabalhar com eles. Nessas ocasiões despem-se de suas maneiras sociais. Nada de cumprimentos lisonjeiros, nem pequenas galanterias. São perfeitamente naturais então. Tenho trabalhado com homens, alguns muito atraentes mesmo, em circunstancias as mais difíceis (não há nada como um estudio às nove da manhã para mostrá-los sob seu peor aspecto) há já doze anos e aprendí algumas coisas sobre eles.

A mais importante de todas, penso, é que todo o ator ou diretor que faz sucesso, tem um terrível senso de humor. Certamente precisam disso no cinema, porque nada abala tanto os nervos. Se um ator ou diretor toma sua arte tão a serio que não se pode rir com o resto da companhia, seria melhor abandonar a profissão. Não iria longe. Poderia dar um bom político; mas nunca daria um bom ator. Naturalmente há alguns poucos atores sem esse senso de humor em Hollywood que têm se saído muito bem, mas são a exceção que prova a regra. Não durarão como os Gables, Tracys e Coopers.

Spencer Tracy e Clark Gable são cento por cento tratando-se de senso de humor. Não quero dizer que eles andem por toda a parte, como meninos irresponsaveis, rindo-se e fazendo pilherias com todos. Não, certamente. Nunca conheci dois homens que levassem mais a serio o trabalho do que Spencer e Clark; e nunca conheci dois homens que alardeassem isso tão pouco. Têm um modo de convencer-nos de que nada é importante, inclusive eles proprios, que a gente sente-se aliviada e vendo tudo facil. Não importa o que não ande muito direito no palco — e muita coisa não anda em todos os films — Spencer e Clark não se alteram. Trabalhei uma vez num filme com um ator, que ficará anônimo, que espalhafatava e arrepelava-se tão a miudo que quando chegava no palco o diretor não estava lá à sua espera. Considerava-se muito importante para esperar. Esperar é um mal inevitavel no cinema e todos os atores o aceitam como tal. Mas este não. Quando deixava de expandir o máu humor tentava ser engraçado, mas seu humor era puramente malévolo.

Nunca esquecerei o dia em que quando cheguei no estudio para fazer um film com Spencer Tracy, recebeu-me dizendo.

— Uma vez que vamos fazer juntos cenas de amor, arranjei para que vamos ver meu último filme com Luise Rainer. Penso que sabe muito pouco a respeito.

Gracejos iguais continuaram durante toda a filmagem, mas nunca houve o menor aborrecimento. Spencer sabe gracejar sem aborrecer.

Penso que Clark Gable tem mais consideração com qualquer ator do que ninguem a quem conheço. Uma atriz pode decorar muito bem a letra de seu papel, mas é suscetivel de se esquecer às vezes. Isto aconteceu-me uma vez no "Strange Cargo" e pus

(CONTINUA NA PÁG. 8)

APRENDI COM OS HOMENS...

FIGURA 1 – APRENDI COM OS HOMENS[03]

FONTE: Museu de Comunicação Social Hipólito José da Costa. Porto Alegre, RS

[03] *O Cruzeiro*. 14 jun. 1935. p. 3.

Para as mulheres divulgadas pela revista, as capas eram as vitrines. A cada edição, lindos rostos, maquiados segundo os padrões da época, enchiam as páginas em ilustrações e fotos, acompanhadas de relatos pitorescos sobre sua intimidade, mesmo que não fossem estrelas do rádio ou do cinema. Bastava marcar presença em eventos sociais, como bailes e salões de festas e em atividades esportivas ou beneficentes para alcançar algum espaço (centímetros de fotos e textos nas páginas da revista) de renome e glória. Em média, dedicavam-se no semanário aproximadamente 30% das páginas para assuntos relativos ao imaginário feminino, que não compunha apenas um perfil feminino, mas vários perfis.

No decorrer da pesquisa que origina este livro foi possível observar que a revista, ao longo de suas edições, vai incorporando às páginas a fotografia, a caricatura, a publicidade, os desfiles e as colunas de modas, as colunas especializadas nos assuntos femininos, os artigos, as reportagens e as diversas matérias avaliadas neste trabalho no período entre 1928, ano em que *O Cruzeiro* foi criado, e 1945, uma das fases mais complexas da história brasileira, no âmbito internacional, com o fim da Segunda Guerra Mundial, e no nacional, com a deposição do presidente Getúlio Vargas.

O Cruzeiro foi um veículo de comunicação que contribuiu com mudanças: na parte gráfica, adotou técnicas pouco conhecidas no país, especialmente com a rotogravura; no fazer jornalístico, implementou a reportagem e a fotorreportagem. Intencionalmente editado para ser porta-voz de uma nova ordem – a modernidade nacional –, surgiu para atingir todo o território brasileiro e dar uma ideia de Brasil único e atual, numa correspondência de intenções entre o seu fundador e proprietário, Assis Chateaubriand, e o presidente Getúlio Vargas, que, com propósitos políticos definidos, concedeu empréstimo para a criação do magazine. Interessava então, politicamente, a Getúlio mostrar que o Brasil estava modernizando-se.

A revista teve também toda essa tecnologia a serviço da construção da "nova mulher", mas que não representava a realidade da maioria das brasileiras que viviam em condições sociais precárias e eram analfabetas. Ela mostrava uma imagem relacionada às mudanças de um país que despia suas mulheres das saias longas e as urbanizava com biquínis, *blush* e pó-de-arroz, ou seja, que buscava moldar o comportamento feminino com novas formas de vestir-se e de mostrar-se para a sociedade. Essa imagem, que incluía a utilização da maquiagem e de produtos femininos de beleza como símbolo de moderno e novo, ilustrava as capas desde a primeira edição. Apresentava-se, então, não apenas a primeira revista moderna do país, mas um novo meio de retratar o universo feminino, objeto de estudo por nós delimitado que origina a presente obra.

Para compreender colunas como "As garotas", "Donna", "Dona na sociedade" e outras, além de reportagens, fotos, matérias e uma variedade de publicidades, perguntou-se: como *O Cruzeiro* representou o imaginário feminino no período de 1928 a 1945, e como mostrou as mudanças trazidas pela modernidade brasileira nas representações simbólicas das mulheres? Pelo estudo das edições da revista procurou-se, dessa forma, entender o universo feminino brasileiro por meio da revista. Como é impossível chegar a um percentual, ou, pelo menos, a uma estimativa do número de leitoras da revista em decorrência da falta de dados[04], fez-se algumas inferências envolvendo os números dos exemplares da revista, que chegava a 91 mil exemplares, segundo mostra a edição de 16 de junho de 1944. É possível deduzir que era um número considerável de leitores, já que no país, nesse período, só a população feminina chegava a 20 622 227. Dessas, 19% estava no mercado de trabalho, e, pelos indicativos da

[04] Buscamos informações junto ao IBGE (décadas de 1930/1940), porém não conseguimos obter o percentual de mulheres eleitoras nesse período. Verificamos que, no ano de 1934, na eleição para o Poder Legislativo Federal, foram 7.348.540 eleitores, entre homens e mulheres; em 1933, esse número ficou em 1.466.700 eleitores e, em 1947, passou de sete milhões. (IBGE/Passo Fundo e Porto Alegre).

revista, a maioria das suas leitoras não fazia parte do operariado nacional; eram donas de casa, que poderiam até ser também trabalhadoras, mas pertencentes às elites empresariais, políticas, econômicas e militares, principalmente dos grandes centros urbanos. Segundo a revista, era um público-leitor de várias partes do país e até do exterior, já que o magazine circulava na Europa e em vários países da América Latina. Isso demonstra que a classe leitora-alvo de *O Cruzeiro* eram as mulheres das camadas mais elevadas da população, especialmente as integrantes das famílias das classes média e alta, da burguesia. Conforme Boris Fausto, seria a população civil urbana, que trabalha por conta própria, constituída de empresários, comerciantes, funcionários públicos, profissionais liberais, industriais, entre outros.[05] Esse seria um universo da minoria da população feminina.[06]

Procurou-se compreender o universo feminino da revista por meio de um perfil político da mulher representada nas suas páginas. Foi possível constatar que o referido tema não menciona posições sobre reivindicações e aspirações políticas femininas, mas cita fatos da participação das esposas dos revolucionários, por exemplo, ajudando com remédios e comidas os soldados na Revolução de 1930. Não mostra sequer a posição feminina acerca do voto, fato que gerou polêmicas no período. A revista deixa transparecer uma posição clara: as mulheres são incapazes de escolher bem seus representantes; não há como conciliar a maternidade com a política. São posições defendidas em artigos

---

[05] FAUSTO, Boris. *A Revolução de 1930*: historiografia e história. São Paulo: Brasiliense, 1983. p. 54.

[06] Para termos uma ideia do percentual da população trabalhadora, observamos os índices de mulheres que representavam a força feminina de trabalho em 1940, que chegava a 2,8 milhões para uma população que passava de 40 milhões de pessoas. Um percentual de apenas 19% das mulheres em atividades no país estava concentrado no setor terciário, em atividades ligadas à educação, a serviços de saúde, a serviços domésticos e comunitários, um índice que representa uma minoria já que a população feminina do Brasil nesse período era de 20.622.227 e de 20.614.088 homens. Até a década de 1930, em razão da imigração, a população masculina era maior que a feminina. Em 1872, no primeiro censo, 51,5% eram homens e 48,5%, mulheres; na década de 1940, a população feminina começou a predominar. *A Participação da mulher no mercado de trabalho no Brasil*. Disponível em: <http://www.frigoletto.com.br/geopop/mulher.htm>. Acesso em: 25 mar. 2003.

masculinos e que serão apresentados no capítulo 4, mostrando que o perfil político feminino foi construído por homens.

FIGURA 2 - CAPA 1929 *O CRUZEIRO*[07]
FONTE: Museu de Comunicação Social Hipólito José da Costa. Porto Alegre.

Modernidade

O principal propósito da pesquisa que originou a presente obra foi o de analisar as mudanças trazidas pela modernidade e pelo Estado Novo de Getúlio Vargas às representações simbólicas sobre as mulheres. A análise concentrou-se em reportagens,

[07] *O Cruzeiro*. 1 set. 1929.

notícias, fotos, colunas e propagandas da revista de 1928 a 1945. Com essa delimitação temporal, procurou-se também entender melhor os motivos das táticas utilizadas por Assis Chateaubriand para criar *O Cruzeiro*, num período em que boa parte da população brasileira deixava o meio rural e avançava para as cidades, quando as fábricas se espalhavam e costumes agrários iam esgotando-se, dando lugar a formas de vida urbana e ares de modernidade. Era o Brasil com altos índices de analfabetismo que contava com uma revista de grande tiragem, chegando a 700 mil exemplares na década de 1960 e com um público de quatro milhões de leitores.

A análise detém-se ainda no pensamento de *O Cruzeiro*, mostrado pela sua linha editorial, que priorizava temas ditos "modernos". São fatos contados a partir da ideia de Brasil que a revista criou, recortados em 17 anos para este estudo. A pesquisa procurou avaliar a importância histórica de acontecimentos apoiados em padrões de comportamentos, de visões explícitas e implícitas, mostradas pelas reportagens e colunas sobre o tema "mulher".

Na pesquisa encontrou-se uma multiplicidade de linguagens, expressas nas dezenas de páginas da revista por meio da fotografia, da rotogravura, das publicidades, dos textos jornalísticos, das crônicas, das novelas, das colunas especializadas dirigidas ao público feminino, todas com conteúdos carregados de simbologias. São linguagens que contribuem com a transformação do fazer jornalístico e que se utilizam intensamente da imagem, precedendo uma era que estava por chegar e que, em poucos anos, viria a mudar a linguagem da comunicação, com a implantação da televisão, em 1950.

Como já descrito aqui, *O Cruzeiro* foi um dos primeiros impressos a implementar a reportagem e a fotorreportagem e, por meio dela, deu a jornalistas o *status* de estrelas, como ocorreu com David Nasser, no texto, e com Jean Manzon, na fotografia, os quais contaram inúmeros casos sobre os mais variados temas em grandes reportagens.

Para alcançar os propósitos do estudo que originou este livro, a investigação teve por base um conjunto de leituras nas áreas do jornalismo e da história, procurando estudar a revista *O Cruzeiro* de ambos os pontos de vista. A análise comparou exemplares que circulavam uma vez por semana no Brasil e no exterior, material encontrado em dois importantes arquivos do país, em Porto Alegre[08] e em Belo Horizonte.[09] Para compreender os aspectos históricos das décadas de 1920, 1930 e 1940, temos como base fontes bibliográficas de autores[10] que retratam o Brasil nesse período.

A narrativa escrita, fotográfica e gráfica que preencheu as páginas de *O Cruzeiro* e serviu de fonte de análise para este livro foram interpretados à luz do referencial bibliográfico, bem como dos três passos operativos do Método Histórico: a *heurística*, a *crítica* e a *interpretação.*[11] Pela *heurística*, buscam-se as fontes, lança-se novo olhar a fatos, experiências. Foi lendo, fazendo anotações, separando e fotocopiando o material em partes e até em páginas inteiras[12], além de fotografar capas, publicidades e

---

[08] Museu de Comunicação Social Hipólito José da Costa, em Porto Alegre, onde se encontra boa parte dos exemplares da revista, de 1929 a 1973 e de 1982 a 1983, quando foi realmente extinta. MCS HJC – Rua Andradas, 959, Porto Alegre. Telefone: (51) 322 44252. *O Cruzeiro* circulou de dezembro de 1928 a 1974. Um dos livros que contam um pouco da sua história é *O império de papel*: os bastidores de *O Cruzeiro*, de Accioly Netto. A revista era vinculada aos *Diários Associados*, de Assis Chateaubriand (ver maiores informações no *site* <www.igutenberg.org/Biblio24.html>. Baseamo-nos ainda nas obras de Fernando Morais, *Chatô, o rei do Brasil*, e de Luiz Maklouf Carvalho, *Cobras criadas*, autores que resgatam historicamente a trajetória da revista, do maior empresário de comunicação no período e de personagens como David Nasser e Jean Manzon, uma dupla de jornalistas muito conhecida no país de 1930-1970.

[09] Gerência de Documentação e Informação do Sistema Estaminas de Comunicação (Gedoc), junto ao jornal *Estado de Minas* – Área de Documentação e Informação – Avenida Mem de Sá, Santa Efigênia, Belo Horizonte, Minas Gerais. No local, encontra-se a coleção completa da revista desde o seu primeiro exemplar. O material disponível para pesquisa é microfilmado.

[10] Principalmente tendo por base autores como: Boris Fausto e Thomas Skidmore, entre outros.

[11] DIEHL, Astor Antônio. *Do método histórico*. 2. ed. Passo Fundo: UPF, 2001. p. 35.

[12] O que resultou em um arquivo de cinco CD-ROM com páginas de *O Cruzeiro* e, ainda, em vinte disquetes com fotografias digitalizadas, com imagens de capas, matérias e publicidades, além de 162 cópias xerográficas de algumas páginas dos anos de 1928-1945, compradas do Arquivo do Estado de Minas. Gerência de Documentação e Informação do Sistema Estaminas de Comunicação, junto ao jornal *Estado de Minas* – Área de Documentação e Informação.

textos, que por 30 dias transformamos o Museu de Comunicação Social Hipólito José da Costa, em Porto Alegre, na principal fonte de pesquisa deste livro. Foi nesse espaço que conhecemos mais de perto o semanário em estudo.

Depois disso, sentindo a necessidade de complementar o estudo, e que muito me exigira para o seu prosseguimento, algumas colunas, matérias e publicidades. Então consegui solicitar à Gerência de Documentação e Informação do Sistema Estaminas de Comunicação (Gedoc) em Minas Gerais[13] o envio de 162 páginas, especialmente da primeira edição da revista, em 1928, e das páginas da coluna "As garotas". Esse material permitiu obter uma visão mais completa das posições nela defendidas e da sua linha editorial, além de ter sido decisivo para o fechamento do estudo e assim tecer algumas considerações. A partir daí e com as leituras feitas, realizou-se uma segunda avaliação para organizar o material em amostragem e separá-lo conforme o foco do estudo, centrado na revista *O Cruzeiro*, Imprensa e Mulher, levando em conta as múltiplas linguagens da revista para, então somente, fazer as análises e confrontações com a bibliografia, principalmente em relação aos aspectos históricos e jornalísticos do período.

Ressalta-se que, muitas vezes, as páginas da revista conduziram este trabalho por caminhos que abriram novas possibilidades de estudos, além de muitas informações falarem por si, evidenciando os principais objetivos da pesquisa. A análise não se deteve apenas ao que estava explícito, mas abrangeu o oculto, o implícito nas entrelinhas, nas pistas deixadas pela própria revista em seus artigos, propagandas, editoriais, nas próprias matérias, reportagens, fotos e colunas, no período de 1928 a 1945. A linha editorial impunha posições modernas e reforçava o nacionalismo brasileiro. Esta constatação foi fortalecida por Accioly Netto, que trabalhou na revista e escreveu sobre a história e os jornalistas de

[13] Gerência de Documentação e Informação do Sistema Estaminas de Comunicação, junto ao jornal *Estado de Minas* – Área de Documentação e Informação. Telefones (31) 348 28327 / 348 28328.

O Cruzeiro.[14] Para entender melhor o significado dessas análises buscou-se amparo no historiador Roger Chartier. Segundo ele, são leituras que exigem visíveis sinais de identificação, que precisam ser decifradas, numa compreensão que exige várias outras, além daquilo que foi pretendido pelo autor[15], e que representa trazer à luz da história aqueles que ficaram fora do pensamento histórico. Para isso, é preciso também compreender a epistemologia do discurso racionalista. Para Astor Diehl, "os métodos generalistas tradicionais estão em crise, ou até mesmo, com seus dias contados"[16].

Ainda:

> O mundo das experiências reconstruídas é dos fragmentos, das identidades setoriais das histórias individuais e dos individualismos. A historiografia hoje representa a história dos *fracos*, da *fraqueza humana*, dos *sujos*, das *resistências*, daqueles que foram jogados, historiograficamente, na irracionalidade. Esse fato representa um desafio ao historiador e ele não pode ficar insensível a esse fato, sobretudo, porque esse aspecto representa também a possibilidade de relacionar o *espaço das experiências cotidianas* com *o horizonte das expectativas* por meio do próprio conhecimento histórico.[17]

Por meio da crítica é possível "garimpar as informações sobre o passado", as quais "devem ser testáveis e seguras sobre o quê, quando, como e, em determinadas situações, também o *porquê* de o fato ter ocorrido"[18], considerando ainda as características metodológicas dos processos de trabalho da pesquisa, como a *crítica externa*, que "examina o valor daquilo que a fonte diz"[19].

[14] NETTO, Accioly. *O império de papel*: os bastidores de *O Cruzeiro*. Porto Alegre: Sulina, 1998. E ainda em *Chatô, o rei do Brasil*, de Fernando Morais, e *Cobras criadas*, de Luiz Maklouf Carvalho.

[15] CHARTIER, Roger. *A história cultural*: entre práticas e representações. Rio de Janeiro: Difek; Bertrand Brasil, 1990. p. 130-131.

[16] DIEHL, Astor Antônio. *Cultura historiográfica*: memória, identidade e representação. Bauru: Edusc, 2002. p. 203.

[17] Ibid., p. 203-204.

[18] Id. *Do método histórico*. 2. ed. Passo Fundo: UPF, 2001. p. 38.

[19] Ibid.

Pela *crítica interna*, busca-se "examinar a qualidade das informações extraídas das fontes na perspectiva do tempo presente, possibilitando, desta forma, uma postura mais objetiva"[20]. A *interpretação* "é a operação de pesquisa histórica que une a intersubjetividade testável, componente dos fatos no passado, com a dimensão do tempo. Essa relação pode ser representada, a partir de então, como *histórica*"[21].

sobre o mundo moderno

Rachel Crotman

(Especial para O CRUZEIRO)

FIGURA 3 – SOBRE O MUNDO MODERNO[22]
FONTE: Museu de Comunicação Social Hipólito José da Costa. Porto Alegre, RS

[20] DIEHL, 2001, p. 38.

[21] Ibid., p. 41.

[22] *O Cruzeiro*. 24 fev. 1934. p. 6.

A interpretação tem como base a análise do conteúdo, levando em consideração a linha editorial da revista, com suas claras pretensões de fazer do Brasil um país moderno. Era, contudo, uma modernidade nacional imposta e apoiada claramente pelo governo do presidente Getúlio Vargas, que se utilizava intensamente da propaganda, inclusive tendo criado um Departamento de Imprensa e Propaganda para mostrar seus feitos. A revista contribuiu com a afirmação da política modernista e nacionalista de Vargas. Com as condições criadas pelos projetos políticos do governo, *O Cruzeiro* abriu espaço para a propagação não apenas de seus feitos, mas das convicções de também transformar o país em moderno. A partir dessa consonância de interesses entre governo e revista, divulgava-se o novo, o ideal, o moderno e buscava-se a transformação de comportamentos, sobretudo do público feminino.

Dessa forma, a revista procurava impor à sociedade e, especialmente, às mulheres novos padrões de comportamentos, mediante infinidade de formas, como moda, roupas, eletrodomésticos, maquiagens, cinema, concursos de beleza, esporte, registros das fabulosas festas sociais, mas, sobretudo, por meio das novidades em vários setores. O "novo", que ao mesmo tempo não alterava o "velho", vinha não para modificar a realidade, mas para servir de pano de fundo para as ânsias de liberdade e de progresso femininos que pipocavam pelo país, pelo mundo; para escamotear uma situação social de muitas reivindicações de direitos, sobretudo, para manter inalterados os padrões familiares e sociais em relação às mulheres e a suas vidas domésticas de submissão aos pais e aos maridos. No entanto, o que a revista não queria perder de vista era o potencial econômico de consumo dessa importante fatia de mercado que as mulheres representavam.

História e Imprensa

Além dos exemplares da revista, a pesquisa amparou-se em uma história que também observa o imaginário da sociedade, do cotidiano, das experiências, das criações, das produções e da vida de homens e mulheres que nem sempre estiveram presentes na grande história oficial. Para responder melhor aos questionamentos aqui trazidos, o estudo debruçou-se ainda na linha das simbologias e das representações, que são derivadas de uma História Cultural e Social. A *história social*, no entendimento de Roger Chartier, identifica o modo como em diferentes lugares e momentos uma determinada realidade social é construída, pensada, dada a ler.[23] Essa tarefa exige um trabalho de classificação, divisão e delimitação que organize a apreensão do mundo social como categorias de percepção e de apreciação do real.

Três vertentes caracterizam a história social: a *inglesa*, com o estudo das famílias de mineiros, incorporada à história do cotidiano; a *alemã*, vinculada mais aos movimentos sociais, e a *francesa*, vinculada à demografia. São metodologias inovadoras que tem incorporado o pensamento histórico.

A preocupação com o tempo deu espaço para as vivências de pessoas atingidas pelas transformações histórico-objetivas ou pelos processos de modernização.[24] Agora são a antropologia e a etnologia que alimentam a história, e com preocupações com tempos e espaços da vida humana que não se enquadram nas concepções genéticas do surgimento de sociedades modernas.[25] A história social tende à totalização e à uniformização dos acontecimentos. É uma história que reconstitui um processo a partir do objeto estudado.

---

[23] CHARTIER, Roger. *A história cultural*: entre práticas e representações. Rio de Janeiro: Difel; Bertrand Brasil, 1990. p. 16-17.

[24] DIEHL, Astor Antônio. A propósito do texto Epistemologia, texto e conhecimento. *Diálogos*, [s.l.], DHI/UEM, v. 3, n. 3, 1999.

[25] Ibid., p. 39.

Pela história das mentalidades, encontra-se uma possibilidade de pensar o social, de estudar o que está mais próximo de nós e de contextualizá-lo numa realidade maior, tarefa essa que desafia as dificuldades de lidar com o imaginário coletivo. As mentalidades apresentam-se dissimuladas, estratificadas, objeto de uma história por etapas.[26] São fragmentos de uma história de experiências produzidas e pensadas, que, ao serem relacionadas com o passado, formam um panorama próximo da realidade do cotidiano e daquilo que está na mente das pessoas. Cada sociedade tem uma cultura diferenciada. O estudo dos aspectos da vida de uma pessoa ou de um povo pode ser observado pela *história cultural*, que vai considerar também o imaginário e a mentalidade. A *história das mentalidades*, por sua vez, está dentro da cultural e tem preferências por assuntos ligados ao cotidiano e às representações. São microtemas que vão desde amor, morte, família, criança, bruxas, loucos, mulher, homossexuais, o corpo, o modo de vestir, de chorar, de comer, de beijar e outros.[27]

Essa história de fragmentos, de um pequeno percentual de mulheres, com aspectos amplos e dimensões grandiosas, interessaram a esta pesquisa. Interessa ainda o fato de *O Cruzeiro* ter surgido num período em que existiam poucos veículos de comunicação impressos com padrões modernos e com circulação por todo o território nacional e, ainda, por alguns países da América Latina. A revista foi referência não só pelos temas que levantava, representando, dessa forma, o pensamento da elite política, social, econômica e religiosa da época, mas também pela maneira como diagramava e editava suas páginas, tendo sido pioneira no uso do fotojornalismo.

Com a análise dos exemplares da revista no período em estudo, chega-se a entender também as ideias e as posições

[26] VOVELLE, Michel. *Ideologias e mentalidades*. São Paulo: Brasiliense, 1987. p. 323.

[27] VAINFAS, Ronaldo. História das mentalidades e história cultural. In: CARDOSO, Ciro F. *Domínios da história*. Rio de Janeiro: Campus, 1997. p. 137.

de um grupo que a revista representava: a sociedade da classe dominante do Brasil daqueles anos, ou seja, políticos influentes, governos, militares, Igreja e uma boa parcela de industriais, produtores rurais e empresários, além de um grupo de intelectuais empenhados na ideia de um país moderno, entre eles Portinari, Di Cavalcanti, Anita Malfatti, Humberto de Campos, Austregésilo de Athayde. A escolha das reportagens, fotos, colunas e textos para análise na pesquisa tem por base o significado que o fato abordado continha para os leitores da revista, especialmente aqueles que pertenciam a uma camada privilegiada da sociedade. É uma análise que pergunta à fonte os motivos pelos quais aquela publicação estaria ali, o que aquelas informações significariam para a sociedade da época, bem como para os interesses do próprio semanário, que tinha bem evidenciadas as suas preferências.

É um período em que se abrem espaços para os registros de consumidoras de cosméticos e eletrodomésticos, ganhadoras de concurso de beleza, seguidoras da moda e dos padrões *hollywoodianos* de ser, pertencentes a uma elite social que promovia festas fabulosas e que ocupava as colunas sociais. São acontecimentos de um período significativo para o país e para elas, afinal, foi na década de 1930 que se concedeu às brasileiras o direito de votar.

Observamos, então, as mudanças do país apresentadas pela revista em temas que aparecem em diversos espaços e momentos históricos do período, que se concentram mais no final da década de 1930 e início da de 1940, especialmente com a variedade de produtos de utilidade doméstica e de higiene e beleza. Vários textos deixam transparecer as reais intenções de mostrar que a sociedade brasileira estava alcançando a modernidade por meio das transformações das cidades e do surgimento de uma nova forma de vida, agora mais urbanizada, moldando comportamentos. A transformação, apesar de ainda lenta, era vendida pela revista como uma realidade já existente. Vejamos um trecho ilustrativo da afirmativa:

> Nas cidades-crianças vivem os homens que ainda não se despenderam da terra. Cujo ser, como as raízes e as frondes, estremece ainda à pulsação profunda das energias telburicas. [...] Sob os seus monumentos gigantescos, sob as suas babéis de dezenas de andares, o homem viverá esmagado como sob escombros, diminuindo no seu destino e na significação profunda da sua existência sobre a terra.[28]

A modernidade, segundo Giddens, tirou a sociedade das formas de vida tradicionais.

> Tanto em sua extensionalidade quanto em sua intensionalidade, as transformações envolvidas na modernidade são mais profundas que a maioria dos tipos de mudança característicos dos períodos precedentes.[29]

É um ritmo de mudança rápida e extrema, que, segundo o autor, estabelece ligações sociais em todo o mundo, com impactos abrangentes e dramáticos.

> Sobre o plano extensional, elas serviram para estabelecer formas de interconexão social que cobrem o globo; em termos intensionais, elas vieram a alterar algumas das mais íntimas e pessoais características de nossa existência cotidiana. Existem, obviamente, continuidades entre o tradicional e o moderno, e nem um e nem outro formam um todo à parte; é bem sabido o quão equivocado pode ser contrastar a ambos de maneira grosseira. Mas as mudanças ocorridas durante os últimos três ou quatro séculos – um diminuto período de tempo histórico – foram tão dramáticas e tão abrangentes em seu impacto que dispomos apenas de ajuda limitada de nosso conhecimento de períodos precedentes de transição na tentativa de interpretá-las.[30]

---

[28] *O Cruzeiro*, 7 set. 1929. p. 2. É possível que expresse a opinião da revista pelo fato de estar em página nobre, abaixo do expediente, como um editorial.

[29] GIDDENS, Anthony. *As conseqüências da modernidade*. São Paulo: Universidade Estadual Paulista, 1991. p. 14.

[30] Ibid.

O século XX, segundo Anthony Giddens, é considerado o da guerra, com as iminentes perdas de muitas vidas, conflitos militares sérios e ameaça de confronto nuclear. O período é definido como o de um mundo carregado e considerado perigoso, realidade que forçava "a provar a suposição de que a emergência da modernidade levaria à formação de uma ordem social mais feliz e mais segura"[31]. Esse temor às situações problemáticas e conflituosas ajudou a formar no século que passou a base do lado obscuro da modernidade, uma modernidade emaranhada, que *O Cruzeiro* apregoava como *o novo,* como a alternativa para as mulheres alcançarem as mudanças; para tanto, era preciso consumir e adotar novos comportamentos. Era uma modernidade que não nascia do âmago do real, mas da concepção da revista ao adotar e anunciar padrões modernos de comportamento.

A partir do confronto de informações da revista com as obras bibliográficas de apoio e da crítica às fontes, conduziu-se metodologicamente o trabalho. A observação levou em conta a percepção do real, o que, segundo Loiva Otero Félix[32], "realiza-se através da *contemplação*" e permite "uma reflexão sobre os fatos/dados ou conjuntos dos mesmos, tendo como base um processo de elaboração teórica". Essa elaboração precisa "ver com distanciamento, à elaboração mental, abstrata, que elimina as particularidades e atinge a configuração geral, através de conceitos (intelectivos) que se tornam instrumentais, operacionais"[33]. Para Loiva Félix, o distanciamento formal do objeto é que vai permitir a "abstração e a conceituação". Já a construção teórica vai se fundamentar na reflexão e, a partir daí, vai "produzir uma nova forma de abordagem e um novo conhecimento"[34].

---

[31] Ibid., p. 19.

[32] FÉLIX, Loiva Otero. *História e memória*: a problemática da pesquisa. Passo Fundo: Ediupf, 1998. p. 69.

[33] Ibid.

[34] Ibid.

Tomando por base esse referencial bibliográfico, procuramos encontrar algumas respostas para a pesquisa, as quais levaram em conta a diferenciação entre teoria e método, apesar de ambos "estarem sempre intimamente ligados", uma ligação explicada por Loiva Félix e que vai produzir um novo conhecimento:

> A resposta é uma só: através de instrumentos intelectivos (mentais-conceitos) e materiais ('documentos' e técnicas: recursos e instrumentos) que nos permitam definir caminhos, trajetórias, nos quais possamos harmonizar teoria-método e conceitos na aplicação ao empírico (ao objeto) e que deverá produzir um novo conhecimento como resultado.[35]

Com o propósito de obter uma melhor compreensão dos objetivos da pesquisa, esta obra é dividida em quatro capítulos. No primeiro capítulo apresenta e descreve o papel e a contribuição de *O Cruzeiro* para a história da imprensa brasileira. A revista contribuiu para transformar o jornalismo e a publicidade no Brasil e atingiu cerca de quatro milhões de leitores, um dos maiores índices de tiragens já registrados no país, cuja realidade era de altas taxas de analfabetismo, principalmente nas décadas de 1930-1940. A partir da análise que considerou textos, imagens e fotografias, um conjunto de gêneros jornalísticos que expressam a linha editorial do magazine, registrou-se também o valor da revista não só no Brasil, mas em países como Portugal, Chile, Argentina e México. Revela-se ainda a influência sofrida pela revista por meio de uma comunicação de massa que nesse período se propagava pelo mundo enaltecendo a publicidade.

Trata-se de uma história desenhada pela relação de poder e de uma aproximação com o poder, especialmente com o governo de Getúlio Vargas, para então compreender a realidade daqueles anos e o modo como as mulheres eram vistas e se viam, a fim de

[35] Ibid., p. 73.

entender as posições mostradas pelas colunas, ora inovadoras, ora conservadoras.

No segundo capítulo apresenta-se o perfil moderno de *O Cruzeiro* nas representações simbólicas das mulheres, por meio de seus rostos mascarados, desvendando o imaginário feminino da revista. Com o objetivo de compreender o universo feminino mostrado por *O Cruzeiro*, tomando por base reportagens, publicidades e colunas e fazendo uma relação com a realidade do país nas décadas de 1930-1940. Objetivou-se, dessa forma, compreender as modificações que ocorreram com as mulheres naquele contexto histórico, os fatos que marcaram o período envolvendo muitas lutas femininas por direitos, além de identificar qual foi o papel da revista diante das reivindicações femininas num período em que o país passava por transformações em decorrência da industrialização.

O capítulo três apresenta a mulher moderna da *belle époque hollywoodiana*. Ao identificar o apelo glamoroso do universo feminino mostrado por *O Cruzeiro*, que se valia de modelos de comportamentos e de moda do cinema americano, deslindou-se o culto à beleza, o sonho de consumo feminino com a promessa de transformação, luxo, beleza e conforto, baseados nos padrões *hollywoodianos* de ser e que mostram uma época em que o mundo moderno tinha em Hollywood uma das fontes de inspiração. O cinema era o meio de divulgação desses novos padrões, assim como hoje acontece com as novelas e muitos outros programas televisivos, onde as estrelas servem de referência para inserir no mercado consumidor produtos, como roupas da estação, estilos e formas de comportamentos. É seguindo esses vestígios impregnados de símbolos que se delineia o panorama moderno que transparece em *O Cruzeiro*.

Ao debruçar-se nas páginas da revista e em suas colunas foi possível calhar um proposital incentivo às práticas esportivas como forma de moldar o corpo e o padrão de beleza, principalmente por meio da ginástica e da natação femininas. Além disso, ganha evidência o significado das representações e do imaginário feminino para a compreensão de códigos e signos expressos na revista. O sonho de beleza vendia produtos, roupas da alta costura parisiense e americana e muitos equipamentos domésticos que surgiam para facilitar a atividade de casa, referendando a ideia de modernidade.

Nesse capítulo, o estudo detém-se com mais ênfase nas colunas especializadas dedicadas às mulheres, como "Donna", "Dona na sociedade", "As garotas", entre outras. Aqui também revelamos a linha editorial adotada por *O Cruzeiro* para mostrar, entre os perfis femininos, dois tipos evidenciados de mulheres: as modernas e as conservadoras. São diferenciações que aparecem em várias páginas das edições, algumas com mulheres felizes, belas e modernas, que consomem, além de cosméticos, eletrodomésticos, para facilitar as tarefas do lar. As conservadoras também têm espaço para mostrar à sociedade a educação dos filhos e para expressar o seu tradicional pensamento sobre os impactos das transformações da sociedade da época.

O quarto capítulo ocupa-se da política e do papel feminino nas páginas de *O Cruzeiro*, entre os temas o voto feminino preencheu dezenas de páginas tentando convencer os leitores de que as mulheres não eram aptas ao exercício do voto. Essa foi uma conquista que venceu o preconceito. O perfil político feminino aqui mostrado é visto pelos olhos masculinos, já que as belas mulheres que saem nas capas significam apenas um chamariz atrativo para os olhos do leitor na banca, além de esconderem as verdadeiras mazelas pelas quais passava a sociedade naqueles anos. Um exemplo é a edição especial sobre a Revolução de 1930, cuja capa traz uma bela mulher com uma coroa de espinhos na cabeça e segurando entre os dedos soldados e bandeiras; é a imagem da mulher redentora.

Ao fazer um retrospecto contextualizado do período aqui delimitado (1928-1945), rico em fatos políticos, vemos materializar uma história do Brasil pelas páginas da revista que se vale primeiro de uma ampla publicidade dedicada ao presidente Getúlio Vargas e, mais tarde, o desinteresse da revista com esse governo, abrindo espaços e apoiando seus opositores que queriam seu afastamento.

Para ilustrar melhor o apoio irrestrito da revista a Getúlio Vargas, foi analisada a publicação especial de cem páginas sobre a Revolução de 1930, denominada por *O Cruzeiro* como a "Revolução Nacional" e veiculada em 1931, mostrando, ainda, como a revista tirava proveito dessa relação estreita com o poder.[36] O propósito foi constatar o papel das mulheres na política, segundo a revista, e para quais delas os espaços do magazine eram destinados.

[36] Neste livro, quando das transcrições dos textos da revista, preserva-se a grafia original.

CAPÍTULO 1

A CONTRIBUIÇÃO DE *O CRUZEIRO* PARA A IMPRENSA BRASILEIRA

Quatro milhões de leitores e a transformação do jornalismo e da publicidade

A revista *O Cruzeiro* contribuiu significativamente para a história da comunicação no Brasil. A implementação de uma nova forma de fazer jornalismo, antes nunca utilizada pela imprensa da época, valorizou a reportagem, o uso da caricatura, da pintura, da fotografia, explorada de uma nova ótica, colorida, ressaltando o fotojornalismo. Foram inovações não comuns para a imprensa da década de 1930-1940, como a diagramação mais atraente e priorizando a qualidade das fotos e dos textos, um período em que a propaganda ganhou espaços. Criativa, a revista reforçou a ideia de modernidade servindo de ligação entre os interesses políticos, a elite social e religiosa e os leitores, mostrando uma mulher consumista, com hábitos modernos.

O nascimento de *O Cruzeiro* se dá em 10 de novembro de 1928, mas a revista só é inaugurada em 5 de dezembro de 1928. A década de 1960 é considerada o período auge da revista, que vai existir até 1974. Passou por diversos processos e mudanças, transformações gráficas e editoriais nem sempre eficazes que a levam à falência total. No auge das publicações chegou a atingir altas tiragens, como por exemplo a edição da morte do ex-presidente Getúlio Vargas, que vendeu 720 mil exemplares.

Ao desvendar o histórico de *O Cruzeiro* descobriu-se que a revista passa a ser chamada assim somente em junho de 1929, quando na edição de número 30, tem seu nome modificado de *Cruzeiro* para *O Cruzeiro*. Foi acessando o primeiro exemplar da revista que se desvelou a precisão da data. Tal desafio exigiu desta pesquisadora que percorresse diversos arquivos e institutos do país. Foi no Arquivo do jornal *O Estado de Minas*, de Belo Horizonte, que a descoberta foi feita de que este é o único local, no país, a guardar todos os exemplares do magazine, de forma completa. À época da pesquisa o acesso foi às edições microfilmadas.

Accioly Netto, no livro *O império de papel*, descreve o que acontece após a falência de *O Cruzeiro*:

> Em seguida, as magníficas máquinas, que haviam custado mais de dois milhões de dólares, eram vendidas a preço de ferro-velho. Da mesma forma, os arquivos da revista, considerados os melhores do Brasil, seguiram de caminhão para Belo Horizonte, entregues à guarda do Estado de Minas, único jornal do grupo dos Diários Associados com dinheiro suficiente para arrematá-los[37]

Além das colunas femininas que contribuíram para o sucesso de *O Cruzeiro*, destaca-se a reportagem, principalmente as realizadas pela dupla David Nasser, jornalista e o francês Jean Manzon, fotógrafo. Este, nascido em Paris em 1915, trouxera muito da experiência francesa para o Brasil, tendo trabalhado, primeiramente, para o governo de Getúlio Vargas no Departamento de Imprensa e Propaganda (DIP), órgão executor da censura à imprensa pela ditadura do Estado Novo. Quando Manzon chegou ao Brasil, na década de 1940, a fotorreportagem era inexistente e o atraso era muito grande. Manzon contribuiu com a implementação das reportagens fotográficas em *O Cruzeiro*, utilizando sua experiência de participação em coberturas de guerras, o que modificaria por completo o jornalismo nacional:

[37] NETTO, 1988, p. 164.

> Esse novo método de abordagem jornalística, em que a fotografia tem um papel essencial, nasceu com as revistas ilustradas alemãs e francesas entre o final dos anos 20 e o começo dos anos 30 e consolidou-se com o lançamento da revista americana *Life*, em novembro de 1936. Aos poucos, o modelo *Life* ganhou o mundo. A francesa *Match* – não confundir com *Paris Match*, que é posterior à Segunda Guerra – foi a primeira a seguir-lhe os passos, a partir de 1938. *O Cruzeiro* só faria a reformulação editorial iniciada no final de 1943.[38]

Em 16 de outubro de 1943, a dupla David Nasser e Jean Manzon estreou em *O Cruzeiro* com reportagens fabulosas e até ficcionistas. Em seu livro *Cobras criadas*, Luiz Maklouf Carvalho conta algumas das artimanhas utilizadas pela dupla para conseguir reportagens interessantes. Um exemplo está no relato falso sobre a morte do próprio colega de trabalho, Jean Manzon, autorizada por Chatô, "a reportagem ficcionista aumentou o prestígio e a popularidade da dupla"[39]. A página 8 do dia 6 de maio de 1944 trouxe mais informações sobre a suposta morte do fotógrafo. Uma das manchetes dizia: "Morreu Jean Manzon [...]. Atropelado por um auto na Avenida Atlântica [...] o famoso fotógrafo antes de expirar que o enterrassem com a sua máquina". Acima da página e com letras garrafais, tendo como símbolo uma cruz, num quadro emoldurado de azul, o texto dizia:

> JEAN MANZON (Agradecimento) A diretoria, os funcionários, e os operários dos Diários Associados, os amigos, os conhecidos e os parentes de Jean Manzon, profundamente desolados com a morte do nunca muito pranteado companheiro, amigo e parente, agradecem a todos aquêles que compareceram a missa mandada celebrar pela alma boníssima do morto.

---

[38] CARVALHO, Luiz Maklouf. *Cobras criadas*: David Nasser e *O Cruzeiro*. São Paulo: Senac, 2001. p. 63.

[39] Ibid., p. 109.

A dupla inovou na cobertura jornalística com a implementação da reportagem, mas não se cansava de inventar matérias, ou de simplesmente creditar para si informações de outros autores, ou de reproduzir notícias sem ter comparecido ao local do fato. A mais polêmica de todas foi a reportagem sobre os índios xavantes de Mato Grosso, com o título "Enfrentando os Chavantes!", do dia 24 de junho de 1944, que *O Cruzeiro* creditou como inédita, mas não o era, porque *O Globo* já a havia publicado e apenas um repórter havia comparecido no local a serviço do governo. Foram divulgadas 26 fotos, segundo a revista, mostrando pela primeira vez os xavantes. Para Luiz Maklouf, que fez um amplo estudo sobre a vida profissional da dupla, "só o fotógrafo havia feito a viagem, ainda a serviço do Estado Novo"[40]. Relata que a famosa reportagem já havia saído no jornal *O Globo* no dia 13 de agosto de 1943, em primeira página, revelando que o coordenador da Fundação Brasil Central, João Alberto de Lins e Barros, sobrevoara a aldeia dos xavantes, fazendo um vôo de reconhecimento na região. Esse é mais um exemplo das façanhas da dupla, que, conforme Maklouf, aconteciam numa média de quatro por mês, alcançando muitas vezes três por edição, como ele conta em *Cobras criadas*:

> Já eram vinte e sete as reportagens feitas até ali, e mais cinco vieram entre maio e junho de 44. Uma delas, "Nas celas dos monges", é versão revisitada da pauta que Manzon havia feito para a *Match*. Outra, "Roteiro do Norte", é mais uma fraude com as fotografias para o DIP naquela longa viagem pelo Norte e Nordeste. "Nossos repórteres Jean Manzon e David Nasser voaram para o Norte escalando por algumas capitais", diz a apresentação. Só o fotógrafo havia feito a viagem, ainda a serviço do Estado Novo.[41]

[40] CARVALHO, 2001, p. 109.
[41] CARVALHO, op. cit., p. 109.

ANDRÉE SYMBOLISTE

MME. CHIANG KAI-SH

FIGURA 4 – MADAME CHIANG KAI SHEK[42]

FONTE: Museu de Comunicação Social Hipólito José da Costa. Porto Alegre, RS

Outra reportagem que deixou dúvidas foi a publicada em 16 de setembro de 1944, sobre a esposa do ditador chinês Chiang Kai-Shek, que esteve no Brasil. Com o título "Assalto à fortaleza da China", foi divulgado pela revista como um grande furo jornalístico, o que, para Luiz Muklouf, não passou de mais uma invenção da dupla. O autor acredita ainda que David Nasser era capaz de vestir-se de mulher para ser fotografado e divulgar essa fotografia como se fosse a chinesa Chiang Kai-Shek. A personalidade internacional que tanto trabalho deu à dupla viera ao Rio de Janeiro para fazer um

[42] *O Cruzeiro*. 27 set. 1941.

tratamento de saúde e não era receptível com a imprensa e, muito menos, com os fotógrafos. Então, a grande dupla "plantou-se" nas proximidades da Casa das Pedras, na Gávea, onde a madame estava hospedada, e por lá ficou por mais de dez dias espiando. Contudo, sairiam de lá sem a matéria, pois não conseguiram nem fotografar nem conversar com a chinesa. No entanto, a página 9 do dia 16 de setembro de 1944 traz a foto de Chiang Kai-Shek de página inteira, com uma manchete no alto: "Primeiro Flagrante de Mme. Chiang Kai-Shek". Abaixo a legenda dizia:

> Esta fotografia obtida pela Câmara de Jean Manzon, com uma teleobjetiva adaptada, é o resultado de uma longa espera dos autores desta reportagem nas visinhanças. No momento em que madame passeava nos jardins da casa da Gavea, a uma grande distância, nem percebeu que estava sendo observada e fotografada em seu retiro.[43]

Maklouf[44] relata não ter dúvida de que a foto foi uma produção da dupla; também Accioly Netto, ex-diretor da revista, suspeitou de que o vulto da fotografia era mesmo o próprio Nasser. Portanto, histórias ficcionais envolvendo David Nasser e Jean Manzon não faltam. A mais engraçada de todas é a da foto do deputado Barreto Pinto de cuecas, chamada de *Barreto Pinto sem Máscara*, veiculada em 29 de junho de 1946 e que custou ao deputado a cassação do mandato. Mesmo tendo acontecido depois do período delimitado para o estudo neste trabalho, consideramos ser relevante registrar mais essa polêmica:

> A glória chegou com a exclusiva e bombástica "Barreto Pinto sem máscara", na edição de 29 de junho de 46. Em onze páginas, da 8 a 18, Manzon e Nasser apresentaram o deputado constituinte Barreto Pinto semidesnudo, em cuecas e fraque. Foi um escândalo, provocou enorme repercussão na mídia e levou à cassação de um restinho

---

[43] *O Cruzeiro*, 16 set. 1944. p. 9.

[44] Ibid., p. 122.

de mandato de Edmundo Barreto Pinto, do Partido Trabalhista Brasileiro – a primeira na história política do Brasil.

Barreto Pinto explicou, na ocasião, que recebera os dois repórteres, em casa, a pedido do secretário de redação do *Diário da Noite*, Sebastião Isaías, e que se deixara fotografar só com a casaca, em cuecas, porque os dois haviam dito que só iriam "aproveitar o busto".[45]

Além da dupla David Nasser e Jean Manzon, *O Cruzeiro* contava com um time de cronistas, desenhistas e correspondentes nas principais cidades do mundo. A revista tratava de temas que variavam da religião à política, das amenidades às preocupações do mundo e de um país que se modificava naqueles anos de revolução e da Segunda Guerra Mundial. Mas os assuntos abordados procuravam não ultrapassar um certo limite da "ordem social constituída", apesar de colunistas, como Alceu Pena, mostrarem, por meio da sátira aos conservadores, uma nova realidade feminina, de mulheres liberadas de preconceitos, com atitudes de consumidoras.

A Igreja Católica era vista como defensora da moral e dos bons costumes, da mesma forma que a família, instituição que deveria ser fortalecida. A política estava ligada à ideia de um Estado nacional e conservador. Mesmo que Chatô fizesse críticas a um determinado fato ou político, lançando veneno pelas linhas dos seus editoriais, tática utilizada por ele muitas vezes para extorquir dinheiro de políticos e para dar continuidade à expansão do seu império de comunicação, ou em outros casos para protegê-lo, as matérias e reportagens na revista não tinham o mesmo tom. A preocupação do magazine era manter boas relações com o poder, mas isso nem sempre foi possível; houve um período em que Assis Chateaubriand intensificou as críticas em seus editoriais publicados nos jornais do grupo, e Getúlio Vargas revidou mandando executar uma das hipotecas de *O Jornal*, uma história contada por Accioly Netto:

---

[45] CARVALHO, Luiz Maklouf. *Cobras criadas*: David Nasser e *O Cruzeiro*. São Paulo: Senac, 2001. p.151-153.

> Em 1934, os Diários Associados foram assaltados por uma crise política que ameaçou destruir sua estabilidade. Assis Chateaubriand, sem medir consequências, começara uma campanha feroz contra o governo de Getúlio Vargas, a quem chamou de "monstro" em uma de suas matérias mais brilhantes. O revide foi imediato. Veio uma ordem taxativa do Governo para que o Banco do Brasil executasse a hipoteca referente ao atraso no pagamento da maior rotativa de O Jornal. Ameaçado de prisão, Chateaubriand saiu do país, deixando, antes de partir para o destino ignorado, uma ordem: que O Jornal e o Diário da Noite saíssem da Rua 13 de maio e voltassem a ser impressos nas velhas oficinas da Rua Rodrigo Silva.[46]

Segundo Accioly, *O Cruzeiro* também recebeu do governo militar a mesma ordem de interdição, por causa das críticas nos editoriais de Chatô, como aconteceu com *O Jornal*, mas a revista não chegou a fechar as portas: primeiro, porque a hipoteca da dívida com o governo estava com a Caixa Econômica Federal e Getúlio mandara executar as referentes ao Banco do Brasil; segundo, porque a revista, ao longo desses anos, até a década de 1940, registrava tudo o que dizia respeito ao governo Getúlio. Todavia, esse prestígio de Vargas foi desaparecendo, principalmente em 1944-1945, quando se observa que vários artigos de colunistas da revista e as reportagens de David Nasser já não elogiavam o presidente, nem dedicavam muitos espaços para mostrar seus feitos; ao contrário, criticavam-no, como será abordado no capítulo 4.

O espaço político de que a revista dispunha sempre foi muito bem aproveitado por Getúlio Vargas, que se caracterizou como um governo intervencionista e baseado na aliança de classes para implementar programas de desenvolvimento. O período varguista, principalmente na década de 1930, foi marcado pelo populismo e pelas reformas que concederam aos brasileiros alguns direitos trabalhistas e sociais. A propaganda governamental

[46] NETTO, Accioly. *O império de papel*: os bastidores de *O Cruzeiro*. Porto Alegre: Sulina, 1998. p. 55.

buscava construir um Estado nacional e o controle da comunicação; foi uma era marcada pela gradual elevação da intervenção do Estado na economia e na organização da sociedade, além da centralização do poder governamental.

A revista *O Cruzeiro*, no período deste estudo (1928-1945), representava o pensamento de parte da elite brasileira, principalmente da política, da militar e da religiosa. As experiências, as vivências e as práticas da sociedade, constituída por políticos, militares, Igreja e empresários em geral, aparecem em suas páginas materializadas em reportagens, em notícias, fotos, entrevistas e colunas das mais variadas. Na política, o que se evidencia é o pensamento de um governo nacionalista, principalmente com o uso de uma publicidade intensa nos primeiros anos da década de 1930.

A história política do período de 1930-1940 é marcada por um sistema intervencionista e uma sociedade que, apesar de se dizer moderna, submetia as mulheres a uma vida sem qualquer direito social e político. A Igreja era a guardiã da moral e dos bons costumes, opondo-se aos ideais modernos que começavam a surgir nesse período, atuando no enfrentamento do comunismo e impondo a sua doutrina às elites, na tentativa de convencer o governo de que o Brasil era um país católico. Nesse sentido, *O Cruzeiro* registrou muitos acontecimentos católicos e exaltou comemorações, como Natal e Páscoa, com o que aumentava até mesmo a tiragem da revista.

Na temática mulher, Igreja e política, as principais pautas que aparecem na revista, evidenciam-se registros das mudanças que surgiam a partir da modernidade e a própria transformação da sociedade no período. À mulher dedicava-se toda semana uma página, considerada a mais moderna da revista, porque mostrava a mulher inovadora, que vestia roupa da moda, gostava de praia e frequentava espaços de diversão da cidade, como bares e outros. A coluna "As garotas do Alceu" sintetizava a ideia de liberdade em tempos de mudanças.

Os anos recotados para este estudo registraram no país momentos densos de expressão artística e cultural e também da comunicação, com *O Cruzeiro* e outras manifestações literárias. E no embalo do modernismo que principiava, revelaram-se escritores como Monteiro Lobato, Euclides da Cunha, Mário de Andrade, Lima Barreto, Plínio Salgado e outros, os quais descreviam as mudanças, as transformações e o novo.[47] Esse novo era o moderno, uma unidade paradoxal, unidade de desunidade, como definiu Marshall Berman[48], que se refere às contradições da modernidade usando a expressão que "tudo o que é sólido se desmancha no ar". A modernidade, segundo o autor, é um turbilhão que desintegra e muda o ritmo de vida. Para ele:

> O turbilhão da vida moderna tem sido alimentado por muitas fontes: grandes descobertas nas ciências físicas, com a mudança da nossa imagem do universo e do lugar que ocupamos nele; a industrialização da produção, que transforma conhecimento científico em tecnologia, cria novos ambientes humanos e destrói os antigos, acelera o próprio ritmo de vida, gera novas formas de poder corporativo e de luta de classes: descomunal explosão demográfica, que penaliza milhões de pessoas arrancadas de seu habitat ancestral, empurrando-as pelos caminhos do mundo, em direção a novas vidas; rápido e muitas vezes catastrófico crescimento urbano; sistemas de comunicação de massa, dinâmicos em seu desenvolvimento, que embrulham e amarram, no mesmo pacote, os mais variados indivíduos e sociedades; Estados nacionais cada vez mais poderosos, burocraticamente estruturados e geridos, que lutam com obstinação para expandir seu poder; movimentos sociais de massa e de nações, desafiando seus governantes políticos ou econômicos, lutando por obter algum controle sobre suas vidas; enfim, dirigindo

---

[47] ANNATERESA, Fabris (Org.). *Modernidade e modernismo no Brasil*. São Paulo: Mercado de Letras, 1994. p. 49.

[48] BERMAN Marshall. *Tudo o que é sólido se desmancha no ar*: a aventura da modernidade. São Paulo: Companhia das Letras, 1986. p. 15.

> e manipulando todas as pessoas e instituições, um mercado capitalista mundial, drasticamente flutuante, em permanente expansão. No século XX, os processos sociais que dão vida a esse turbilhão, mantendo-o num perpétuo estado de vir-a-ser, vêm a chamar-se "modernização".[49]

A modernidade traz uma atmosfera de agitação que deixa as pessoas mais sensíveis, mexendo com psíquico, com a moral, além de promover uma "autodesordem". Esse novo mundo trouxe, ainda, uma nova paisagem urbana, como reforça Berman:

> Trata-se uma paisagem de engenhos a vapor, fábricas automatizadas, ferrovias, amplas novas zonas industriais; prolíficas que crescem do dia para a noite, quase sempre com aterradoras conseqüências para o ser humano; jornais diários, telégrafos, telefones e outros instrumentos de *media*, que se comunicam em escala cada vez maior; Estados nacionais cada vez mais fortes e conglomerados multinacionais de capital; movimentos sociais de massa, que lutam contra essas modernizações de cima para baixo, contando só com seus próprios meios de modernização de baixo para cima; um mercado mundial que a tudo abarca, em crescente expansão, capaz de um estarrecedor desperdício e devastação, capaz de tudo exceto solidez e estabilidade.[50]

São tempos em que os indivíduos ousam individualizar-se. Pensadores como Nietzsche destacam que a humanidade moderna se encontra numa ausência e num vazio de valores, mas, ao mesmo tempo, tem uma infinidade de possibilidades.[51] Essas possibilidades modernas são também uma variedade de produtos industrializados que chegam com facilidade a várias partes do mundo e vão fazer com que *O Cruzeiro* venha a idealizar uma vida de consumo para as mulheres dessa nova fase. Fase essa que trouxe segurança

[49] BERMAN Marshall. *Tudo o que é sólido se desmancha no ar*: a aventura da modernidade. São Paulo: Companhia das Letras, 1986. p. 16.

[50] Ibid., p. 18.

[51] Ibid., p. 19-21.

e perigo, confiança e risco, como definiu Anthony Giddens, para quem o caráter da modernidade é um fenômeno *de dois gumes*:

> O desenvolvimento das instituições sociais modernas e sua difusão em escala mundial criaram oportunidade bem maiores para os seres humanos gozarem de uma existência segura e gratificante que qualquer tipo de sistema pré-moderno. Mas a modernidade tem também um lado sombrio, que se tornou muito aparente no século atual.[52]

Conforme Giddens, autores influenciados por Karl Marx defendem que a ordem social que emerge da modernidade é capitalista tanto na economia como na política e noutras áreas da sociedade. Já pensadores como Durkheim e Max Weber entendem que o caráter de rápida transformação da vida social moderna não deriva do capitalismo, mas da industrialização, "do impulso energizante de uma complexa divisão de trabalho, aproveitando a produção para as necessidades humanas através da exploração industrial da natureza"[53]. Aqui, Giddens define o capitalismo como

> sistema de produção de mercadorias, centrado sobre a relação entre a propriedade privada do capital e o trabalho assalariado sem posse de propriedade, esta relação formando o eixo principal de um sistema de classes[54].

Quanto ao industrialismo, é visto como "o uso de fontes inanimadas de energia material na produção de bens, combinando o papel central da maquinaria no processo de produção"[55].

A dinâmica moderna alterou até mesmo as maneiras de calcular o tempo: "O calendário, por exemplo, foi uma característica tão distintiva dos estados agrários quanto a invenção da

[52] GIDDENS, Anthony. As conseqüências da modernidade. São Paulo: Universidade Estadual Paulista, 1991. p. 16.

[53] Ibid., p. 20.

[54] Ibid., p. 61.

[55] Ibid.

escrita."[56] Hoje, em decorrência da expansão da modernidade, os calendários são padronizados em escala mundial e seguem o mesmo sistema de datação. Além disso, a vida pública passou a ser institucionalizada, e a pessoal "torna-se atenuada e privada de pontos de referência firmes: há uma volta para dentro, para a subjetividade humana"[57]; assim, para alcançar a estabilidade, é preciso buscar o seu próprio eu. Com o rompimento das velhas ordens comuns da sociedade, produziu-se uma

> [...] preocupação narcisista, hedonista, com o ego. Outros chegaram à mesma conclusão, mas relacionam tudo isso a formas de manipulação social. A exclusão da maioria da população das arenas onde as políticas de grande consequência são elaboradas e as decisões tomadas forçam uma concentração sobre o eu; este é um resultado da falta de poder que a maioria das pessoas sente[58]

No entanto, reforça Giddens, "o mundo que se transforma gradativamente da familiaridade do lar e da vizinhança local para um tempo-espaço indefinido – não é de modo algum um mundo puramente impessoal"[59]. As relações podem ser mantidas a distância; é um mundo cada vez mais povoado e de rostos anônimos.

O Cruzeiro e os desafios de um modelo de comunicação principiante da modernidade

As revistas brasileiras, ao longo da história, tiveram importante papel na defesa de uma identidade nacional, numa luta que começou defendendo a independência nas páginas de *As Variedades*, de 1812, e que se estendeu nos propósitos de *O Cruzeiro*, uma revista destinada a mostrar um Brasil moderno e a dar uma

[56] GIDDENS, 1991, p. 25.
[57] Ibid., p. 118.
[58] GIDDENS, op. cit., p. 125.
[59] Ibid., p. 143.

visão de unidade nacional. Outra característica do magazine brasileiro foi o humor, "uma ampla vertente entre as revistas brasileiras. *O Malho* nasceu com essa marca, em 1902, assim como *A Rolha*, em 1918. Figuras respeitáveis como Rui Barbosa – aqui, no traço de K. Lixto para D. Quixote, em 1919 – não escaparam das irreverências dos caricaturistas"[60]. Com *O Cruzeiro* não foi diferente. Entre os vários espaços que privilegiaram o humor estava a coluna "O amigo da onça", desenho que geralmente ocupava a página inteira, sempre com uma história irreverente para contar, fossem fatos políticos, fosse uma simples e ingênua estória de pedido de presentes de Natal, como esta da página 83 do dia 16 de dezembro de 1944. Abaixo do desenho a frase dizia: "Você está escrevendo ao Papai Noel? Vamos então descobrir uns presentes formidáveis!"[61] Ou, ainda, a irônica do dia 3 de junho de 1944, na qual o Amigo da Onça é comandante de um avião que tem como passageiro um senhor gordo. Na conversa o comandante diz: "Estou com o pressentimento de que vai haver um bruto desastre. E o sr. não vai poder fugir pela janelinha"[62].

Mas foi na Guerra do Paraguai, em 1864-1870, que a imprensa brasileira teve, pela primeira vez, um grande desafio jornalístico:

> Até certa altura, os jornais apenas transcreviam informações oficiais ou publicavam cartas enviadas do campo de batalha. A cobertura do embate começou a ganhar expressão em 1865, na *Semana Illustrada*, periódico de Henrique Fleuiss, desenhista alemão radicado no Brasil.[63]

Outros desafios vieram; um dos quais foi o de acompanhar as transformações do jornalismo nos moldes americanos, com um padrão mais objetivo da informação e uma diagramação mais

[60] CORRÊA, Thomaz Souto (Ed.). *A Revista no Brasil*. São Paulo: Abril, 2000. p. 14.
[61] *O Cruzeiro*, 16 dez. 1944. Coluna "O amigo da onça". p. 83.
[62] *O Cruzeiro*, 3 jun. 1944. p. 43.
[63] CORRÊA, Thomaz Souto (Ed.). *A Revista no Brasil*. São Paulo: Abril, 2000. p. 43

atraente, que, com o passar dos anos, iria encontrar na informática uma grande aliada.

Mas no início do século XX o jornalismo brasileiro, diferente do americano, ainda não havia descoberto a reportagem. Tudo na profissão daqueles anos se resolvia no "sabe-tudo" das redações, território de comentaristas e articulistas. Um deles, João do Rio, pseudônimo do jornalista e escritor carioca Paulo Barreto, começou a aparecer com pautas ousadas, utilizando o seu tino de repórter e revolucionando a forma de dar a notícia.

> Foi um dos primeiros jornalistas brasileiros a sair dos gabinetes e dos salões grã-finos para buscar a notícia em becos e avenidas. "Eu amo a rua, a mais igualitária, a mais socialista, a mais niveladora das obras humanas", escreveria este homem fascinante e controvertido numa série de matérias sobre os *bas-fonds* do Rio.
> O que João do Rio fazia em *Kósmos*, revista de cultura criada em 1904, não era ainda a reportagem tal como existiria décadas mais tarde.
> Não havia, por exemplo, preocupação com a objetividade. Mas a narrativa trazia já um indispensável ingrediente do gênero, a fiel observação da realidade, além da disposição do autor de contar o Brasil aos brasileiros.[64]

Quando *O Cruzeiro* nasceu, o jornalismo no Brasil já se encontrava numa fase de transição entre a precariedade editorial e as possibilidades de inovação. Audacioso, Chatô comprou equipamentos modernos importados da Alemanha para impressionar e alcançar seus propósitos de mudança com o novo empreendimento. No ano de 1930, persistindo nesses propósitos de melhorias, *O Cruzeiro* anunciou reformas na parte gráfica do semanário:

> O CRUZEIRO, que consta de 48 paginas em seus numeros normaes, passara a ter 56 e 64 paginas, das quaes metade em rotogravura. Isto representa apenas a phase inicial das nossas reformas. Logo, porem, que as nossas actuaes offi-

[64] CORRÊA, 2000, p. 41

cinas sejam transferidas para a nova sede em vias de conclusão na rua 15 de maio, passaremos a utilizar a gigante machina de rotogravura rotativa de cinco unidades[65]

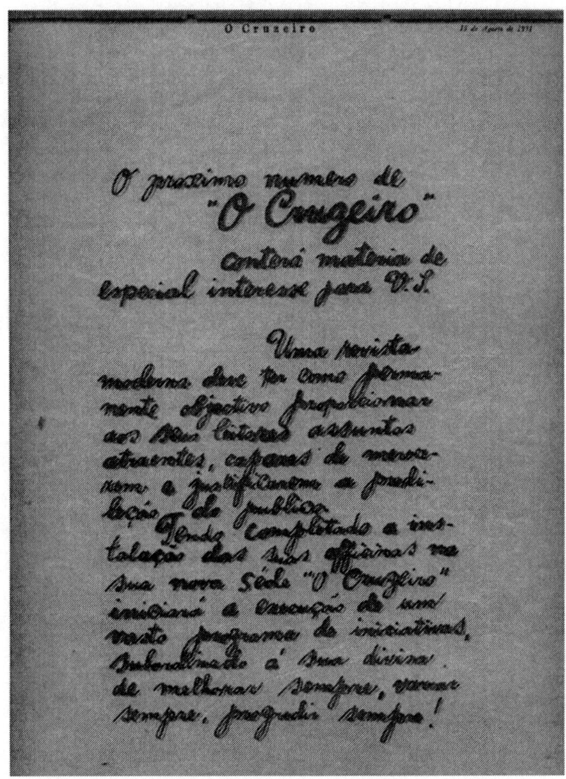

O Cruzeiro

O proximo numero de
"O Cruzeiro"
conterá materia de
especial interesse para V. S.

Uma revista
moderna deve ter como permanente objectivo proporcionar
aos seus leitores assumptos
atraentes, capazes de merece-
rem e justificarem a predi-
lecção do publico.
Tendo completado a ins-
tallação das suas officinas na
sua nova séde "O Cruzeiro"
iniciará a execução de um
vasto programma de iniciativas,
subordinado á sua divisa:
de melhorar sempre, vencer
sempre, progredir sempre!

FIGURA 5 – "O PRÓXIMO NÚMERO DE O CRUZEIRO[66]

FONTE: Museu de Comunicação Social Hipólito José da Costa. Porto Alegre, RS

Em 1931, avançavam as reformas na revista, que se instalou em nova sede, com uma oficina moderna, e anunciou o progresso que chegava ao semanário. Já com letras no formato *script* que a nova máquina propiciava fazer, o recado aos assinantes e leitores

[65] *O Cruzeiro*. 6 set. 1930. p. 13.

[66] *O Cruzeiro*. 15 ago. 1931. p. 4.

foi dado em página nobre inteira, com letras bem grandes, como são tratadas pela imprensa as primeiras páginas de uma publicação.

> O próximo numero de "O Cruzeiro" conterá materia de especial interesse para V. S.
> Uma revista moderna deve ter como permanente objetivo proporcionar aos seus leitores assuntos atraentes, capases de merecerem e justificarem a presdileção do público.
> Tendo completado a instalação das suas officinas na sua nova séde "O Cruzeiro" iniciará a execução de um vasto programa de iniciativas, subordinado à sua divisa de melhorar sempre, variar sempre, progredir sempre![67]

No início de 1931, a revista já havia anunciado o projeto ousado que viria para transformá-la num programa chamado de "remodelação-geral". O anúncio de página inteira servia também para justificar aos leitores o aumento do preço da revista e para anunciar "a publicação mensal de um numero especieaes de 2$000 réis (dois mil réis)".

> O Cruzeiro a seus leitores
> O nosso programa de remodelação-geral – os futuros números especiais de "O Cruzeiro" – nossas novas instalações para retrogravura em cores.
> As transformações porque vae passar esta revista com os readicaes melhoramentos que nella serão brevemente introduzidos, visam a torná-la um orgão correspondente ao gráu de cultura sempre ascensional do público e ajustá-la ao programma que traçamos de fazer de O CRUZEIRO uma revista modelo, comparavel às melhores revistas similares estrangeiras.
> O CRUZEIRO que inaugurou a rotogravura na imprensa ilustrada nacional, e que serviu de campo experimental da rotogravura no Brasil, inaugura em breve a rotogravura a côres, para o que tem já montada nas suas novas officinas a gigante rotativa de cinco unidades, adquirida na Alemanha.
> Essas reformas representam em seu conjucto um dos mais arrojados empreendimentos editoriais até hoje rea-

[67] *O Cruzeiro*. 15 ago. 1931. p. 4.

lizados no Brasil, e compreendem a execução semanal de 64 páginas em rotogravura a chromo-rotogravura, e uma vasta collaboração literaria e artistica, confiada aos nossos mais notaveis escritores e illustradores. [...]
A adopção e applicação intensiva e regular de tão complicados processos graphicos, com os da rotogravura a côres, para os quaes se tornou necessario contratar na Alemanha pessoal techico devidamente adextrado, não pode fazer-se sem um periodo preparativo e experimental.
Contamos, porem, que brevemente O CRUZEIRO haja concluido a sua remodelação, utilizando os novos machinismos e se tenha tornado a mais luxuosa, attraente e artistica revista semanal que jamais houve no Brasil.[68]

FIGURA 6 – CAPA DE SETE DE SETEMBRO[69]
FONTE: Museu de Comunicação Social Hipólito José da Costa. Porto Alegre, RS

[68] *O Cruzeiro*, 3 jan. 1931. p. 2.
[69] *O Cruzeiro*. 7 set. 1935.

O Cruzeiro
A
SEUS LEITORES

O nosso programma de remodelação geral. — Os proximos numeros especiaes "O CRUZEIRO". — As nossas novas installações para rotogravura em côres.

AS transformações por que vae passar esta revista com os radicaes melhoramentos que nella serão brevemente introduzidos, visam a torná-la um orgão correspondente ao gráu de cultura sempre ascensional do publico e ajustá-la ao programma que traçamos de fazer de O CRUZEIRO uma revista modelo, comparavel ás melhores revistas similares estrangeiras.

O CRUZEIRO, que inaugurou a rotogravura na imprensa illustrada nacional, e que serviu de campo experimental da rotogravura no Brasil, inaugurará em breve a rotogravura a côres, para o que tem já montada nas suas novas officinas a gigante rotativa de cinco unidades, adquirida na Allemanha.

ESSAS reformas representam em seu conjuncto um dos mais arrojados empreendimentos editoriaes até hoje realizados no Brasil, e compreendem a execução semanal de 64 paginas em rotogravura e chromo-rotogravura, e uma vasta collaboração literaria e artistica, confiada aos nossos mais notaveis escriptores e illustradores.

ESTES consideraveis melhoramentos não poderão executar-se e manter-se sem uma alteração no preço actual de O CRUZEIRO.

Antes, porem, de a fazer entrar [em] vigor, procederemos á demonstra[ção] previa da importancia que vae assu[mir] essa remodelação, de modo a que no[s]sos leitores possam verificá-la, aco[m]panhando-a nas suas phases progre[s]sivas, e reconhecer devidamente a s[ua] importancia.

COM tal fim publicaremos mens[al]mente um numero especial [de] O CRUZEIRO, ao preço de 2$000 ré[is]. Estes numeros especiaes são destin[a]dos, como dissemos, a facultar ao le[i]tor a apreciação das reformas por q[ue] vae passar esta revista até ultimar sua completa remodelação.

A adopção e a applicação intensiva [e] regular de tão complicados pr[o]cessos graphicos, como os da rotogra[]vura a côres, para os quaes se torno[u] necessario contractar na Alle[]manha pessoal technico devida[]mente adextrado, não pode faze[r]se sem um pe[]riodo preparato[]rio e experimen[]tal. Contamos, porem, que ante[s] do fim do ann[o] O CRUZEIRO haja concluido [a] sua remodelação utilisando os no[]vos machinismos e se tenha torna[]do a mais luxuosa, attraente [e] artistica revista semanal que ja[]mais houve n[o] Brasil.

A GRANDE MACHINA ROTATIVA DE CINCO UNIDADES, PARA ROTOGRAVURA A CÔRES, RECEM-MONTADA NAS NOVAS OFFICINAS DE "O CRUZEIRO"

FIGURA 7 – *O CRUZEIRO* A SEUS LEITORES[70]

FONTE: Museu de Comunicação Social Hipólito José da Costa. Porto Alegre, RS

No final da Segunda Guerra Mundial (1939/1945), o jornalismo no mundo sofreu modificações, a imprensa começou a sofrer a concorrência do rádio e da televisão. Nos anos de 1920, surge a radiodifusão nos Estados Unidos e, em 1923, a primeira revista semanal noticiosa: *Time*. Mais tarde, no início da década de 1940, surgiu a televisão naquele país. No Brasil, como até 1947

[70] *O Cruzeiro*. 11 out. 1930. p. 8.

não existiam cursos de comunicação, os pretendentes à profissão de jornalista aprendiam nas redações o ofício da profissão. Foi nesse período que os jornais e revistas começaram a adotar uma nova forma de fazer jornalismo, baseada nas transformações por que passava a mídia americana. As matérias começavam a ser mais interpretativas, com análises e avaliações; as páginas sofriam mudanças visuais. *O Cruzeiro*, a partir da década de 1930, teve modificada a sua diagramação e adotou a reportagem.

Foi *O Cruzeiro* que consagraria a reportagem e a fotorreportagem semanalmente, com David Nasser e o fotógrafo Jean Manzon como os principais repórteres da revista nessa fase. Mas a dupla começou a fazer sucesso com as reportagens a partir da década de 1940.

Na edição de 25 de novembro de 1944, sobre terremoto no Chile, os autores relataram o fato sem a preocupação com um modelo de reportagem semelhante aos atuais, que leva em conta a objetividade da informação e utiliza a técnica do *lead*, que consiste na introdução da notícia, ou "abertura da cabeça da matéria", quando se responde a seis perguntas básicas: Como? Por quê? Onde? Quando? O quê? Quem? O modelo foi criado pelos americanos na tentativa de dar à notícia mais precisão, uma objetividade que, segundo Mário Erbolato, consiste em aplicar a técnica, mas ao não ser adotada gera um dos pontos mais contraditórios e difíceis no jornalismo. Pondera:

> Outra característica da notícia é a *objetividade*. Deve ser publicada de forma sintética, sem rodeios e de maneira a dar a noção correta do assunto focalizado. Quem colhe dados, observando o local ou entrevistando pessoas capacitadas a proporcionar informações para a matéria, deve agir com isenção de ânimo. Honestidade e imparcialidade são atributos exigidos do repórter. Porém o poder de síntese não impedirá a clareza.[71]

[71] ERBOLATO, Mário L. *Técnicas de codificação em jornalismo redação, captação e edição no jornal*

Na reportagem sobre os fenômenos sísmicos que ocorrem no Chile e que ocasionam a morte de várias pessoas, o primeiro parágrafo trazia:

> Os fenômenos sísmicos que se reproduzem periodicamente em todo o mundo e em particular no Chile – são fenômenos de escassa importância na evolução da terra. A crosta terrestre sofre, apenas transformações leves, nos grandes terremotos. Mas, nas cidades e nos campos milhares de pessoas morrem, milhares de casas desaparecem e a desolação, o frio, a desnudes, a fome, a tragédia campeiam livremente, enquanto a terra imperturbável, prossegue a sua marcha universal.
>
> Os chilenos fizeram suas grandes cidades longe da zona dos terremotos. Seu país que está quase totalmente dentro da faixa sísmica do planeta, observa os tremores da terra como simples fenômenos meteorológicos. No Chile se produzem, em média, 500 tremores em cada ano, dos quais, apenas raros são percebidos pelo homem. Contudo os mais fortes adquirem importância máxima e são casos de terror e pânico, devido principalmente "as péssimas construções em que habitam o homem", esclarece-nos o Instituto Sismológico da Universidade do Chile.[72]

Com páginas recheadas de anúncios e muitas informações vindas dos estúdios de Hollywood e das principais agências de notícias do mundo, a revista passava, então, a integrar o modelo de comunicação de massa que eclodiu pelo mundo, disseminando a informação de forma comercial e em grande escala a partir do início do século XX, com o cinema, o rádio e, depois, a televisão, para grandes públicos. "Foram esses veículos que iniciaram a grande transição por nós continuadas até hoje em dia"[73], um processo que se prolongou com os jornais e que teve ainda a contribuição do telégrafo e do telefone.

---

diário. São Paulo: Ática, 1991. p. 56.

[72] *O Cruzeiro*, 25 nov. 1944. p. 5.

[73] DEFLEUR, Melvin L. *Teorias da comunicação de massa*. 5. ed. Rio de Janeiro: Jorge Zahar. 1993. p. 24

> Com o alvorecer do século XX, a sociedade ocidental estava prestes a experimentar a criação de técnicas de comunicação que ultrapassavam os mais desvairados vôos da imaginação de um século antes. Durante a primeira década do novo século, o cinema virou uma forma de divertimento familiar. Isto foi seguido em 1920 pela criação do rádio doméstico e, nos anos de 1940, pelo início da televisão doméstica.[74]

A realidade apresentada pelo autor é americana. No Brasil, a televisão surgiria só uma década depois, pois o rádio e os meios impressos reinavam absolutos. Apesar de *O Cruzeiro* não ser definido como grande um veículo de massa, teve grande público leitor, e foi um dos principais instrumentos de divulgação da propaganda governamental, de interesses do cinema e dos produtos da indústria, que crescia e transformava a vida nas cidades; de ideologias políticas e sociais de um governo nacionalista e da ideia de um país moderno. Para isso, a revista também se modernizou, no entanto foi uma transformação apenas estética e gráfica; não procurou *evoluir do período amarelo*, em termos de conteúdo, ou seja, não buscou sair da preocupação apenas com a circulação, esquecendo a qualidade do conteúdo que era oferecido ao leitor. Esse foi um período por que passou também a imprensa americana. Foi então que, "gradativamente, a imprensa tornou-se menos sensacionalista e mais responsável"[75]. E assim foram criados vários códigos e normas que estabeleceram limites aos meios de comunicação.

Por aqui, *O Cruzeiro*, que procurava melhorar a sua qualidade gráfica, não se preocupava muito com a veracidade da informação, como revelou o próprio Accioly Netto. Segundo ele, muitas vezes as matérias das seções eram reaproveitadas das revistas do exterior.

> O Cruzeiro publicava também contos tirados de revistas estrangeiras, incluindo até as ilustrações, sem qualquer autorização. Ninguém jamais protestou. Éramos ainda um país desconhecido do Terceiro Mundo. O mesmo sis-

[74] Ibid., p. 41.

[75] Ibid., p. 24.

> tema era usado para as páginas de caricaturas internacionais, coletadas de publicações especializadas, sobretudo Simplicissimus, da Alemanha, Le Rire, da França e Carlino, da Itália. As seções de moda também eram feitas com recortes de revistas e jornais de Paris e Nova York. Tal sistema era pitorescamente chamado de "cola e tesoura", no qual eu me tornei sem dúvida alguma um perito.[76]

As informações vindas diretamente dos estúdios cinematográficos americanos preenchiam as colunas, como por exemplo "Cinelandia", assinada por diferentes autores e que trazia muitas fotos das estrelas hollywoodianas. Além das fotos, os textos alimentavam o imaginário coletivo com as estórias da vida, de sucesso, dos produtos e dos cosméticos que as estrelas usavam.

Essas estórias reacendiam o imaginário coletivo a cada nova edição, num trabalho jornalístico que buscava despertar a emoção e que trazia a cada dia uma pauta nova para reflexão. Os assuntos abordados pela mídia geravam discussões e eram motivo de polêmicas, assim foram estudadas no final dos anos de 1960 pelos americanos Maxwell MC Combs e Donald Shaw. Pesquisaram a relação estreita entre a maneira pela qual a mídia noticiosa apresenta a realidade, em termos de importância e hierarquia, e o modo como as pessoas, por empréstimo da mídia, compreendem essa mesma realidade. Essa teoria, conhecida por *Agenda Setting*,[77] confirma a hipótese de que os meios de comunicação de massa não intervêm diretamente no comportamento de seus públicos, mas tendem a influenciar lenta e gradualmente no modo como os assuntos por eles são absorvidos. Em outras palavras, muitas vezes são os meios de comunicação que colocam os assuntos na pauta do dia para o público debater.

Como o objetivo aqui não é avaliar a audiência, não são abordados detalhes dessa teoria, porém, procura-se mostrar que a revista se propunha, sim, a formar opinião, a ditar moda e

[76] NETTO, Accioly. *O império de papel*: os bastidores de O Cruzeiro. Porto Alegre: Sulina, 1988. p. 51.
[77] WOLF, Mauro. *Teorias da comunicação massa media*: contextos e paradigmas, novas tendências e efeitos a longo prazo, o newsmaking. Lisboa: Presença, 1995. p. 130.

comportamentos e a ser porta-voz de uma nova ordem nacional: a modernidade. Por isso, preocupava-se em colocar na pauta da semana os assuntos que julgava pertinentes e que poderiam influenciar na transformação social daqueles anos.

A definição de teóricos da comunicação como Mauro Wolf é de que

> a massa é constituída por um conjunto homogéneo de indivíduos que, enquanto seus membros, são essencialmente iguais, indiferenciáveis, mesmo que provenham de ambientes diferentes, heterogéneos, e de todos os grupos sociais[78],

uma comunicação de massa direcionada para grupos sociais restritos. Em *O Cruzeiro* existiu uma comunicação de massa no sentido da massificação da informação e da publicidade, procurando mostrar que o Brasil era um novo país, agora moderno. Ainda que fosse dirigida a um público restrito e elitizado, a revista teve boas tiragens e desempenhou um papel preponderante na comunicação brasileira, além de ser uma das portas da mediação desse tipo de comunicação intensa da publicidade, que não se restringia apenas aos espaços da propaganda, mas utilizava-se da notícia, da reportagem, das colunas e da fotografia. Tudo era tratado como uma venda ao consumidor fossem ideologias, fossem produtos.

Mauro Wolf ainda reforça:

> Além disso, a massa é composta por pessoas que não se conhecem, que estão separadas umas das outras no espaço e que têm poucas ou nenhumas possibilidades de exercer uma acção ou uma influência recíprocas.[79]

Outros teóricos como Melvin L. DeFleur e Sandra Ball-Rokeach destacam que os meios de comunicação, ao longo dos anos, assistiram ao declínio de seu público, mas não porque dei-

[78] Ibid., p. 22.

[79] WOLF, op. cit., p. 22.

xaram de ser veículos de massa, e sim porque foram cedendo espaços para outros, alguns sendo até ameaçados de obsolescência. Melvin Defleur explica como os meios impressos foram se projetando e as revistas semanais foram conquistando o público.

> No tocante ao jornal, os fatores que conduziram a seu declínio até agora não são difíceis de evidenciar. Outras formas de veículos, satisfazendo necessidades da população semelhantes às atendidas pelos jornais, começaram a surgir na sociedade na década de 1920. Pouco após (durante os anos 30), revistas noticiosas semanais começaram a granjear aceitação bem generalizada. Até o filme desempenhou um papel nisso. Nos últimos anos da década de 1940 e na de 1950, claro, a televisão avassalou a sociedade norte-americana. Em maior ou menor grau, cada uma dessas alternativas funcionais para o jornal abocanhou algo da circulação da imprensa diária. Cada uma, em certo sentido, propicia notícias, informações ou divertimento de uma forma que outrora era domínio exclusivo do jornal.[80]

Essa evolução nos meios de comunicação e o surgimento de novos suportes e formatos acompanham o próprio crescimento econômico da sociedade. Já na metade do século XIX, o mundo começou a se voltar para um novo tipo de economia, a economia de mercado, cuja base é o consumo de bens, surgindo aí uma sociedade de consumo. A indústria cultural, diz o autor, tem muito dos traços da sociedade capitalista liberal e mostra como ela surgiu e quais são seus traços marcantes:

> Assim, a indústria cultural, os meios de comunicação de massa e a cultura de massa surgem como função do fenômeno da industrialização. É esta, através das alterações que produz no modo de produção e na forma do trabalho humano, que determina um tipo particular de indústria (a cultural) e de cultura (a de massa), implantando numa e noutra os mesmos princípios em vigor na produção econômica em geral: o uso crescente da máquina e a submissão do

[80] DEFLEUR, op. cit., p. 74-76.

> ritmo humano de trabalho ao ritmo da máquina; a exploração do trabalhador; a divisão do trabalho. Estes são alguns dos traços marcantes da sociedade capitalista liberal, onde é nítida a oposição de classes e em cujo interior começa a surgir a cultura de massa. Dois desses traços merecem uma atenção especial: a reificação (ou transformação em coisa: a coisificação) e a alienação. Para essa sociedade, o padrão maior (ou único) de avaliação tende a ser a coisa, o bem, o produto, a propriedade: tudo é julgado como coisa, portanto tudo se transforma em coisa – inclusive o homem. E esse homem reificado só pode ser um homem alienado: alienado de seu trabalho, trocado por um valor em moeda inferior às forças por ele gastas; alienado do produto de seu trabalho, que ele mesmo não pode comprar, pois seu trabalho não é remunerado à altura do produzido; alienado, enfim, em relação a tudo, alienado de seus projetos, da vida do país, de sua própria vida, uma vez que não dispõe de tempo livre, nem de instrumentos teóricos capazes de permitir-lhe a critica de si mesmo e da sociedade.[81]

Para Coelho Teixeira, a comunicação de massa, com seus veículos, como o cinema, a história em quadrinhos e tantos outros, permite a prática do novo.

> Na verdade, o que temos nesses veículos da indústria cultural realmente são ícones, porém, ícones sufocados numa operação indicial com os signos. Os ícones existem superficialmente, mas o modo pelo qual são dispostos é indicial, formando-se no indivíduo receptor uma consciência sob a forma de mosaico, composta por retalhos de coisas vistas rapidamente, numa tela onde se multiplicam e sucedem imagens desconexas a impedir, para esse indivíduo, uma visão totalizante de si e de seu mundo, provocando, dessa forma, o processo de alienação.[82]

Segundo Teixeira Coelho, para existir uma comunicação de massa é necessário que exista uma sociedade de massa, com

---

[81] TEIXEIRA, Coelho. *O que é indústria cultural*. São Paulo: Brasiliense, 1980. p. 10-11.

[82] Ibid., p. 73.

consumo de massa. No Brasil, a baixa renda da população limita o consumo, porque "a divisão de renda é tal, que apenas os bolsões situados no centro-sul do país podem pensar em consumir, e mesmo assim em termos relativamente modestos". Mas também é correto afirmar, conforme o autor, que a indústria cultural gera produtos dirigidos diretamente à pequena parcela da sociedade que é consumidora. Então, grupos de classes sociais baixas consomem simbolicamente produtos dirigidos à minoria.

> De qualquer modo, deveria ser bastante claro que, embora os grupos consumidores sejam em pequena proporção diante da população nacional e embora os produtos da indústria cultural sejam dirigidos diretamente a eles, sobre eles e a partir deles é gerada uma produção cultural que acaba por afirmar-se e estender-se, embora não homogeneamente, a todos os demais grupos sociais não consumidores. E estes grupos acabam por consumir *simbolicamente* aqueles produtos dirigidos à pequena minoria. E isto quer através da atividade imaginária de participação naqueles produtos e naquela cultura, quer através da participação também ilusória, porque excepcional e passageira, possível através de concursos "milionários" como os do Baú da Felicidade – como mostra Sérgio Miceli em *A Noite da madrinha*. Seja como for, esses meios de comunicação de massa acabam produzindo uma estrutura cultural que se torna impositivamente comum ao número de atingidos por esses meios, razão pela qual é possível falar na existência de uma cultura de massa e de meios de comunicação de massa, ainda que nossa sociedade não seja uma sociedade de consumo de massa; a inexistência desta não impede a existência daqueles.[83]

Os dirigentes de *O Cruzeiro* optaram por uma comunicação mais dirigida ao público feminino, um grande potencial consumidor pouco explorado pela mídia da época. Como afirma Teixeira Coelho, na comunicação de massa é gerada uma produção cultural disseminada para outras camadas sociais e que consegue atingir

[83] Ibid., p. 85.

mais consumidores, mesmo que seja de uma forma simbólica. Assim, sendo as mulheres o público-alvo da revista, acabavam influenciando as famílias para o consumo de novos produtos.

A indústria cultural brasileira, como afirma o autor, possui elementos de cultura estrangeira e não trata de temas do cotidiano. Ela é, basicamente, "a indústria do divertimento, da distração, e não da reflexão sobre o que acontece na vida diária"[84]. A comunicação em *O Cruzeiro* era dirigida ao público de melhor poder aquisitivo, mas com o propósito de atingir o país como um todo e de espalhar por todos os cantos do Brasil as novidades trazidas por uma cultura de massa que se espalhava também com o cinema e toda a gama de produtos e estilos criados a partir daí, dando uma ideia de novo, de mudanças, de moderno.

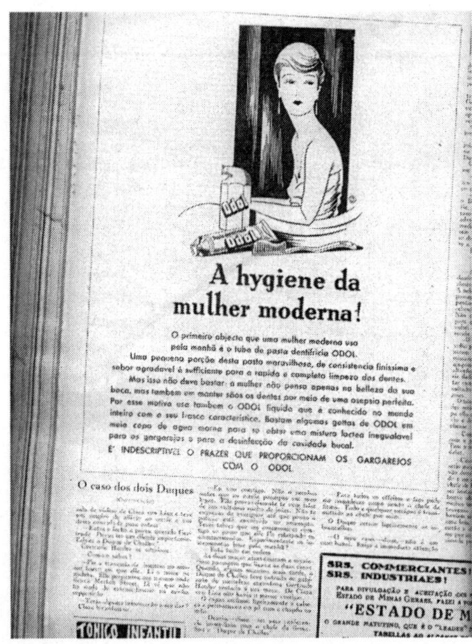

ODOL

ODOL

A hygiene da mulher moderna!

O primeiro objecto que uma mulher moderna usa pela manhã é o tubo de pasta dentifricia ODOL.

Uma pequena porção desta pasta maravilhosa, de consistencia finissima e sabor agradavel é sufficiente para a rapida e completa limpeza dos dentes.

Mas isso não deve bastar: a mulher não pensa apenas na belleza da sua bocca, mas tambem em manter sãos os dentes por meio de uma asepsia perfeita. Por esse motivo usa tambem o ODOL liquido que é conhecido no mundo inteiro com o seu frasco caracteristico. Bastam algumas gottas de ODOL em meio copo de agua morna para se obter uma mistura lactea inegualavel para os gargarejos e para a desinfecção da cavidade bucal.

E' INDESCRIPTIVEL O PRAZER QUE PROPORCIONAM OS GARGAREJOS COM O ODOL

O caso dos dois Duques

SRS. COMMERCIANTES!
SRS. INDUSTRIAES!

"ESTADO DE M

FIGURA 8 – A HIGIENE DA MULHER MODERNA[85]

FONTE: Museu de Comunicação Social Hipólito José da Costa. Porto Alegre, RS

[84] Ibid., p. 96.

[85] *O Cruzeiro.* 27 jan. 1934. p. 21.

Dessa forma, a revista ia tecendo no imaginário feminino um novo perfil de mulher, que se preocupava com a estética como as estrelas do cinema. O vocabulário da moda modificou a própria língua nacional: garotas passaram a ser chamadas de *girls*, de *gal*; *fashion* virou sinônimo de moda e rainha da beleza passou a ser denominada *miss*. *O Cruzeiro* não apenas falou de beleza, mas ajudou a escolher as mais belas do Brasil.

Concursos de beleza para escolher a *miss* Brasil e a *miss* Universo movimentaram especialmente os anos de 1929 e 1930. Na edição de 6 de setembro de 1930, a revista dedicou 12 páginas para mostrar as mais belas e registrar o "Miss Universo 1930", a exemplo de outras edições que trataram do mesmo evento, como foi a do mês de julho de 1929.

O concurso que escolheu a brasileira Yolanda Pereira como "Miss Universo 1930" veio sendo anunciado ao longo das edições do mês de setembro. Na do dia 6, a manchete dizia: "Será eleita amanhã no Rio de Janeiro a Miss Universo 1930". O texto, contendo muitas fotos, inclusive da candidata que viria a ser eleita, trazia:

> O Cruzeiro que, em 1929, acompanhou com uma vasta reportagem a participação do Brasil ao concurso de Galveston, desde a eleição das misses dos Estados até às de Miss Brasil e Miss Universo, dedica o presente numero ao concurso de Belleza que elegerá amanhã no Rio de Janeiro, por iniciativa de "A Noite", a MISS UNIVERSO 1930 entre as candidatas eleitas do Brasil, Grecia (Miss Europa), França, Inglaterra, Allemanha, Italia, Estados Unidos, Cuba, Chile, Perú, Russia, Rumania, Turquia, Libano, Belgica, Yugoslavia, Hollanda, Hungria, Austria, Bulgaria, Tchoslovaquia, Hespanha e Portugal.[86]

---

[86] *O Cruzeiro*, 6 set. 1930. p. 13.

FIGURA 9 – AS MAIS BELAS DO MUNDO MISS UNIVERSO E A PROPAGANDA DO SABÃO "LUX"[87]

FONTE: Museu de Comunicação Social Hipólito José da Costa. Porto Alegre, RS

As mais belas fotos tiradas dos concursos de beleza estavam nas páginas da revista também para anunciar produtos. O reforço à propaganda que as misses faziam estimulava a venda de uma imagem cada vez mais preocupada com a beleza e o bem-estar do corpo. Uma página inteira era ocupada com fotos, depoimentos e assinaturas das estrelas: "Yolanda Pereira, Miss Universo – Rio

[87] *O Cruzeiro*. 11 out. 1943.

São Paulo, 1930; Jerusuda Gonçalves – miss Portugal 1930; Ahni Diplarahos – Miss Europa, 1930; Beatrece Lee – Miss United States 1930." E a página complementava:

> As mais bellas do mundo
> Conservam lindas como novas as suas roupas delicadas – lavando-as com LUX
> Para as roupas mimosas de hoje, somente a pureza de Lux
> Todos os theatros e companhias de revistas de Nova York usam Lux para as meias de sedas durarem o dobro, e os departamentos de vestuário dos grandes "studios" de Hollywood usam somente Lux.[88]

O esforço modernizador e a propaganda como instrumento para alcançar o público feminino

Na hegemonia de discursos técnicos, o Brasil do começo do século XX almejava progresso "a qualquer custo, para fazer a modernização", ainda que, para isso, fosse necessário oprimir e massacrar a população, como foi o caso de revoltas que pipocaram de 1912 a 1924, como a Guerra do Contestado, na fronteira entre Paraná e Santa Catarina, e a revolta paulista de 1924, em que houve a execução sumária de imigrantes.

> No afã do esforço modernizador, as novas elites se empenhavam em reduzir a complexa realidade social brasileira, singularizada pelas mazelas herdadas do colonialismo e da escravidão, ao ajustamento em conformidade com padrões abstratos de gestão social hauridos de modelos europeus ou norte-americanos. Fossem esses os modelos, da missão civilizadora das culturas da Europa do Norte, do urbanismo científico, da opinião pública esclarecida e participativa ou da crença resignada na infalibilidade do

[88] *O Cruzeiro*, 11 out. 1930. p. 43.

> progresso. Era como se a instauração do novo regime implicasse pelo mesmo ato o cancelamento de toda a herança do passado histórico do país e pela mera reforma institucional ele tivesse fixado um nexo co-extensivo com a cultura e a sociedade das potências industrializadas.[89]

O entusiasmo capitalista no país criou a "atmosfera da regeneração", uma sensação entre as elites de que o Brasil estava em harmonia "com as forças inexoráveis da civilização e do progresso"[90]. Foi um progresso que Santos Dumont ajudou a inaugurar em 1917 com o vôo do 14-Bis, avião que fez parte da era das máquinas voadoras e invenção que contou com a participação do governo brasileiro. De 1900 a 1920, o Brasil foi introduzido nos novos padrões de consumo, intensificando-se a propaganda, que encontrou nas revistas ilustradas um espaço para o sucesso. Era

> [...] uma nascente, mas agressiva onda publicitária, além desse extraordinário dínamo cultural representado pela interação entre as modernas revistas ilustradas, a difusão das práticas desportivas, a criação do mercado fonográfico voltado para as músicas ritmadas e danças sensuais e, por último mas não menos importante, a popularização do cinema[91]

Na intensificação dos métodos da propaganda publicitária por que passava a sociedade, e principalmente os meios de comunicação, *O Cruzeiro* viu uma das suas maiores fontes de renda. Não que as assinaturas não contribuíssem, mas certamente foi por meio dos variados anúncios de produtos brasileiros e estrangeiros que a revista sobreviveu por um bom período, sem contar com a publicidade governamental, representada desde os primeiros empréstimos, quando Assis Chateaubriand recorreu a Getúlio

---

[89] SEVCENKO, Nicolau. Introdução – o prelúdio republicano, astúcias da ordem e ilusões do progresso. In: ______ (Org.). *História da vida privada no Brasil*. São Paulo: Cia. das Letras, 1998. v. 3. p. 27.

[90] Ibid., p. 34.

[91] Ibid., p. 37.

Vargas, na época ministro da Fazenda, para obter e colocar a revista em circulação.

A propaganda que vem sendo referida neste livro não é apenas aquela que está determinada a um espaço específico e que anuncia um determinado produto, mas é também a que está implícita e muitas vezes explícita nas matérias, nas colunas e até nas reportagens, quando começaram a aparecer. Identificamos muitas afirmações reforçando uma determinada ideologia ou produto que fazia parte de um contexto caracterizado por novas formas de vida, por um ideal moderno ou, ainda, por padrões de beleza. Esses eram anunciados já na primeira edição. As propagandas prometiam mudanças e sugeriam formas de a leitora chegar ao padrão ideal da mulher dos novos tempos.

Para ser *bella,* conforme dizia o título da propaganda da página 54 que mostra a ilustração de uma mulher usando batom bem vivo, de unhas grandes e coloridas, cabelos curtos, bem penteados e brincos grandes chamativos,

> [...] basta visitar o Instituto Ludovig productos incomparaveis para belleza tinturas, loções e perfumarias, ondulações permanentes e Marcel. Corte de cabello. Manicure e Pedicure – especialista em massagens scientificas coriorais e eliminação completa dos cabellos do rosto, brancos etc. Tratamento radical de espinhas. Sardas, manchas da pele e rugas. TUDO POR PROCESSOS ESPECIAES E GARANTIDOS. Casa fundada em 1903. Rua Uruguayana, 39 SOA Rio – tel. C. 3011. Sucursal – S. Paulo, Praça do Patriarcha, 20.[92]

Para ser bastante convincente, esse padrão de beleza precisava de um exemplo, e modelos não faltavam, como o da propaganda que traz uma foto da estrela do cinema americano de 1930 Clara Bow. A famosa "Estrella da Paramount" era a atriz reveladora da "Conquista da belleza"[93]. Vejamos o que dizia o

[92] *O Cruzeiro*, 10 nov. 1928. p. 54.

[93] Id., 13 dez. 1930. p. 8.

texto num ensinamento que prometia beleza desde que se usasse a cera "Mercolized":

> As "estrellas" de cinema não obstruem os poros de sua pelle com cremes para o rosto e outros pretendidos "alimentos" para cutis. Ellas sabem muito bem que não há substancia alguma que tenha o poder de vivificar uma pelle morta. O que ellas fazem é desconquistar-se da pelle velha. Para obtei-o basta applicar ao rosto Cera Mercolized (Em inglez, "Pure Mercolized Wax"), fazendo isto à noite antes de deitar-se, e retirando a cera pela manhã. Desta forma a tez gasta se elimina gradualmente, dando logar á apparição da nova cutis que toda mulher possue debaixo da cuticula exterior. Procure hoje mesmo Cera Marcolized (Em inglez, "Pure Mercolized Wax") na pharmacia e comece a recuperar a sua formosa cutis juvenil e louça.[94]

Não era, entretanto, apenas para mostrar produtos de uso feminino que as mulheres emprestavam seus belos rostos, mas também para anunciar bebidas alcoólicas. Na propaganda sobre a cerveja "Malzbier", da Antarctica, o texto e uma ilustração de mulher enchiam uma página com o seguinte anúncio:

> O insignificante têor alcoólico e o esmero de sua fabricação fazem desta cerveja, de delicioso sabor e de alto valor nutritivo, uma das bebidas mais recommendaveis para todas as edades. Em quarto de garrafa, melhor se adapta á elegancia feminina. MALZBIER DA ANTARCTICA.[95]

As mulheres anunciavam também os bilhetes da loteria: "Quanto coisa poderei possuir com os 500 contos do Natal da Loteria Federal a extrahir-se em 20 do corrente."[96] Nessa página, a figura que ocupava o centro era de uma mulher de vestido longo e olhar sedutor.

Além de bebidas e bilhetes da loteria, as mulheres anunciavam produtos que interessavam apenas a elas, os quais refor-

[94] *O Cruzeiro*, 13 dez. 1930. p. 8.

[95] Id., 13 jan. 1940. p. 48

[96] Id., 13 dez. 1930. p. 47.

çavam a ideia de anos modernos, cheios de novidades, como os cosméticos para retardar o envelhecimento da pele. Para alcançar esse benefício, era preciso usar cremes que combatessem as rugas, como dizia este anúncio: "O seu rosto tem zonas perigosas." E continuava:

> Cravos e espinhas que se accumulam em certas partes do rosto são um perigo constante, que cumpre evitar, em beneficio da belleza das feições. A pelle flacida, sem viço, que começa a encarquilhar-se prematuramente é o campo propicio ao apparecimento de espinhas, cravos e outras imperfeições. Para fortalecer a pelle, revigorando os tecidos, use Rugól em massagens nas faces, na testa e no pescoço. Rugól penetra profundamente nas camadas subcutaneas e fortifica os tecidos, dando viço e belleza á cutis. Use Rugól como seu creme de belleza, retirando o excesso com uma toalha secca ou humida e depois de enxuto poderá fazer sua "maquillage" ou applicar o pó de arroz para sahir. Á noite, antes de se deitar, retire com uma toalha humidecida o creme usado durante o dia.
> Depois, lave bem o rosto e applique nova camada de Rugól. Em pouco tempo sua cutis terá de novo o aspecto sadio da juventude.
> Laboratorios Alvim & Freitas, Ltda. São Paulo
> Creme RUGÓL.[97]

Em outro espaço, os anúncios continuavam a reforçar que era preciso cuidar do corpo, para o que existia uma infinidade de produtos e marcas tudo em prol da juventude e da beleza feminina, como mostra este anúncio:

> Retorna à Juventude
> Ensinando como apagar os vestígios do tempo, que qual atributo à belleza se agravam no rosto feminino, Elizabeth Arden nos indica como retornar à juventude. O "Ardena Oleo Adstringente" estendido ao deitar-se sobre as partes

[97] *O Cruzeiro*, 18 jan. 1941. p. 58.

a serem tratadas, elimina gradativamente as marcas da testa, faz desaparecer as rugas em redor dos olhos e em torno da boca e alisa as linhas que no pescoço e no cólo se formaram. Afim de que o "Ardena Oleo Adstringente" produza seus beneficios effeitos, deve ser applicado em uma cutis que com o "Ardena creme de Limpeza " unido ao "Tonico para a pelle" foi previamente limpa e preparada.
Elizabeth Arden Salão no Rio: Avenida Rio Branco, 257
São em São Paulo: Casa Anglo Brasileira.[98]

Era uma verdadeira revolução no comportamento feminino. As novidades que surgiam nesse período facilitavam a vida diária, traziam maior praticidade e mais saúde, inclusive para "aqueles dias" que só as mulheres passam. O absorvente higiênico começou, então, a ser anunciado na década de 1940:

Não há mais dias perdidos todo mez! Dispense esses temores! Evite que os dias criticos, naturaes na vida de toda a mulher, estraguem os seus planos com a falta de protecção adequada dos methodos antiquados que prejudicam a sua saude.
Hoje, os cuidados hygienicos devem assegurar a commodidade imprescindível à sua vida diaria. Modess é a toalha sanitaria que acaba com o receio que atormenta a Sra. nos dias criticos. É mais absorvente que o algodão e tem a camada externa impermeavel. Modess nunca irrita – nunca apparece. Peça, simplemente, Modess nas pharmacias e lojas de artigos para senhoras. É a protecção scientifica da saúde, indispensavel à mulher moderna.
Modess Johnson & Johnson do Brasil.[99]

Eram novidades que não esqueciam os "Arbitros da Moda":

A corte suprema do estylo e da moda norteamericana – os salões aristocraticos da afamada Quinta Avenida

[98] Id., 26 jul. 1941. p. 49.
[99] *O Cruzeiro*, 13 dez. 1941. p. 56.

> de Nova York – proclama o novo VanEss o batom das damas elegantes.
> A V. tambem emocionarão os seus arrebatedores matizes; deleita-se à com a precisão com que VanEss adhere aos labios, a suavidade e o feitiço que lhes empresta e a permanência durante longas horas, em qualquer situação. VanEss não escorre, não se resseca e nem perde a sua côr – ideal para o nosso clima.
> VanEss é ultra-grande e, porisso, mais facil de se applicar e muito mais economico.[100]

A propaganda da década de 1930, que começou tímida, foi ganhando ousadia e, na década de 1940, já se percebia uma agressividade maior; as próprias modelos mostravam-se mais à vontade nas imagens, já não havendo maiores constrangimentos em vestir as roupas mais ousadas. Era uma modernidade que acompanhava o ritmo da evolução dos padrões de comportamento da época, muitas vezes chocando; outras vezes impressionando e, em muitas, não alterando a ordem constituída daqueles comportamentos que insistiam em permanecer no ritmo do passado, até porque nem toda a mudança acontece uniformemente. As mudanças vão se processando lenta e gradativamente, em ciclos que levam em conta o ritmo e a disposição de cada indivíduo e de cada sociedade em acompanhar, especialmente padrões de comportamento e tendências da moda.[101] E se a mulher se modernizava, pelas páginas de *O Cruzeiro*, no aspecto visual, conseguia também benefícios que agora ajudavam a *rainha do lar* e, especialmente as empregadas domésticas, a exercer suas atividades de modo prático por meio de novos utensílios para a cozinha.

As velhas cozinhas, pesadas, engraxadas e rudes, que antes ocupavam os fundos da casa, agora passavam a ser o cartão de

---

[100] *O Cruzeiro*, 26 jul. 1941. p. 50.

[101] A propaganda de massa apregoava a uniformização dos gostos, comportamentos, formas de vida, culturas, colocando os indivíduos no mesmo padrão comportamental, buscando resultados imediatos, com a massificação da informação, fazendo valer a oferta para todos, como se gostos e valores fossem únicos em todo o mundo, e a revista pretendia com a ideia da modernidade também padronizar os comportamentos e gostos femininos.

visita, exibindo fogões que não soltavam fumaça, máquinas que batiam ovos, armários que abrigavam confortavelmente as panelas, estas muito mais leves, e, para complementar, um refrigerador elétrico, que facilitava a conservação dos alimentos.

> PHILIPS Apresenta KELVINATOR
> Pioneira da industria de refrigeradores elétricos, a marca KELVINATOR apresenta para a atual estação a mais notavel linha de modelos domésticos até hoje idealisada, cuja aceitação tem sido imcomparável em todos os mercados do mundo. Visite a loja de um revendedor PHILIPS e certifique-se das reais vantagens que lhe oferece KELVINATOR. Fixe a sua atenção nos tamanhos e preços dos varios modelos apresentados e adquira confiante o que lhe agradar, porque é um producto da mais antiga e reputada fabrica de refrigeradores do universo.
> Um producto distribuido pela PHILIPS.
> S. A. PHILIPS DO Brasil.[102]

Assim como o refrigerador era indispensável em qualquer cozinha, outros equipamentos começaram a fazer parte dessa revolução doméstica da praticidade e do conforto em casa. Na página 40 da edição 14 de abril de 1934, *O Cruzeiro* apresentou a cozinha moderna, que contava com batedeira, armários com compartimentos para guardar os alimentos e os utensílios, além de fogão a gás:

> Cosinhas Modernas
> A cosinha atualmente não é maes o "puxado" despresivel da casa que parecia envergonhar as habitações. [...]
> Em cima, um aparelho moderno para todos os usos. Para bater ovos, virar massas, Ovomaltene, Toddy y [...].
> Nenhuma cosinha moderna bem montada pode deixar de possui-lo.[103]

---

[102] *O Cruzeiro*, 21 dez. 1940. p. 89.
[103] Id., 14 abr. 1934. p. 40.

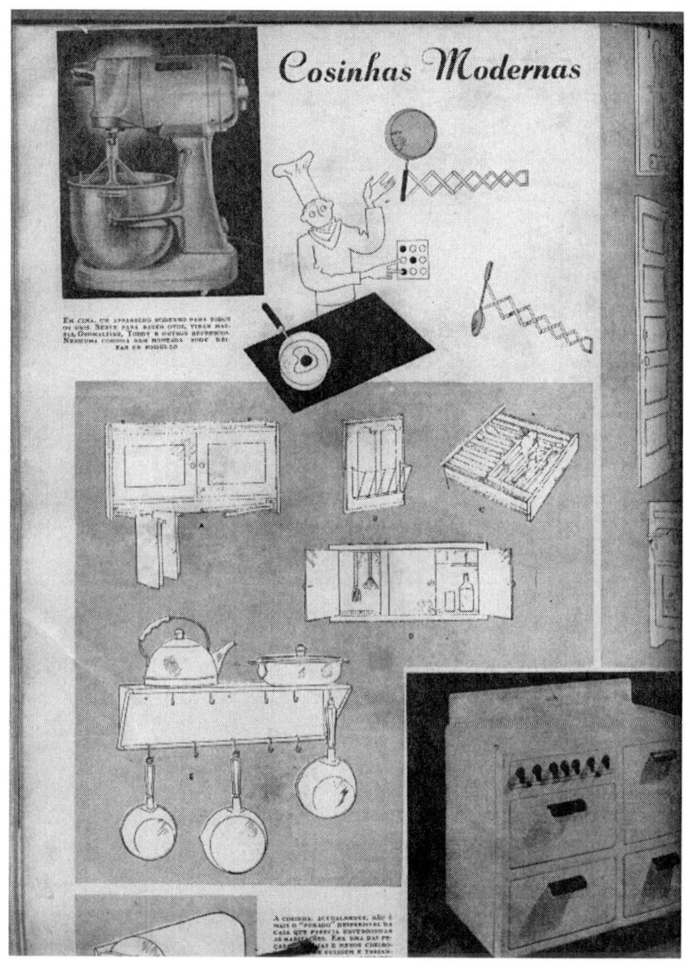

FIGURA 10 – COZINHAS MODERNAS[104]

FONTE: Museu de Comunicação Social Hipólito José da Costa. Porto Alegre, RS

Para completar o aproveitamento de uma cozinha equipada como essa, era necessário utilizar muitos produtos industrializados, novas receitas, cuja execução exigia esses utensílios. A partir

[104] *O Cruzeiro*. 14 abr. 1934.

de 1940, *O Cruzeiro* ampliou os espaços para a culinária na revista, publicando receitas como esta, que ensinava a preparar molhos:

> Molho de Manteiga
> 1 chicara de agua quente.
> 1 ½ colheres de sopa de manteiga.
> ½ colhe de cha de sal
> 2 colheres de sopa de farinha
> pimenta a gosto
> 1 – Derreta a manteiga e junte a farinha, mexendo bem; junto então os temperos.
> 2 – Tire a panella do fogo e misture o liquido mexendo constantemente para não encaroçar.
> 3 – cozinha em fogo brando, mexendo sempre.
> Variações do Molho de Manteiga
> Molho de Alcaparra – Junte ao molho acima ¼ de chicara de alcaparras e cozinhe um pouco antes de servir.
> Molho de Ovo – Misture ovos duros e frios, ao molho de manteiga mexendo ligeiramente para não quebrar os ovos.
> Molho de salsa – Para uma chicara do molho de manteiga, junte 1 colher de sopa de salsa picada e 1 colher de sopa de molho de limão.
> Molho de Camarão – Derrame uma chicara de molho de manteiga sobre a gemma de 1 ovo, ligeiramente batida, e junte ½ chicara de camarões. Aqueça e sirva.[105]

Também orientava sobre maneiras de reduzir as despesas:

> Este Oleo Reduz as Despezas!
> Óleo Excelente A Patrôa
> 1 Não queima
> 2 Não toma o gosto dos alimentos!
> 3 Pôde ser usado muitas vezes!
> ACABE com os aborrecimentos que lhe causa a conta do empório! Agora a Sra. póde economisar e ao mesmo tempo servir pratos deliciosos, usando o finíssimo oleo

[105] *O Cruzeiro*, 14 abr. 1934. p. 41.

> "A Patrôa". Puro e inodoro, é mais economico e os pratos ficam mais gostosos porque apparece todo o sabor caracteristico dos alimentos. Peça, ainda hoje, no seu emporio uma lata de oleo "A Patroa".
> Oleo
> A Patrôa
> É um producto swift.[106]

Na mesma página aparece uma propaganda de fogão a gás e óleo, com uma figura demonstrativa do produto. Esse também foi um período da afirmação de marcas que permanecem ainda hoje no mercado consumidor, como a "Bayer", a "Philips" e tantas outras. Os fogões a gás e a óleo começavam a surgir, como mostra esta propaganda de 1941:

> É UMA MARAVILHA
> O legítimo fogão HEIDENIA a gás e oleo cru
> Com uma, duas ou três bocas e forno de sobrepor
> para bolos e assados Consumo de 1 litro de oleo em 7 horas
> SEM BOMBA SEM PRESSÃO
> O máximo de conforto com o máximo de economia
> Consultem a SOCIEDADE GECO LIMITADA
> Rua Teófilo Otoni, 35 Rio
> E as principais casas de ferragens ou do ramo.[107]

---

[106] Id., 13 dez. 1941. p. 58.

[107] *O Cruzeiro*, 13 dez. 1941. p. 58.

FIGURA 11 – PROPAGANDA FOGÃO A GÁS[108]

FONTE: Museu de Comunicação Social Hipólito José da Costa. Porto Alegre, RS

Para complementar esse estímulo à vida doméstica, que já podia experimentar equipamentos modernos que traziam mais conforto às donas de casa, novos utensílios surgiam e ofereciam mais possibilidades de modificar a arte culinária e o rude trabalho doméstico. Mas nem todas as mulheres contavam com essas

[108] *O Cruzeiro.* 20 set. 1941. p. 75.

facilidades; muitos lares brasileiros só vieram a conhecer eletrodomésticos e utensílios de cozinha décadas depois. Além de anunciar os utensílios, a revista começou a abrir espaços para as informações sobre como tirar melhor proveito dos equipamentos; anunciava, a partir da década de 1940, receitas e sugeria a modernização dos pratos brasileiros, que "sofria tudo o que o sangue sofreu", ou seja, a miscigenação, como revelava Nelson Motta. Era a defesa da sofisticação na cozinha, com pratos diferenciados, como o autor mostra neste texto: "Barricada na cozinha", com fotografias de "Peter Scheier":

> Há vinte anos, mais ou menos, Lady Mackenzie, chegando ao Rio de Janeiro, seu espanto, nem disfarçou a sua surpresa diante da desordem culinária do povo brasileiro. Para ela, que vinha de uma civilização evoluída – onde o garfo e a faca ajudaram a construir, paulatinamente, uma História e uma Cultura, para ela, que vinha de um alto padrão de vida, aquela confusão que imperava em nossa cozinha, aquela anarquia e aquela mistura representavam um grande e grave pecado. Viu que o povo, entre nós não sabia fazer o que comia e não sabia comer o que fazia. E resolveu então, no seu empenho de ajudar a terra acolhedora, organizar uma equipe de cozinheiros, um corpo requintado de mestres-cucas encarregados de restaurar a dignidade da nossa culinária. Naquele tempo, como hoje, a mesa e o fogão ocupavam um pôsto absolutamente secundário no quadro das realidades nacionais. De um lado os preconceitos, acumulados, por velha tontice, barravam a porta das cozinhas, comprometiam o sucesso das panelas e a nobreza primordial da comida. De outro lado, os anos haviam incorporado à nossa mesa pobre, a mesa exótica de todos os imigrantes. A cozinha brasileira pelos séculos a dentro sofreu tudo o que o sangue sofreu. Surgiu como a raça da mistura desregrada de todos com todos. E por isso mesmo nunca teve estilo e nunca teve personalidade.[109]

[109] *O Cruzeiro*, 23 jun. 1945. p. 55.

Muitos cursos surgiram então, não apenas de culinária, mas sobre administração do lar, realização de compras e economia. A notícia do dia 10 de julho de 1943 dá conta disso:

> Cozinha para todas
>
> School of Household Management (Escola de Direção do Lar) para ministrar a todas as jovens, suas alunas, os elementos indispensaveis à boa organização de uma casa, nesse sentido.
>
> O instituto, destinado a ensinar desde como economizar nos mercados, até à ornamentação e disposição dos pratos na mesa, passando pela escolha de refeições, treino e seleção de empregadas, conservação dos gêneros alimentícios etc. logo grangeou um número elevadíssimo de alunas.
>
> Imediatamente os outros colegios instituíram também cátedras semelhantes, uma vez evidenciada a eficiencia e o acatamento da materia. Muita gente certa da grande verdade de que "pelo estômago se chega ao coração", aplaudiu essa inovação.
>
> Os resultados obtidos na América do Norte por esse curso de Miss Odette Le Cluse, e outros conseqüentes, é que faz com que lamentemos não haver entre nós, as poucas iniciativas semelhantes adquirido aceitação idêntica, talvez em virtude de sua má organização, ou quiçá devido ao desamparo de sua existencia.
>
> Mas a grande extensão alcançada pelos ensinamentos da School of Household Management bem mostra o interesse que existe em se mostrar às nossas jovens o quanto vale possuir reais méritos culinários, aprendendo a preparar o mais extravagante dos piteus imaginaveis, a lidar com as mais ferozes das cozinheiras – e a satisfazer o paladar do marido mais exigente.[110]

Produtos delicados e eficazes eram anunciados não apenas para a cozinha, mas também para o tanque. O anúncio do sabão "Lux" prometia deixar roupas com uma aparência de sempre novas:

---

[110] *O Cruzeiro*, 10 jul. 1943. p. 66. Conclusão da p. 65 do texto sobre "Cozinha para todas".

Meias das mais finas
Lãs das mais macias
Sedas diaphanas [...]
Nada tem a recear do Lux
Os seus vestidos mais delicados, as suas meias de malha mais finas, as suas combinações mais valiosas, conservam-se frescas e bellas sob o cuidado do "LUX".
A sua espuma rica e leitosa restaura a belleza primitiva dos tecidos, penetrando em todos os fios e expurgando-os de suas impurezas.
A maciez de suas mãos será o testemunho da delicadeza do "LUX" para com as sedas mais finas. Uma lavagem com "LUX" torna os seus lindos vestidos macios e brilhantes e com toda a atração de novos. Lave em casa por este processo economico todas as peças do seu mimoso enxoval.[111]

Na competição dos sabões, as empregadas domésticas entravam em cena nas páginas da revista. Público que não era personagem nem fonte de informação para o magazine, vinha, contudo, reforçar algumas propagandas, sugerindo produtos como sabão e "Cafiaspirina". Na disputa para agradar o consumidor, o texto vinha acompanhado de uma imagem ou fotografia:

A Patroa está satisfeita
Pudera agora só uso sabão MINERVA
Bom para todos os usos domésticos.
[...]
Não estraga a roupa
Não deixa cheiro
Bom até para seda [...][112]
[...] querida é a
CAFIASPIRINA
Só ella me allivia, me dá o bem estar e me devolve o sorriso aos labios. Um destes dias a minha creada encontrou no meu toucador um tubo de CAFIASPIRINA e exclamou

[111] *O Cruzeiro*, 10 out. 1931. p. 39.
[112] *O Cruzeiro*, 26 ago. 1944. p. 31.

com surpreza: – Oh! que vejo! A snra. e eu usamos o mesmo remedio para dôres! – Porque te admiras?! respondi-lhe. A CAFIASPIRINA não é remedio dos ricos; é remedio de todos os que soffrem. Não o compro por ter mais dinheiro do que tu e sim pela mesma razão por que tu a compras: por ser o unico remedio seguro que existe [...].
Incomparavel para dôres de cabeça, dos dentes e dos ouvidos; nevralgias, exaquecas, cólicas das senhoras, consequencia do abuso do álcool, etc. Allivia rapidamente, levanta as forças, e regulariza a circulação do sangue.
Defenda-se exigindo a Cruz Bayer.[113]

Traziam-se, ainda, para as páginas da revista pessoas simples, como as costureiras, que também avalizavam a popularidade do medicamento. Enfatizava-se, assim, que, apesar de a revista ser dirigida ao público feminino de nível social mais elevado, mulheres mais populares, como as costureiras e empregadas domésticas, tinham espaço para anunciar produtos; cuja venda não poderia se restringir a uma determinada classe social. Era preciso alcançar cada vez mais consumidores. A propaganda da Cafiaspirina dizia:

Também eu!
Como sou costureira estou acostumada, em tudo na vida, a não dar ponto sem nó. As minhas cautelas são, porém, muito maiores nas cousas em que estão em jogo a minha saude, que é o unico patrimonio das moças pobres e [...] casadeiras. [...] Por isso, nem minha mãe, nem minhas irmãsinhas nem eu, tomamos para qualquer dor, nada que não seja a admirável!
Cafiaspirina
Algumas vezes já tem acontecido offerecerem-me outras cousas, com o engodo de que custam menos [...] como se a CAFIASPIRINA não existisse ao alcance de todos os bolsos eu fôra tão tola de arriscar a nossa saude para poupar-me uns miseraveis nickeis!

[113] *O Cruzeiro*, 30 jan. 1931. p. 14.

> Todo mundo tem esta mesma confiança cega na Cafiaspirina, porque nada mais seguro para dôres de cabeça, dos dentes e dos ouvidos, nevralgias, enxaquecas, collicas das senhoras, conseqüencias dos excessos de bebidas alcoolicas, etc. Allivia rapidamente, levanta as forças e regulariza a circulação do sangue.
> Exija sempre a cruz Bayer.[114]

Não foram, entretanto, apenas as grandes indústrias de medicamentos e produtos de beleza que se valeram da propaganda para fazer conhecer seus produtos. De 1930 a 1945, anos vividos sob tutela do regime autoritário, Vargas procurou criar uma base social de sustentação política, para o que se utilizou muito da propaganda e dos meios de comunicação, especialmente do rádio. *A História da vida privada* exemplifica melhor:

> O salto direto de uma população majoritariamente analfabeta no início do século para uma ordem cultural centrada nos estímulos sensoriais das imagens e dos sons tecnicamente ampliado, fornece uma indicação da trajetória da sociedade brasileira nesse período de mudanças intensas e rápidas. Expostas de um lado às pressões de um mercado intrusivo e de outro às intervenções das elites dirigentes, empenhadas em modelar as formas e expressões da vida social, as pessoas e grupos se viram forçados a mudar, ajustar e reajustar seus modos de vida, idéias e valores sucessivas vezes. Suas vidas privadas foram fortemente afetadas pelas turbulências históricas do que foi chamada "a era dos extremos".[115]

O surgimento de novos meios de comunicação, como o rádio, contribuiu para a transformação cultural da sociedade desse período. Divulgador de estrelas e de produtos, o rádio também foi salientado nas páginas de *O Cruzeiro* como veículo de comunicação

[114] *O Cruzeiro*, 10 jan. 1931. p. 6.
[115] SEVCENKO, op. cit., p. 38-39.

dinâmico, que contribuía para aumentar a farta propaganda da revista por meio de anúncios dos próprios equipamentos radiofônicos e das promoções que as rádios realizavam, como concursos e sorteios. *O Cruzeiro* trazia propagandas que enalteciam o poder desse meio, até mesmo porque o conglomerado de Assis Chateaubriand possuía várias emissoras espalhadas pelo país. A propaganda estimulava o leitor: "Compre um COMBATENTE e ganhe uma bicicleta ou uma Rádio-Victrola de mesa."

> [...] e mais os seguintes prêmios:
> um Toca-disco de luxo
> Três toca-discos R – 101
> COMPRANDO um Combatente, o Sr. terá oportunidade de se tornar possuidor de valiosos prêmios. Peça a um Revendedor RCA Victor o folheto com os dados deste sensacional sorteio. No momento, de adquirir um COMBATENTE, o Sr. receberá um coupon numerado que o habilitará a receber, por sorteio, uma Rádio-Victrola QU-56, ou uma bicicleta – à sua escolha – além de excelentes Toca-Discos RCA Victor. E também esta surpresa: no fim da campanha, todos os coupons concorrerão ao prêmio de uma Rádio-Victrola de classe.
> Os rádios COMBATENTES estão à venda nas seguintes cores: marrom, rosa, azul, verde, preto, marfim e bordoou. Funcionam com correntes ACDC de 110 volts.
> RCA VISTOR
>
> Ouça a Rádio Nacional em 25 metros, nova estação instalada pela RCA Victor.[116]

A página 2 da edição de 10 de novembro de 1928 foi toda reservada para a estrela do momento, a vitrola. O anúncio trouxe uma ilustração da "Victrola Orthophonica modelo 8 – 36, a maior maravilha musical"[117], e ainda páginas, a partir da terceira,

[116] *O Cruzeiro*, 23 jan. 1943. p. 48.
[117] Id., 10 nov. 1928. p. 2.

recheadas de pequenos anúncios, mostrando belos edifícios que abrigavam hotéis do Rio de Janeiro, ofertas de transporte e carruagens, cabeleireiros para senhoras, livrarias, médicos, alfaiataria, restaurantes, manicures, teatros e cinema. Isso tudo deixava transparecer uma ideia da vida urbana que começava a ganhar dimensões hodiernas e que tinha a propaganda como fonte de divulgação de produtos e ideias, como mostra a história da propaganda no Brasil:

> No intervalo das novelas de rádio, anunciavam-se roupas feitas, eletrodomésticos, loteamentos. Promoviam-se lojas de departamentos e empresas imobiliárias, que começavam a dar feição atual as cidades. Tempo de grandes mudanças. A televisão, o *marketing*, o ensino especializado. Supermercados, competição de marcas, indústria automobilística. Para uma nova época, novos costumes.[118]

O rádio surgiu no Brasil em maio de 1923, com a instalação da Rádio Sociedade do Rio de Janeiro, um sonho do cientista Edgard Roquette Pinto e cuja primeira função era educativa. Posteriormente, na década de 1930, mais especificamente em 1932, com a publicidade sendo permitida pelo governo, o rádio tornou-se popular. A indústria e o comércio começaram a "dar as cartas", com uma proposta mais voltada para a diversão e o lazer. Foi por esse meio de comunicação que a propaganda se estruturou como um veículo de muitos objetivos, um deles a integração nacional, de que Getúlio Vargas fez muito bom uso, inclusive criando programas que permanecem até hoje, como é o caso da *Voz do Brasil*. O rádio vencia a barreira do analfabetismo no país e conseguia ser entendido por todos; portanto, a mensagem do discurso do nacionalismo e da modernização do país chegava às classes populares e conseguia impor-se a todos, especialmente aos simpatizantes do desenvolvimento da nação.

[118] CIVITA, Victor (Ed.). *100 anos de propaganda*. São Paulo: Abril Cultural, 1980. p. 95.

No final da década de 1920, quando surgiu *O Cruzeiro*, a propaganda no Brasil ainda não tinha o reconhecimento como atividade profissional e se valia da promoção "boca-a-boca". Mas o decênio de 1930 chegou, e as grandes empresas passaram a valer-se da publicidade de massa, conforme revela a obra *100 anos de propaganda*:

> Nos anos 30, com a instalação de empresas estrangeiras, como a J.W. Thompson (1929) e a McCann-Erickson (1935), a propaganda brasileira adquiriu uma afeição mais agressiva. Foi a era dos grandes slogans: 'Basta ser um rapaz direito para ter crédito na A Exposição'; 'O Brasil precisa de sangue bom! Tome Elixir de Nogueira'.[119]

E foi nessa mesma década que a propaganda ganhou amplitude com mais um veículo de informação: o rádio, "que transmitia comerciais na voz dos grandes astros das emissoras"[120]. Esses artistas, além de fazerem sucesso no Brasil, eram famosos no exterior, como Carmem Miranda, e conquistavam a cada dia também o público do rádio, como Francisco Alves. Em *O Cruzeiro* as notícias sobre a estrela brasileira vinham diretamente de Hollywood e enchiam várias páginas, como esta de 26 de julho de 1941:

> CONCHITA
> HOLLYWOOD – Julho de 1941 (Correspondência de Marius Swenderson – Especial para O CRUZEIRO) – Carmem Miranda, depois de terminar seu segundo filme, no qual realmente atuou como "estrella", sendo unanimemente elogiada pela crítica, esperava fazer uma temporada teatral na Broadway. Os produtores da Fox Film, porem, em visita do imenso sucesso de "Uma noite no Rio", resolveram iniciar outra película de ambiente tropical, denominada "Honeymoon in Havana", onde a "brasilian bomb-shell", foi crismada com o nome espanhol de Conchita. Neste filme, que será em tecnicolor e de grande luxo, como já tivemos ocasião de noticiar. Carmem Miranda veste numerosas baianas estilizadas, verdadeiramente

[119] Ibid., p. 1.

[120] Ibid.

sensacionais, e suntuosas "toilettes" de baile. O modelo abaixo, que publicamos em primeira mão, é uma creação de Alceu Penna, que já desenhou outras indumentarias da "pequena notável", será usado como vemos no cartaz, as cenas do "Cassino Madrileño". No próximo número juntamente com uma curiosa entrevista de Carmem, publicaremos novas fotografias que são outras tantas fantasias maravilhosas de "Honeymoon in Havana".[121]

CHICA BOON!

FIGURA 12 – CARMEM MIRANDA "CHICA BOON!"[122]
FONTE: Museu de Comunicação Social Hipólito José da Costa. Porto Alegre, RS

[121] *O Cruzeiro*. 26 jul. 1941. p. 23.

[122] *O Cruzeiro*. 20 set. 1941. p. 3.

Em setembro desse mesmo ano (1941), mais notícias eram publicadas sobre o sucesso de Carmem Miranda em Hollywood:

> CHICA BOON!
> HOOLYWOOD – Agosto de 1941 (Correspondência de Osvaldo Eboli, especial para O CRUZEIRO). – Os americanos mostram-se singularmente escandalizados com a pronuncia errada de Carmem Miranda, assim como adoram o inglês afinado de Maurice Cherosñer.
> As entrevistas com a "garota do [...]" que frisam esse detalhe são multiplos, julgamos transcrever [...].
> As cortinas que velam o palco de Gramman's Chlnese Theatro abrem-se deixando ver seis rapazes sorridentes de "smooking", o Bando da Lua de Carmem Miranda, que tocam um numero introdutorio. Depois o recinto illumina-se com um milhão de "watts" de eletricidade humana chamada Carmem Miranda, saias alegres rodopiando, jóias cintilando, enfeites de cabeça com uma barra de [...] em miniatura. Seu sorriso radiante abrange todo o auditorio. Não tem pressa [...]. Seu olhar vai do balcão à orquestra. Gosta do que esta vendo o seu sorriso aumenta[123]

Além de Carmem Miranda, muitos artistas brasileiros que faziam sucesso, principalmente os do rádio, também conquistaram seu espaço na revista. O período foi de grandes estrelas, saídas dos microfones da Rádio Nacional, como revela a história da propaganda no Brasil:

> Em 1936, um decreto de nacionalização do rádio faz desaparecer a Rádio Philips. Nesse mesmo ano, inaugura-se a Rádio Nacional, com a participação do governo brasileiro na concorrência radiofônica. O rádio chega ao final da década de 1930 como o maior veículo de comunicação do país: mais de 400 000 aparelhos. Intensifica-se também o apelo hollywoodiano: Kay Francis está entre as nove artistas que usam o sabonete Lever.[124]

---

[123] *O Cruzeiro*, 20 set. 1941. p. 3.

[124] CIVITA, op. cit., p. 73.

Até 1930, a propaganda contou com os belos traços de caricaturistas famosos do país. O registro histórico de *100 anos de propaganda* traz os nomes de ilustradores como Julião Machado, J. Carlos, Luís Peixoto e outros que fizeram parte da *belle époque* da moda e da propaganda. Além disso, muitos dos textos eram escritos por escritores, nada mais, nada menos, que Olavo Bilac, Basílio Viana e outros. Em *O Cruzeiro*, não é possível identificar pelos anúncios avaliados quem escrevia os textos das publicidades e quem as desenhava.

No Brasil, a primeira agência de propaganda, A Eclética, surgiu em São Paulo, antes do começo da Primeira Guerra Mundial. Segundo revela *100 anos de propaganda*, quando a guerra terminou, já estavam funcionando cinco agências na cidade paulista, mostrando que os anos de destruição, contraditoriamente, fizeram florescer a publicidade no país, graças à ideia de implementação da modernidade, que despertava também os brasileiros para uma sociedade de massa. Nesse período, vendia-se de tudo, desde remédios, água, café e as novidades vindas especialmente de Paris, como coleções de vestidos e de chapéus. Havia ainda os cremes, tinturas, sabonetes e pós, e chegavam "até nós grandes nomes estrangeiros: Nestlé, Colgate, Parker. Até 1930, a General Motors já havia promovido dois salões do Automóvel"[125].

> A sociedade desfruta a Belle Époque. Para os ricos, são anunciados pianos e automóveis. Essas mercadorias vinham da Europa e dos Estados Unidos, trazidas por navios. O comércio de importação é dos mais lucrativos, controlados por firmas estrangeiras. Pequenas indústrias nacionais fabricam móveis estilo Art Nouveau. Em 1911, a política serve à propaganda. Pinheiro Machado (caricaturado) recomenda as águas Magnesiana e Gazosa de S. Lourenço.[126]

[125] Ibid., p. 27.

[126] Ibid., p. 29.

Em 1920-1921 as mulheres começaram a ser o alvo dos anúncios publicitários de forma mais intensa, havendo até quem admitisse, pelo menos nas propagandas, que elas fumassem: "Na vida prática, porém, ainda não se admite que as mulheres fumem em público."[127] E a exemplo do que fez *O Cruzeiro* nessa época, escolhendo como público-alvo dos seus anúncios as mulheres, revistas como *Semana*, *Careta*, *Fon-Fon* também levavam a sério a publicidade feminina, especialmente para conquistar novos consumidores.

> Em inocentes 'conselhos úteis', as revistas ajudam a divulgar os novos produtos medicinais e suas fórmulas milagrosas. Vendem-se remédios até mesmo pelo reembolso postal, incentivando-se a automedicação. Nos reclames, a figura da mulher 'doente' é constantemente utilizada, aproveitando-se a idéia de que a mulher era 'mais propensa às doenças do que o homem'. Nessa época, o sexo feminino era o maior alvo da propaganda médica.[128]

O Cruzeiro, que surge em 1928, também se valeu muito dessa realidade, tanto que as propagandas de remédios "para doenças das senhoras" aparecem em quase todas as edições do período analisado. Além disso, assim como *O Cruzeiro*, várias outras revistas surgiram a partir de 1920 e priorizavam as propagandas que vendiam a imagem de que a sociedade brasileira estava cada vez mais consumindo e modernizando-se.

> No começo dos anos 20, multiplicam-se os confortos da vida moderna: geladeiras (vendidas a prestações) fogões a gás, chuveiros elétricos, enceradeiras. Remédios e perfumarias continuam a ocupar o maior espaço publicitário em jornais e revistas.[129]

[127] Ibid., p. 31.
[128] Ibid., p. 39.
[129] Ibid., p. 45.

No ano em que surgiu *O Cruzeiro*, a cervejaria Antarctica já dominava o mercado não apenas de cervejas, mas de guaraná. Nesse mesmo ano, "Carlos de Lyra & Cia. promove o álcool combustível Usga, produzido no estado de Alagoas: "Usar o combustível nacional é dever dos bons patriotas."[130] Em 1929, a empresa Victor Talking Machine Company anunciou a "gravação e manufactura"[131] de seus discos no Brasil, com o que se multiplicaram as "victrolas".

A cultura de uma sociedade de massa, como já se abordou aqui, surge no Brasil na década de 1930 e foi reforçada pela publicidade nas revistas. *O Cruzeiro*, que começou a circular em 10 de novembro de 1928, com uma tiragem de 27 mil exemplares[132]; ampliou seu parque gráfico a partir de 6 de abril de 1934 adquirindo e publicando *A Cigarra-Magazine* (fundada em 1914).[133] Foi esta mais uma publicação dos empreendimentos de Chateaubriand que, mais tarde, também viria a desaparecer; era mais um veículo que circulava no país, reforçando os propósitos editoriais de Chatô, entre eles o pensamento modernizador.

Apesar da crise que antecedeu a economia mundial na década de 1930 e que só veio a ter fim com o término da Segunda Guerra Mundial, a propaganda no Brasil desenvolveu-se superando as crises advindas das revoluções de 1930, 1932 e dos golpes militares. São revelações de *100 anos da propaganda no Brasil*:

> Está claro que nada disso poderia ser favorável ao desenvolvimento da propaganda. No entanto, as faces de retração foram curtas e, com o surto industrial dos anos 30, a publicidade floresceu, com uma visível profissionalização dos que a faziam. Então se principiou a dizer: "A propaganda é a alma do negócio." Foi o tempo do rádio, um

[130] Ibid., p. 53.
[131] Ibid., p. 55.
[132] Os dados são da obra *100 anos de propaganda* e não coincidem com o número de 50 mil exemplares anunciados pela própria revista, na primeira edição de 10 de novembro de 1928.
[133] CIVITA, op. cit., p. 81.

> veículo novo e fascinante. Foi o tempo das revistas, para todos os gostos, que tinham o sabor de um mundo colorido. Foi o tempo em que a nossa propaganda, bem brasileira na rima, se expressou melhor através de *slogans*. "É mais fácil um burro voar que a Esquina da Sorte falhar"; "Com guarda-chuva Ferretti, pode chover canivete." Grandes lojas de departamento, indústrias de camisas e roupas feitas, essas novidades. Com as primeiras incursões pelo crediário, conviviam a Lu-go-li-na, o Minorobil, o Rum Creosotado. Um cartaz se promovia: "Assim como me vê, são vistos os anúncios neste *bond*."[134]

Em tempos quando a beleza e as formas de cuidados do corpo estavam em alta, os maiores anunciantes de 1931 eram os produtos de higiene pessoal: "O sabonete Eucalol (antisséptico) alerta para o perigo dos micróbios."[135] Já os tecidos fabricados em São Paulo vendiam a ideia de qualidade da indústria nacional, o que se intensificou com a Ford americana. A década de 1940 também foi de ouro para a propaganda: "A Tecelagem Aurora inspira-se nas histórias em quadrinhos (e na obra de Dante) para promover suas casimiras."[136] Em 1940, as indústrias estavam concentradas nas grandes capitais, como São Paulo, Rio de Janeiro, Recife, Salvador e Porto Alegre e contavam com cerca de 479.570 operários. Período em que se ampliam os serviços urbanos (transportes, energia elétrica, água, esgoto etc.). Em 1941, a companhia Telefônica Brasileira já instalara 286.578 telefones no país, sendo 59.064 no Estado de São Paulo, 14.097 no Rio de Janeiro e o resto nos outros Estados."[137]

Em 1940, estima-se que a capital paulista tinha 1.326.000 habitantes e era considerada a segunda maior concentração urbana do país, o que estimulava a que as cidades do interior promovessem de turismo a São Paulo, viagens, provocando a expansão da rede

[134] Ibid., p. 59.
[135] Ibid., p. 69.
[136] Ibid., p. 81.
[137] Ibid., p. 83.

hoteleira. Foi nesse período também que cresceu a indústria do lazer, aproveitando uma das conquistas da população trabalhadora, que foram os 30 dias de férias garantidos todos os anos. As propagandas ofereciam, além de belos lugares a serem visitados, bons hotéis para hospedagem e ainda seguro de viagem:

> Boa Viagem!
> Feliz Regresso!
> [...] uma viagem de negócios, de férias, uma alegre excursão póde ser inesperadamente interrompida por um acidente, cujas consequencias é impossivel prever. Uma apólice de SEGURO CONTRA ACIDENTES PESSOAIS representa uma garantia que todos devem possuir, prevenindo as incertezas do futuro. Procure informações para seu seguro com um Corretor, Agente ou Inspetor da SUL AMÉRICA TERRESTRES, MARÍTIMOS E ACIDENTES
> A MÁXIMA GARANTIA EM SEGURO
> R. Buenos Aires, 29/27 – Telefone 23-2107 – Rio de Janeiro.[138]

No ritmo de crescimento que assustava o próprio país, surgiam novos hotéis e novas marcas, que ajudavam a modificar a vida brasileira: "Inaugurado em 25 de julho de 1940, o Grande Hotel São Pedro, próximo à capital paulista, divulga suas comodidades. Aparecem novas marcas de cigarros e a produção de fumo é, nesse ano, de 95.337 toneladas, em 96.313 hectares de área cultivada no país."[139]

Nesse processo de aceleração de crescimento, entretanto, nem tudo foi harmônico; havia problemas e não eram poucos. Em 7 de maio de 1942, Getúlio Vargas, mediante decreto, restringiu o consumo de petróleo e de seus derivados, provocando, então, os primeiros racionamentos:

> Por precaução, há blackout total em toda a orla marítima do país. Nesse primeiro ano de participação brasileira na

[138] *O Cruzeiro*, 13 jul. 1940. p. 27.
[139] CIVITA, op. cit., p. 85.

> guerra, anunciantes aproveitam o vasto tema. Nos reclames dos relógios Mido, publicam-se instruções para o caso de um ataque aéreo noturno.[140]

Eram as consequências da guerra. Vejamos: no ano de 1943, a região petrolífera baiana produziu 48.153 barris de petróleo (cerca de 7 toneladas) para um mercado consumidor que exigiu 927.445 toneladas de derivados desse produto. Época de imensas dificuldades para a importação, nesse ano empresas automobilísticas divulgaram a utilização do gasogênio (gás combustível produzido pela queima de carvão) em "autos e caminhões", para enfrentar o racionamento de guerra.[141]

Uma das indústrias que cresceram rapidamente no país foi a de cigarro. A Souza Cruz, de Albino Souza Cruz, fundada no Rio de Janeiro em 1903, tornou-se na década de 1940 uma das maiores empresas do ramo no país:

> As primeiras marcas eram Odalisca, Elite, Yolanda, Dalila, Vandyck. Em 1944, a Souza Cruz domina mais de 70% do mercado fumante brasileiro. Divulga Elmo, Astoria, e utiliza temas nacionalistas para promover a marca Continental, a mais vendida.[142]

Além do cigarro, empresas estrangeiras anunciavam a fabricação de refrigeradores:

> Agosto de 1945: é o fim da Segunda Guerra Mundial Normaliza se o transporte marítimo. Já em outubro, a General Motors anuncia a chegada dos refrigeradores Frigidaire, de fabricação americana. Nesse ano, a produção de milho atinge 4.846.557 toneladas, em área cultivada de 4.092.054 hectares. Tecidos sintéticos, filmes ameri-

[140] Ibid., p. 87.

[141] Ibid., p. 89.

[142] Ibid., p. 91.

canos, bebidas e maizena (produto à base de milho) são anunciantes mais comuns.[143]

Terminada a Segunda Guerra Mundial, a propaganda "grandiloqüente e patriótica deixa o seu apogeu do período de guerra e a publicidade otimista e do crediário vem se efetivar após 1945, com a chegada do estilo de vida norte-americano"[144].

Com raiz no Velho Mundo, a elite dominante brasileira objetivou impor seus padrões de comportamento a toda a população, utilizando-se, para isso, de "códigos rígidos e sistemas de racionalidade, aplicados com vistas a modelar os comportamentos e as práticas, desde o âmbito geral até os recônditos da intimidade e da consciência de cada habitante do país"[145]. As características dessa transformação combinavam-se com "os estímulos introduzidos pelos potenciais das novas técnicas, equipamentos, artigos, símbolos, procedimentos ou quadros de valores associados à 'vida moderna'"[146]. E a transformação se traduzia numa "metabolização constante de símbolos, por meio da qual as pessoas agregam a si signos e sentidos que conotam a força e o prestígio da 'modernidade'"[147].

Outra impressão que parece ser pertinente é a carga simbólica que a revista trouxe desde o seu nascimento, num comparativo explícito com a constelação de *O Cruzeiro*, um símbolo que guiou muitos marinheiros pelos céus do Brasil; também com a moeda brasileira, o que rendeu duas páginas sobre a "A evolução da moeda no Brasil – da ocupação hollandeza ao *Cruzeiro*". Nesse comparativo, a revista expressava também o pensamento econômico do período:

> Com a moeda de ouro republicana, á legenda letina sucede a legenda comtista ORDEM E PROGRESSO, mas

[143] Ibid., p. 93.
[144] Ibid., p. 95.
[145] SEVCENKO, op. cit., p. 39-40.
[146] Ibid., p. 42.
[147] Ibid., p. 43.

> na heráldica do escudo a invocação da cruz permanece da cruz permanece, agora representada pela constelação de Cruzeiro, que passa a ser o próprio symbolo da Patria.
> A lei de 13 de dezembro de 1926 criou finalmente o novo systema monetario com base de ouro e a moeda typoem multiplos do Cruzeiro, nome esteve já por mais de uma vez aventado para a moeda nacional e que é uma decorrente logica do symbolismo heráldico de Brasil. A ressureição do ouro na circulação monetaria haverá de corresponder a uma nova phase de progresso economico, defendida por uma estabilização de valor que impeça o exodo do ouro circulante. Praticamente, o ouro é o saldo entre o que se vende e o que se compra, entre o que se produz e o que se consome. O ouro é o signal metálico representativo por excellencia da riqueza. Um país que só possuísse minas de ouro e tivesse de comprar aos povos estrangeiros o alimento e o agasalho, não seria o detentor, mas apenas o extractor, do seu proprio ouro.
> No cadinho em que se fundira o CRUZEIRO os metaes em fusão hão de ser o equivalente da energia, da iniciativa, do labor dos brasileiros. E com os seus cafezaes, com os seus cannaviaes, com os seus rebanhos, com as suas fábricas e com as suas minas. Com os seus campos, as suas florestas, os seus rios, os seus portos, as suas estradas e as suas cidades, com o esforço e a intelligencia de seus filhos, que o Brasil cunhará o seu ouro, que a Casa da Moeda vae cunhar o CRUZEIRO.[148]

Foi seguindo esses vestígios impregnados de símbolos que começou a delinear-se o panorama moderno expresso em *Cruzeiro* e, mais tarde, em *O Cruzeiro*. Ainda na primeira edição, chama a atenção uma carta de mulher que reflete sobre o sentimento de uma época de transição de um país agrário para o urbano. Apontando os contrastes entre os hábitos urbanos e rurais, a carta da leitora parece ser um desabafo de quem precisa adaptar-se a uma nova forma de vida, na qual a juventude se adianta e absorve novos

[148] *O Cruzeiro*, 10 nov. 1928. p. 5.

padrões, contrastando com os valores conservadores e os comportamentos de quem ainda não conseguia moldar os seus. O significado da carta resume um pouco daqueles anos de contrastes entre os novos e os velhos padrões de comportamentos sociais.

> Querida Lucia.
> Cá estou, outra vez, na minha gostosa solidão. Depois de cinco meses no Rio, foram precisos três dias para readquirir a minha casa e os meus hábitos.
> Feliciana suspira noite e dia por ti. Os seus suspiros substituem a tua victrola, e quasi me fazem ter saudade dos teus fox-trot, dos teus <blue> e do teu Ukulele. Eu também suspiro, mas com os mudos suspiros do coração. O meu disco é silencioso.
> Ainda não são oito horas e tudo já dorme na fazenda. O somno começa cedo na roça. Logo que anoitece, os cafézaes, a matta e o gado adormecem. Não é como na cidade, que soffre de insomnia permanente, com luzes acesas toda a noite, automoveis a correr e a businar até de madrugada. Na roça não é preciso ter somno para dormir. O somno vem lá de fóra, da noite escura e tranquilla, e toma conta de nós. Por ora, ainda meu somno é rebelde. Os maus habitos levam tempo a perder. Só eu estou acordada na grande casa adormecida.
> Olho o relógio. Nove horas! Lucia está-se preparando para ir ao cinema, ou para ir ao teatro, ou para ir a casa de uma amiguinha, de onde volta à meia-noite, à uma hora, às duas horas, pallida debaixo do rouge e sem somno. Não é verdade? Duas ou tres vezes por semana tu tens uma amiguinha que faz annos, que organiza um <<dancing>>, que te reclama em conversas interminaveis pelo telephone. E tu lá vaes. Mamãe só recomenda que voltes cedo [...] se for possivel, – <de certo, mamãe!> e voltas sabe Deus quando, depois de teres dansado todos os discos do gramophone. Eu também sabia, ás vezes, por que antes de ires deitar-te entravas no meu quarto em bicos de pés e sentavas-te na minha cama e me davas a tua lição. O que eu aprendi con-

> tigo! Tu me ensinaste tanta cousa! Eu estava tão atrazada, tão antiga com os meus cabellos compridos! Se demorasse mais uns mezes, teria talvez cortado o cabello e aprendido a falar a lingua da cidade! Mas de que serviria a tua tia, que mora na roça, aprender a lingua que a mocidade fala na praia, nos clubs, nos salões de dansa dos hoteis, e não sei onde mais? Tu te lembras do meu espanto sertanejo, a principio, e o que me custou a habituar-me quando no <grill-room> do Casino de Copacabana, ou no cha do Gloria, ou nas corridas, ou na rua, os teus jovens e elegantes conhecidos se dirigiam a ti – <Allô, Lucia, você hotem não foi ao banho? Esteve estupendo> – <Como vae, bellezinha?> – <Você já foi ver as zinhas do Batacian?>
> Sympaticos moços, não ha duvida, que olham tão familiarmente para os arranhas-céos como para o teu pequenino < maillot > de banho.[149]

As mudanças não impressionavam apenas a sertaneja estonteada com a cidade e seus fascínios modernos, mas também a mulher que começava a confrontar os comportamentos que se apresentavam, desde a ousadia das roupas até os relacionamentos com amigos, namorados e a severa obediência aos pais; então, ela descobria que seus padrões de comportamento estavam ultrapassados. A carta da leitora seguia confrontando os tempos de mudanças no Rio de Janeiro de 1928:

> Eram tão diferentes os moços do meu tempo! E como a tua tia ainda não tem quarenta annos, se não te custa fazer as contas tu te convencerás de que não me refiro aos tempos da saia de balão. Já havia cinema, já havia automóvel. Já havia Avenida. Mas os moços e as moças ainda não eram camaradas, ainda não se tratavam familiarmente por você, ainda não andavam na praia como os acrobatas no circo. Há vinte annos – três anos antes de tu nasceres, – a cor das nossas ligas e o contorno das nossas

[149] *O Cruzeiro*, 10 nov. 1928. p. 52.

pernas eram um segredo inviolável e quando um moço nos convidava para dançar uma valsa era preciso consultar primeiro Mamãe. Imagina, querida, nós ainda não tinhamos licença para sair á rua sózinhas! Compreendo a tua indignação, mas eu te confesso que nos faltaria a coragem para irmos á modista sem Mamãe. Éramos umas bobinhas!! Quando dansavamos, os nossos pares pousavam apenas os dedos no nosso hombro ou na nossa cinta, como se nós fossemos pétalas de flôr que não devesse amachucar-se. A orchestra, coitadinha, era composta apenas do piano, dos violinos e do violoncello.
A música da valsa dizia-nos: tú és um anjo! A musica do shimmy e do chariston parece-me que vos diz: – vocês são umas malucas! O 13 de maio das moças ainda não tinha chegado e, os cabelleireiros só serviam para nos frisar e ondular o cabello nas noites de theatro e de baile. Lembro-me ainda hoje das lagrimas que tua mãe e eu chorávamos quando um dia soubemos que o medico mandara cortar o cabello de uma nossa amiguinha. Todas corremos a consolá-la!
Tua imagem linda está com um retrato diante de meus olhos. Eu te vejo com teu cabello curto, a tua bocca de carmim, o teu vestido pelo joelho, as tuas pernas de dansarina, e teus olhos claros que parecem saber mais do que toda a biblioteca de teu pae.
Tu vives a vida do teu tempo? Está bem. Mas o coração da mulher não mudou como a dansa e a moda, e a vida não é só a juventude. Dantes, nós começavamos verdadeiramente a reinar na edade em que vocês são desthronadas. O idolo de hoje é um esboço de mulher, uma antecipação da mulher, uma mulher que o homem pode guardar no bolso, mas não no coração.
Como a tua mãe é a primeira a sorrir do que ela chama os meus preceitos da roça, vae ser preciso que eu te confie os meus receios, que eu cumpra o dever do meu amor, que eu te estenda de longe a minha mão de viuva e encoste ao meu peito a tua cabeça de colibri.

> Meu Deus! por mais que vocês digam, o mundo não mudou a ponto de poder desafiar-se a natureza.
> Beija-te com saudade a tua tia muito amiga – Iracema.[150]

Diagramada entre duas colunas com propagandas de chapéus para senhoras e jóias, a coluna "Carta de mulher", da página 52, oferece uma noção do pensamento sobre os assuntos abordados pelas demais colunas da revista. São espaços cheios de símbolos e significados que fomos validando no decorrer da análise da pesquisa e dando-lhes um sentido. Segundo Ciro Flamarion Cardoso, esse sentido permite a "transcodificação", ou seja, "a transposição de uma significação de um modo de significar (uma linguagem semiótica, um código ou conjunto articulado de códigos) a um outro: pode-se, portanto, esperar esclarecer o conceito por meio de sucessivas operações de transcodificação e da análise delas"[151]. Para Cardoso, esse sentido ainda é direcionado e

> [...] implica intencionalidade e finalidade. Assim sendo, a produção do sentido, ao dar-se no seio da *práxis* (individual ou coletivamente considerada), comporta a possibilidade ou virtualidade de uma transformação. O sentido deve, pois, ser apreendido simultaneamente como sistema (estrutura) e como processo, cada uma dessas facetas supondo a outra[152].

Esse sentido subjetivo e fugaz que *O Cruzeiro* veio dando às representações do universo feminino ao longo das edições priorizou uma voz, a daquelas que pertenciam a uma sociedade que, mesmo dizendo-se em transformação, permanecia ainda com alguns padrões de comportamento do século 19. Essas mulheres e seus acontecimentos não eram uma preocupação da revista para colocá-las na pauta da semana, mas sim para conquistá-las como um público consumidor potencial, que, agora, estava mais

---

[150] *O Cruzeiro*, 10 nov. 1928. p. 52.
[151] CARDOSO, Ciro Flamarion. *Narrativa, sentido, história*. São Paulo: Papirus, 1997. p. 16.
[152] Ibid., p. 17.

receptível em razão das próprias mudanças sociais que o período trazia. Assim, transformavam-se em alvo da publicidade e da propaganda de uma sociedade de massa consumidora.

A revista dos arranha-céus: da fama à ruína

Por quase meio século, em que emocionou e escandalizou o leitor brasileiro, o jornalismo viu nascer, crescer e morrer uma das mais importantes revistas que o país já teve: *O Cruzeiro*. Nos 46 anos em que circulou, inclusive no exterior, em países como Portugal, Argentina, Chile e México, a revista foi considerada a maior da América Latina, chegando a uma tiragem de 700 mil exemplares na década de 1960, considerado o período-auge do semanário. Foi um dos periódicos que consolidou muitas práticas do jornalismo, como a grande reportagem e o fotojornalismo. Foi ainda uma porta para o surgimento de vários nomes, principalmente na comunicação, com David Nasser, e na fotografia, com Jean Manzon, sem falar na literatura, na política e nas colunas, variadas e especializadas.

Foi um veículo que teve a colaboração de grandes ilustradores, pintores, escritores e caricaturistas, entre os quais Portinari, Di Cavalcanti, Santa Rosa, Djanira, Ismael Nery, Enrico Bianco, Gilberto Trompowski, Anita Malfatti, Millôr Fernandes, Ziraldo, Carlos Estevão, Alceu Penna, Zélio (irmão de Ziraldo). Os literatos também tinham nela espaço para escrever, como Humberto de Campos, Graciliano Ramos, Jorge Amado, Érico Veríssimo, Franklin de Oliveira, Austregésilo de Athayde e Manuel Bandeira.

Depois de 46 anos de circulação, coube a Leão Gondim de Oliveira entregar, aos poucos, parte do patrimônio da revista, como máquinas e o próprio prédio, para liquidar as dívidas com os fornecedores e colaboradores. Gondim, primeiro, abriu mão das ações da revista; depois, os interventores encarregaram-se de dar a ela uma solução: fechar as portas, primeiro liquidando as revistas que circulavam no exterior e, depois, a publicação nacional, por volta de 1974. Godim de Oliveira era primo de Chateaubriand e fora presenteado pelo jornalista com 75% das ações da empresa gráfica *O Cruzeiro*. Por mais de 40 anos dirigiu a revista e foi um dos maiores defensores do semanário. Mesmo com o fim, *O Cruzeiro* ficaria para sempre no imaginário feminino como a revista mais moderna do país, a que se intitulou porta-voz dos arranha-céus, da moda hollywoodiana e de uma nacionalidade crescente, como fora aqui já descrito.

A revista, ao mesmo tempo que expressava o pensamento intelectual da época, utilizava-se desses pensadores para divulgar a sua própria ideologia. Suas posições, mostradas no decorrer desta obra, não expressam o pensamento de toda a intelectualidade brasileira do período, mas de parte dela. É uma intelectualidade que com a modernidade ampliou-se incrivelmente em todo o mundo, como mostra Antonio Gramsci:

> Foram elaboradas, pelo sistema social democrático-burguês, imponentes massas de intelectuais, nem todas justificadas pelas necessidades sociais da produção, ainda que justificadas pelas necessidades políticas do grupo fundamental dominante. Daí a concepção loriana do "trabalhador" improdutivo (mas improdutivo em relação a quem e a que modo de produção?), que poderia ser parcialmente justificada se se levasse em conta que estas massas exploram sua posição a fim de obter grandes somas retiradas a renda nacional. A formação em massa estandartizou os indivíduos, na qualificação intelectual e na psicologia, determinando os mesmos fenômenos que ocorrem em todas as outras massas estandartizadas: concorrência (que coloca a necessidade da organização profissional de defesa), desemprego, superprodução escolar, emigração, etc.[153]

[153] GRAMSCI, Antonio. *Os intelectuais e a organização da cultura*. Rio de Janeiro. Civilização Brasi-

Para Gramsci, as revistas "são estéreis se não se tornam a força motriz e formadora de instituições culturais de tipos associativo de massa, isto é, cujos quadros não são fechados"[154]. Nas décadas de 1920 e 1930, surgiram no Brasil revistas das mais variadas posições editoriais, algumas definidas, como *O Cruzeiro*, que procurava defender o nacionalismo e a modernidade. Entre 1920 e 1925 surgiram 41 revistas, porém algumas delas não chegaram a completar um ano de circulação, como foi o caso de *Miscellânea*, em 1920. De 1925 a 1930, circulavam no país 24 revistas nacionais[155], a maioria de pouca expressão e tiragem. Foram publicações específicas, como a *Rádio*, *Vida Domestica* ou, ainda, *A Estrada de Rodagem* e *Boas Estradas*, que vieram contribuir com "a manutenção das raízes e dos valores brasileiros"[156]. Em 1928, surgiu *O Cruzeiro*, que teve entre seus propósitos editoriais o de estimular a imaginação dos leitores com novidades, por meio da ilustração e das formas gráficas de apresentação do texto, além da implementação de colunas, fotos e ilustrações, que tratavam de assuntos femininos, de temas que retratavam a alta sociedade da época, composta pelos políticos, militares e grandes empresários.

Nenhuma revista do período referido aguçou tanto o imaginário dos leitores com figuras femininas como a revista em estudo. Desde a primeira edição, *O Cruzeiro* caracterizou-se por capas com belas figuras de mulheres e priorizou em suas páginas a beleza e o *glamour* feminino em detrimento de um conteúdo mais informativo e interpretativo sobre a realidade do período.

leira, 1982. p. 12.

[154] Ibid., p. 166.

[155] CORRÊA, Thomaz Souto (Ed.). *A Revista no Brasil*. São Paulo: Abril, 2000. p. 234. A obra traz o registro da existência de 24 revistas de 1925-1929 e mais 14 a partir de 1930, inclusive *Família Cristã*, que surgiu em 1934. Entre as citadas até 1930 estão: *O Cruzeiro* (1ª fase), 1928-1975; *Revista do Globo*, 1929-1967; *Revista do Brasil* (2ª fase), 1926-1927; *Revista da Agricultura*, 1926; *Verde*, 1927-1929; *Mundo Infantil*, 1929-1930.

[156] Ibid., p. 11. O livro traz um breve histórico das revistas brasileiras desde antes da independência do Brasil. "E retrata, do ponto de vista da atuação das revistas, a defesa da nossa independência e a busca de uma identidade nacional." A obra faz parte das comemorações dos 50 anos da editora Abril, hoje uma das maiores do país no mercado editorial de revistas.

Eram figuras que escondiam, por trás do colorido, dos belos traços desenhados pelos melhores ilustradores e artistas plásticos do país, uma carga de signos e representações não apenas do imaginário feminino do período, mas de toda uma época.

O imaginário, aqui, é cheio de códigos, de signos ainda muito pouco considerados por estudos específicos. Ao nos defrontarmos com as páginas da revista, vemos uma possibilidade a mais de estudo para contribuir com a história das simbologias e representações e com a imprensa brasileira. Até porque esse é um período de transformações bastante significativo, no qual a sociedade atravessava uma fase de efervescência, passando da forma de vida rural para a urbana, com mudanças comportamentais que se intensificavam com a industrialização. O semanário trouxe consigo a representação do poder político-econômico-social dos anos 1928-1945, não servindo apenas aos meios constituídos, especialmente ao governo de Getúlio Vargas, mas ditando moda, comportamentos e intitulando-se porta--voz de uma modernidade que principiava no país.

Impressionou-nos no decorrer do estudo o feito que *O Cruzeiro* conseguiu ao longo de 46 anos de circulação, de alcançar tiragens de 700 mil exemplares[157] num país que, na década de 1920, quando a revista surgiu, tinha, segundo dados do IBGE[158], 23.142.248 analfabetos, numa população de 15.443.818 homens e 15.191.787 mulheres.

Já na década de 1940, ano-limite proposto neste estudo, a população brasileira era formada por mais mulheres que homens, além de ter aumentado o número de analfabetos, que então atingiam mais da metade da população, chegando a 27.735.140.

[157] NETTO, Accioly. *O império de papel*: os bastidores de O Cruzeiro. Porto Alegre: Sulina, 1998.

[158] Os números apresentados antes da década de 1930, obtidos por intermédio da Agência do IBGE de Passo Fundo, do IBGE - RJ, não representam a contagem populacional por meio do censo demográfico, pois o próprio IBGE surgiu a partir da década de 1930. Mas o instituto tem ainda como números a população de 1900, de 8.831.002 homens e 8.487.554 mulheres. Esse mesmo levantamento aponta que, em 1900, sabiam ler e escrever 4.385.839 de brasileiros; não o faziam 12.932.717. Em 1920, somente 7.493.357 pessoas sabiam ler e escrever e em 1940, apenas 13.292.605, contra os 27.735.140 analfabetos.

Na década de 1940, o país tinha 20.614.088 homens e 20.622.227 mulheres. Além disso, segundo o IBGE, 208.570 eram pessoas sem instrução declarada, o que aumentava ainda mais a parcela daqueles com baixo índice de acesso à leitura no país. E nesse período, a população brasileira continuava a crescer com a massa de imigrantes cada vez maior chegando ao país.

Na década de 1930, o Brasil continuou a receber muitos imigrantes, vindos principalmente da Itália:

> Mais de 50 milhões de europeus – população global da Itália hoje – deixaram o continente entre 1830 e 1930. Grande parte teve como destino a América do Norte [...] mas 11 milhões, ou seja, 22% do total, foram para a América Latina, dos quais 38% eram italianos, 28% espanhóis, 11% portugueses e 3% da França e Alemanha.[159]

Nessa realidade brasileira surgiu *O Cruzeiro*. A revista, que circulou por quase todos os estados da federação e atingiu boa parcela da população[160], conseguiu alcançar aproximadamente quatro milhões de leitores, número considerável em face da realidade cultural e de leitores do período. Além disso, contou com as facilidades dos meios de comunicação, como os Correios, que então já estavam mais bem estruturados em todo o país.

É possível ainda hoje encontrarmos pessoas da geração das décadas de circulação da revista (1928-1974) que falam com muito carinho do magazine. Eram leitores que viviam em lugares de difícil acesso, mas que conseguiam entrar em contato com histórias fabulosas da revista, que se intitulava o veículo dos *arranha-céus* e que trazia em suas páginas as transformações sociais de um mundo que se urbanizava e se modernizava.

[159] ALVIM, Zuleika. Imigrantes: a vida privada dos pobres do campo. In: SEVCENKO, op. cit., p. 220-221.

[160] Devemos levar em conta aqui que um periódico pode ser lido por várias pessoas, e não apenas por uma única. O cálculo nunca é feito apenas levando em consideração a tiragem da publicação e o número de exemplares vendidos, mas também pelo número de pessoas que entram em contato com esse veículo, seja por meio da família, de empresas ou até mesmo entre amigos.

No dia 10 de novembro de 1928[161] circulou o exemplar de número 1 do *Cruzeiro*, e em 5 de dezembro houve a festa de lançamento na cidade do Rio de Janeiro, um acontecimento que movimentou a cidade carioca. A partir de 1929, a revista deixou de chamar-se *Cruzeiro* e passou a ser chamada de *O Cruzeiro*. Era mais um veículo de informação que integrava o conglomerado de comunicação de Assis Chateaubriand (Chatô), uma das organizações mais importantes da história dos meios de comunicação no Brasil. A revista *O Cruzeiro* nasceu no governo de Washington Luiz Pereira de Souza, período de intensa migração do campo para as cidades, época em que o Brasil registrava o aumento da vida urbana, em que fábricas se espalhavam, absorvendo costumes agrários e dando ao país ares de modernidade, enquanto o mundo vivia o período entreguerras.

Na economia, não eram mais os velhos impérios europeus que regulavam os "subdesenvolvidos"; novas potências industriais surgiam, como os Estados Unidos e o Japão. Mas eram também tempos que antecediam um dos maiores colapsos econômicos, a quebra da Bolsa de Nova Iorque em 1929, considerada o centro do capitalismo do mundo. Essa crise modificaria as economias pela alta dos preços e pela desvalorização da moeda.

No Brasil, no final de 1928, a rua Buenos Aires, no Rio de Janeiro, estava em festa: a revista fora instalada num prédio locado no centro da cidade no número 152. Tratado como uma

[161] A revista veio a chamar-se *O Cruzeiro* somente em junho de 1929, na edição de número 30. A data de surgimento do semanário foi confirmada com a cópia do primeiro exemplar da revista conseguido junto ao Arquivo do jornal *O Estado de Minas*, único local no país que guarda todos os exemplares do magazine. A precisão na data foi um desafio que nos fez percorrer diversos arquivos e institutos do país até descobrirmos que *O Estado de Minas* é hoje o único local de pesquisa completa no Brasil sobre a revista. Accioly Netto, no livro *O império de papel*, confirma o que aconteceu após a falência de *O Cruzeiro*: "Em seguida, as magníficas máquinas, que haviam custado mais de dois milhões de dólares, eram vendidas a preço de ferro-velho. Da mesma forma, os arquivos da revista, considerados os melhores do Brasil, seguiram de caminhão para Belo Horizonte, entregues à guarda do Estado de Minas, único jornal do grupo dos Diários Associados com dinheiro suficiente para arrematá-los" (p. 164). *O Cruzeiro* surgiu no dia 10 de novembro de 1928, foi inaugurado em 5de dezembro de 1928 e viveu o seu auge na década de 1960; só com a edição da morte de Getúlio, vendeu 720 mil exemplares. Passou por diversos processos de transformação e faliu em 1974.

festa inédita no país, o lançamento de *O Cruzeiro* era um indicativo de que o projeto arrojado de Assis Chateaubriand nascera vitorioso. O resultado já apareceria no dia seguinte, quando em poucas horas a tiragem do primeiro exemplar se esgotou nas bancas. Entrando definitivamente nas casas dos leitores cariocas, desde o Leblon ao subúrbio, foi um indicativo de que a conquista do restante do país estava apenas começando.

> Na tarde quente do dia 5 de dezembro de 1928, à hora em que as repartições públicas encerravam o expediente e pouco antes do comércio fechar as portas, a Avenida Rio Branco foi inundada por uma chuva de papel picado.
> Parecia que de repente, por um espantoso milagre meteorológico, estava nevando na mais importante via pública da Cidade Maravilhosa, com 40 graus à sombra. Ônibus e automóveis estancaram. Uma sinfonia de buzinas encheu o ar. E milhares de transeuntes, surpresos, começaram a apanhar do ar, nas calçadas ou sobre o asfalto escaldante os pedaços de papel, que nada mais eram do que pequenos folhetos impressos, atirados dos andares mais altos dos edifícios, e que diziam: Compre amanhã *O Cruzeiro*, em todas as bancas, a revista contemporânea dos arranha-céus.[162]

Desde a primeira edição, a revista dedicou um amplo espaço para mostrar, escrever, anunciar, criar conceitos, moda e construir uma "nova mulher": uma imagem que não representava a realidade feminina brasileira da época, porque divulgava apenas as mulheres das camadas sociais mais elevadas. Era uma imagem relacionada às mudanças de um país que se urbanizava despindo as suas mulheres das saias longas e oferecendo-lhes biquínis, água de colônia, *blush* e pó-de-arroz; imagens femininas de uma mulher moderna que ilustrava as capas da revista e que era sua marca desde a primeira edição.

[162] NETTO, op. cit., p. 36-37.

> Na capa do número um, em fundo azul emoldurado por uma tarja prateada, publicou-se um desenho hiper-realista do rosto de uma moça com ar vamp, unhas cintilantes, sombra nos olhos e boquinha pintada, como se soprasse um beijo para seus 50 mil leitores. Completando a atmosfera fatal, sobre o rosto da melindrosa esvoaçavam as cinco estrelas de prata do *O Cruzeiro* do Sul que haviam inspirado o nome da revista.[163]

O Cruzeiro não apenas foi um veículo de comunicação importante no país, como foi intencionalmente criado para ser porta-voz de uma nova ordem: a modernidade nacional. Surgiu, ainda, para atingir todo o território brasileiro e dar uma ideia de nação hegemônica. No resgate histórico que fez sobre a vida de Assis Chateaubriand, Fernando Morais conta que a utilização da revista para servir a interesses ideológicos e políticos foi muito bem pensada.

Depois de ter feito um pedido de empréstimo financeiro para comprar a revista ao então ministro da Fazenda, Getúlio Vargas, Chatô conseguiu alcançar seus propósitos de receber ajuda financeira para investir em seus meios de comunicação. A pedido de Vargas, Chatô reuniu-se com banqueiro gaúcho (compadre do ministro) e, no mesmo dia, obteve o empréstimo pleiteado. Getúlio encarregou-se de providenciar o dinheiro, valendo-se, para isso, da sua influência junto ao proprietário do Banco da Província.

Na conversa entre Getúlio e Chatô, o então ministro da Fazenda foi taxativo, argumentando sobre a importância do magazine: "Isso é negócio para ser fechado agora, nesta mesa. Essa revista vai ser um bacamarte para nossos planos políticos futuros."[164] Em outras palavras, Getúlio deixou claro que, mesmo sabendo que o empréstimo dificilmente seria pago – o que acabaria por conta dos cofres do Banco do Brasil, já que o banqueiro

---

[163] MORAIS, Fernando. *Chatô, o rei do Brasil*. 3. ed. São Paulo: Companhia das Letras, 2001. p. 187.
[164] Ibid., p. 179.

Mostardeiro era também presidente desse banco –, a revista era uma arma poderosa, um verdadeiro *bacamarte*, como ele definiu.

De fato, a revista viria a ser um dos veículos de comunicação mais poderosos que o país já teve, de "dois fios", ou seja, com a função de eleger e de derrubar presidentes e governos. Um exemplo foi o próprio Vargas, que o magazine ajudou no alcance do poder, mas que também ajudou a depor em 1944. Outros exemplos não faltam: *O Cruzeiro* e os demais meios de comunicação de Chatô foram incentivadores do golpe militar de 1964, que depôs o presidente João Goulart.

O Cruzeiro teve vários endereços: em 1931, foi instalada junto ao recém-construído prédio dos Diários Associados, na rua 13 de Maio; mais tarde, quando completou 18 anos, mudou-se para a rua do Livramento, na Gamboa. Nessa fase a revista vivia um dos seus melhores momentos, com uma tiragem de aproximadamente cem mil exemplares. No endereço foi erguido um moderno prédio, projetado pelo arquiteto Oscar Niemeyer, onde a revista se instalou definitivamente e permaneceu até o seu fim. Quando começou a entrar em falência, dos nove andares que ocupava, restaram para *O Cruzeiro* apenas três pequenas salas, o que demonstra o tamanho do endividamento do magazine, que foi consumindo seu próprio patrimônio.

A ruína chegou definitivamente em 1974, mesmo que ainda tivesse uma boa vendagem. As dívidas levaram a revista à agonia da morte e, apesar de algumas tentativas de ressurgimento, ela sucumbiu, juntamente com outros veículos dos Diários e Emissoras Associados. Desapareceu, assim, um dos mais importantes veículos do império de comunicação brasileiro. Além de perder parte do próprio prédio onde estava instalada, na rua Livramento, "o título *O Cruzeiro* foi cedido a Hélio Lo Bianco, em pagamento por suas comissões atrasadas"[165]. Também as máquinas, impor-

[165] NETTO, op. cit., p. 164.

tadas por mais de dois milhões de dólares, foram vendidas "a preço de ferro-velho".

> Da mesma forma, os arquivos da revista, considerados os melhores do Brasil, seguiram de caminhão para Belo Horizonte, entregues à guarda do Estado de Minas, único jornal do grupo dos Diários Associados com dinheiro suficiente para arrematá-los.[166]

É no jornal mineiro que hoje se encontra o mais completo acervo da revista, na Gerência de Documentação e Informação do Sistema Estaminas de Comunicação. A incorporação da documentação da revista aconteceu em 1977 e hoje todas as páginas estão microfilmadas, além de milhares de fotos, principalmente das belas mulheres mostradas por *O Cruzeiro* durante seu reinado.[167]

A revista foi uma das primeiras a preocupar-se em mostrar o universo feminino de forma glamorosa e em dar à mulher espaços antes pouco vistos na imprensa brasileira. Esses espaços eram ocupados com belas faces, com moda e novas ideias, além da publicidade de diversos produtos domésticos e de beleza que reforçavam a ideia da modernização feminina. Foi uma revista que também se preocupou em implementar seções para as mulheres, semelhantes às que circulam hoje encartadas em todos os grandes jornais e revistas do país, nos cadernos especializados.

---

[166] Ibid., p. 164.

[167] O acervo conta ainda com exemplares da revista *A Cigarra*, de 1919 a 1967, também uma produção do grupo de Assis Chateaubriand, além dos exemplares de *O Cruzeiro Internacional*, de 1956 até 1964. Foi pesquisando na documentação do acervo que o jornalista Rui Castro escreveu *Chega de saudade*, livro sobre a Bossa Nova. Foi por intermédio desse arquivo que conseguimos entrar em contato com os demais exemplares da revista que não havíamos conseguido no Museu Hipólito da Costa de Porto Alegre.

CAPÍTULO 2

O PERFIL MODERNO DE *O CRUZEIRO* NAS REPRESENTAÇÕES SIMBÓLICAS DAS MULHERES

Rostos mascarados: o imaginário feminino da revista

Proposital foi debruçar-se nas páginas de *O Cruzeiro* para procurar compreender sua existência e como o registro das mudanças trazidas pela modernidade e pelo Estado Novo se deu, especialmente nas representações simbólicas sobre as mulheres. Algumas respostas vieram sob a luz de suas mais de 40 páginas que circulavam todas as semanas até 1974 no país e em alguns países da América Latina e da Europa (apesar de nosso recorte aqui ser até 1945). Para tanto, optou-se por descrever neste capítulo uma das edições da revista e um pouco das formas de representações da mulher nas edições de 1928-1945 a fim de entender por que *O Cruzeiro* abriu tanto espaço às mulheres daqueles anos.

FIGURA 13 – CAPA *O CRUZEIRO*[168]

FONTE: Museu de Comunicação Social Hipólito José da Costa. Porto Alegre, RS

O Cruzeiro não era uma revista essencialmente feminina, mas dedicava mais de 50% das páginas a esse público, em colunas especializadas e publicidade, ou em espaços que mostravam a realidade social das "senhoras" e das "moças" das classes mais privilegiadas da época: os salões, as recepções e, especialmente, os concursos das mais belas do Brasil e do mundo. Também se preocupava em divertir

[168] *O Cruzeiro*. 6 set. 1930.

o público com novelas e contos romanceados que ocupavam, em média, três páginas, ou, ainda, relatando estórias das atrizes hollywoodianas. Além disso, foram raras as edições em que a figura de uma mulher não esteve estampada na capa, ilustrando-a.

Procurando entender melhor a revista, optamos por descrever a edição de 12 de outubro de 1929, que serve de baliza para as demais, pois traz seções que se modificam muito pouco durante os anos pesquisados até 1945, no que se refere aos espaços dedicados aos temas mencionados.

Começando pela capa, nessa edição aparece a figura de uma mulher, recurso utilizado em quase todos os exemplares como forma de conquistar o público e com uma intenção clara de explorar o universo feminino. Accioly Netto, que trabalhou na revista, declarou a respeito:

> Explorávamos também bastante a figura feminina em diferentes situações, nas festas da alta sociedade ou nos desfiles de moda que se realizavam periodicamente no Golden Room do Copacabana Palace. Os desfiles mais importantes eram os de Miss Elegante Bangu e também os da *Glamour Girl*, que despertavam grandes polêmicas entre os colunistas sociais.[169]

Na edição que estamos apresentando, quatro páginas foram dedicadas a "uma peça dramática em um ato em verso", escrita por Arnaldo Damasceno (Vieira), com o título "Ainda se morre de amor". A peça tinha como personagens Eduardo, Esther e Laura, constituindo assunto para as páginas de 9 a 12. Da página 13 a 16, um espaço é reservado à arte, com o título "Crítica de arte"; na 18, está a coluna "Figuras e factos da semana", trazendo fotos e legendas sobre o encerramento do "Congresso de Agricultura" realizado no Rio de Janeiro. Em outras edições, este espaço registra também as festas dos salões da sociedade, das recepções do governo, das festas políticas.

---

[169] NETTO, op. cit., p. 48-49.

Nas páginas 26, 27 e 28, transcreve-se conto de "Alberto A. Leal – selecionado no concurso de *O Cruzeiro*", com o título "Paixões de guasca". Além de contos como esse, a revista selecionava novelas. Os concursos contavam com a participação de escritores reconhecidos como Érico Veríssimo. Seguindo nessa apresentação da revista, encontramos na página 33 uma propaganda de tratamento de cabelos de página inteira: "Novo tratamento do cabelo. Restauração [...] Renascimento [...] Conservação [...] pela Loção Brilhante. Venda por cupon via correio"; na 34, mais um texto selecionado pelo concurso de *O Cruzeiro*.[170] A página 37 é dedicada às mães, com a coluna "Cartas as Mães, pelo professor Wilhelm Stekel de Vienna traducção e adaptação especial para Cruzeiro[171] pelo Dr. Martinho da Rocha". O início da carta dizia:

> Cara e boa amiga
> Recommendo dizer as coisas às crianças com clareza e exactidão. Louvá-las em excesso é tão prejudicial quanto repreendê-las systematicamente.
> Lamentas ser tão difficil educar correctamente as crianças. De accordo: embora evitados os erros que já apontei, não poderás impedir que outras pessoas em contacto com o petiz commentam faltas educativas muito graves. Proibiste às crianças contar ao menino histórias fantásticas appelando para o Papão e outras porvoices para metter-lhe medo.[172]

Nas páginas 38 e 39, o espaço é da "Cinelandia", com os conteúdos sobre cinema, explorando estórias de Hollywood, de seus atores e atrizes. As informações e as fotos publicadas vinham diretamente dos estúdios da Paramount Pictures e eram reproduzidas textualmente pela revista. Com isso, também se divulgavam

[170] Entre os contos está o que traz como endereço uma estância de Passo Fundo e tem por título: No pago [...], episódio gaúcho por Lauro Mendes selecionado no concurso de *O Cruzeiro*. Endereço para onde foi a carta "Chiquita Tovar, Estância Del Capricho, Passo Fundo".

[171] É interessante observar que, nessa época, a própria revista fazia uma certa confusão com o seu nome. Pelos exemplares pesquisados, em outubro de 1929, a revista já se chamava *O Cruzeiro*, mas ainda era tratada em algumas páginas como *Cruzeiro*, como na Coluna "Cartas às mães".

[172] *O Cruzeiro*, 12 out. 1929. p. 37.

produtos de beleza, roupas da moda para o consumidor brasileiro, sobretudo para as mulheres. Os atores nacionais, as cantoras do rádio e as atrizes internacionais também tinham espaço.

Nos primeiros anos de publicação da revista não existia um padrão gráfico organizado nem uma sequência lógica das páginas; por isso, é comum encontrarmos a continuação de alguns assuntos fora da ordem da paginação, diferentemente do que acontece hoje, quando as páginas obedecem a uma rigorosa numeração. Na edição analisada, por exemplo, a página 41 traz a conclusão do conto "Paixões de guasca", iniciado na página 28; da mesma forma, a 42 dá sequência ao texto "Cães de luxo", "Cães da moda" e também conclui o texto de "Cartas às mães", da página 37.

O Cruzeiro só veio a adotar um padrão editorial e gráfico mais próximo do que conhecemos hoje na diagramação de textos e fotografias, além de seções especializadas, depois da década de 1940. Mesmo assim, foi moderna para a época, principalmente pela inovação que trouxe na gravura desde os primeiros exemplares. Inegavelmente, era uma revista que "enchia os olhos", sobretudo pela beleza das capas. Na década de 1930, a preocupação era com a beleza da fotografia, o que não ocorreu apenas em *O Cruzeiro*, mas nos diversos impressos de comunicação do país. Uma observação feita por Carlos Fico na obra *Reinventando o otimismo*, sobre a propaganda política do país, evidencia que a preocupação com a imagem foi uma marca dos veículos de imprensa que mais alcançaram sucesso no Brasil na década de 1930:

> Tivemos, inicialmente, a revista *O Cruzeiro*, lançada em 1928, e que alcançaria tiragens de até 500 mil exemplares. A revista adotou, à época da II Guerra Mundial, o formato da Life, isto é, converteu a fotografia em notícia. Com a Manchete isso se aprimorou. Baseada na fórmula francesa da Paris-Match, aperfeiçoou o tratamento técnico da imagem"[173]

[173] FICO, Carlos. *Reinventando o otimismo*: ditadura, propaganda e imaginário social no Brasil. Rio de Janeiro: Fundação Getulio Vargas, 1997. p. 111.

Quando completou um ano, *O Cruzeiro* reafirmou seus padrões gráficos, jornalísticos e também publicitários como os mais modernos do momento. O 1º Aniversário de *O Cruzeiro*", divulgado na edição de 2 de novembro de 1929, à página 3, trazia:

> Com o presente numero 52º, *O Cruzeiro* prefaz seu primeiro anno de existência, e ainda nos parecem próximos aquellas alvoroçodas vesperas do lançamento desta revista, no qual nos propusemos applicar os mais modernos recursos da propaganda, numa demonstração decisiva do valor e da efficiencia do reclame, quando nelle se observem as regras de uma techina já conduzida pelos mestres-psychologos da publicidade aos limites da perfeição.[174]

Seguindo na apresentação da revista, tomamos como base a edição de 12 de outubro de 1929, onde encontramos na página 43 uma das colunas que consta em todas as edições analisadas, ou seja, de 1928 a 1945, "Donna". Na edição em análise, a coluna trouxe informações sobre chapéus:

> No tempo dos chapéus por Mme Thérése Clemenceau.
> modelos para banho de Sonia Delaunay.
> É tal o esforço de pesquisa nos modelos de Georgette, que não poderia ser comparado com o que se observa em qualquer outra collecção; com efeito foi a preocupação de criar verdadeiramente, de se não servir senão de materiaes escolhidos com um zelo constante, e de só compor para a mulher, que lhe guindou o espírito; foi assim com uma alegria franca, em que o métier nada influiu, que entrámos os humbraes de sua casa.[175]

A coluna "Donna" apareceu em quase todas as edições e abordava temas como moda, casas de modas e comportamentos, sendo complementada com propagandas de produtos de beleza.

---

[174] *O Cruzeiro*, 2 nov. 1929. p. 3.

[175] Id., 12 out. 1929. p. 43.

Dona

Minhas previsões sobre moda de 1930-1931

Por

Mme Thérèse Clemenceau

UM grupo de leitoras pede as minhas previsões sobre a duração da moda que acaba de surgir. Não é sem alguma apprensão que começo esta [illegible]

Modelo de vestido de Lucile Paray. — Modelo de chapéu de Louise Bourbon

Cinturas no logar

Mme. Berthe

FIGURA 14 – COLUNA "DONA" DE *O CRUZEIRO*[176]

FONTE: Museu de Comunicação Social Hipólito José da Costa. Porto Alegre, RS

Há ainda a coluna "Donna na sociedade", que, na edição descrita, nas páginas 46 e 47, traz: "Inauguração; Aniversários da Semana." A última página de *O Cruzeiro*, a contracapa, explora, no número que estamos descrevendo, fotografia e trata de diversos temas. Em outras edições, o espaço é ocupado por propagandas de cigarros, ou por outros assuntos, como o modo de cuidar de

[176] *O Cruzeiro*. 29 jan. 1930. p 25.

um jardim e aborda: "Nosso Jardin, Nossa Chacara – A cenoura; Porque certos abacateiros não frutificam; Emprego do sangue fresco e secco como adubo."

O número de páginas das edições de *O Cruzeiro* foi de, em média, 48, como na edição que acabamos de descrever; em outras edições, chegou a cem, especialmente nas especiais, como a que tratou sobre a Revolução de 1930, que consta no capítulo 4.

Na década de 1940, mais especificamente nas edições de 1945, *O Cruzeiro* já exibia um novo leiaute, com uma paginação mais definida e com seções organizadas em índice e por assunto. Para mostrar como a revista se transformou gráfica e jornalisticamente a partir dessa década, tomamos a edição de 16 de junho de 1944, página 3, espaço considerado nobre em qualquer revista ou jornal.

O Cruzeiro publicava nessa página, no lado direito, o índice da edição e, no esquerdo, um artigo com um tema importante do momento; também trazia o número da tiragem da publicação, que, na afirmação dos editores, chegava a "91.000 exemplares"[177].

Já em outra edição, a de 13 de outubro de 1945, na página 3, *O Cruzeiro* trouxe também um expediente com endereços e telefones das redações, os locais de administração da revista, o preço dos exemplares e o nome de outras publicações da "Empresa Gráfica *O Cruzeiro* S. A." a saber: "Revista do Brasil – órgão de divulgação cultural (mensal), *Cigarra Magazine* – o mensário

[177] E o índice da edição de 16 de junho de 1944 trazia: Artigos: Uma notícia triste, Augusta Carolina Bueno, p. 3; Glória Triunfal, Austregésilo de Athayde, p. 5; Vida Real e Romance, Leda Ivo, p. 24. Reportagens: Órfãos de pais vivos, David Nasser e Jean Manzon, p. 8; A sociedade paulista e o futebol, Maria Antônia e P. Scheler, p. 60. Poesia: Colóquio com o Infinito, Ralph Waldo Trino, p. 50. Contos: Capitáin, Oswaldo Orico, p. 19; A Fada Boa do Amor, Eliane Hoyward, p. 44. Cinema: Cinelândia, Pedro Lima, p. 20; Cine Revista, Alex Viany, p. 40; "Á noite sonhamos", Sydney Buchman, Ernest Marischka, p. 54. Humorismo: Pif Paf, Péricles e Vão Gôgo, p. 22; O Amigo da Onça, Péricles, p. 43; Tipos de Garotas, Alceu Pena, p. 46; Eva sem costela, Adão Júnior, p. 86. Seções: Escreve o Leitor, Redação, p. 4; Sete dias, Franklyn de Oliveira, p. 7; Back-Ground, Fredy, p. 21; No mundo dos livros, Luiz Alipeo de Barros, p. 24; Fototeste, Tetê Signoreli, p. 28; Música, Antônio Rangel Bandeira, p. 32; Spot, Light, Crock, p. 39; Mundanismo, Gilberto Trompowsky, p. 80. Assuntos Femininos: Lar, Doce Lar, Helena Sangirardi, p. 72; Elegância e Beleza, Eva Marsullo, p. 69; Da Mulher para a Mulher, Helena B. Sangirardi, p. 68; Páginas das Mães, Ladeira Marques, p. 74. Figurinos e Modelos: Prático e elegante, Alceu Pena, p. 67. Inverno, Alceu Pena, p. 70; Agasalhos, Hollywood, p. 76; Detalhes, Nova York, 88.

de maior circulação do Brasil, *Detective Revista Policial*, *O Guri, Revista Infantil* (quinzenal) Secção de Livros, Editora." As assinaturas de *O Cruzeiro* custavam, em outubro de 1945, "Cr$ 75,00 por um ano e Cr$ 45,00 por seis meses"[178].

Pelos expedientes é possível observar o crescimento que a revista veio alcançando ao longo dos anos; em 1929, *O Cruzeiro* tinha apenas como endereço o da rua Buenos Aires, no Rio de Janeiro; já em 1945, tinha, além do endereço da rua Livramento, no Rio de Janeiro, mais agências e sucursais nas principais cidades brasileiras. É um crescimento que podemos observar ainda antes de a revista completar um ano de atividades.[179]

Já, do ponto de vista editorial, como mostramos até aqui, a revista expressava o pensamento de uma elite social que se modernizava, num período em que o país passava por transformações. Segundo Thomas Skidmore, nos oito anos de ditadura do governo de Getúlio Vargas, "o Brasil continuava a sofrer um processo de rápida modificação econômica e social, que impossibilitava o retorno ao sistema anterior a 1930"[180], o que não chegava a ser uma completa industrialização, conforme suas palavras:

> Ao fim do Estado Novo em 1945, as bases sociais da política mudaram irrevogavelmente. Se bem que o Brasil não

[178] As edições mostram que o preço da revista variava dependendo do tempo de assinatura: "No Brasil – um ano – Cr$ 75,00 – Semestre – Cr$ 40,00. Estrangeiro – um ano – Cr$ 120,00 – semestre – Cr$ 60,00. Número avulso para todo o Brasil Cr$ 1,30. Agências em todas as cidades do Brasil e correspondentes nas principais cidades do mundo. Redação e Administração: Rua do Livramento, 191, tel. 43-1977 (rede interna). Publicidade: Avenida Venezuela 41 3º andar – telefone – 41 7391. Sucursal: em São Paulo – rua Sete de Abril 220 – fone: 4.4181. Em Belo Horizonte: rua Goiás 34 – fone: 2-1928. Em Recife – Praça da Independência 12. Publicidade em São Paulo: Serviço de Imprensa Ltda. (Sila) Rua Sete de Abril, 330 – 2 a Edf. 'D. Diários Associados.' E destacava ainda que 'a tiragem do presente no era de 91.000 pela qual nos responsabilizamos'."

[179] Como mostrava a edição de 19 de outubro de 1929, de número 50: "O expediente da página três revela: O Cruzeiro – revista semanal ilustrada. Direção de Carlos Malheiros Dias. Agência em todas as cidades do Brasil – correspondente em Lisboa, Paris, Roma, Madrid, Londres, Berlin e Nova York. Propriedade da Empresa Graphica Cruzeiro S.A. Diretor-presidente Dr. José Malheiro (Filho). Redação, Administração e Oficinas rua Buenos Aires, 152. Telephone [...] Norte 2254. Endereço Teleg. Constelação".

[180] SKIDMORE, Thomas. *Brasil*: de Getúlio a Castelo Branco, 1930-1964. Rio de Janeiro: Paz e Terra, 1982. p. 54.

> tivesse embarcado em um programa de completa industrialização, por volta de 1945 havia já indícios significativos. Acompanhando o seu limitado desenvolvimento econômico, havia um crescimento contínuo da proporção entre brasileiros que viviam nas áreas urbanas e um rápido crescimento no volume total da população alfabetizada. As conseqüências políticas dessas mudanças econômicas e sociais foram notáveis. Os dinâmicos centros urbanos do triângulo de industrialização, com as suas três pontas localizadas em Belo Horizonte, Rio de Janeiro e São Paulo, criavam um bloco importante de eleitores urbanos.[181]

Foram anos de mudanças e de transformações mostradas por Boris Fausto em *A Revolução de 1930*[182], as quais abrangeram desde as relações entre o poder estatal e a classe operária até a condição de populismo e a perda do comando político pelo centro dominante, "associada à nova forma de Estado", o que possibilitou o desenvolvimento industrial. Mas também foi um período em que houve um comprometimento maior do Estado com as Forças Armadas, que passaram a ser o sustentáculo do governo e ganharam "maior autonomia em relação ao conjunto da sociedade"[183]. A década de 1930 é apontada por Boris Fausto como o início do processo de constituição das classes dominantes:

> Na descontinuidade de outubro de 1930, o Brasil começa a trilhar enfim o caminho da maioridade política. Paradoxalmente, na mesma época em que tanto se insistia nos caminhos originais autenticamente brasileiros para a solução dos problemas nacionais, iniciava-se o processo de efetiva constituição das classes dominadas, abriam-se os caminhos nem sempre lineares da polarização de classes, e as grandes correntes ideológicas que dividem o mundo contemporâneo penetram no país.[184]

[181] Ibid.

[182] FAUSTO, Boris. *A Revolução de 1930*: historiografia e história. São Paulo: Brasiliense, 1983. p. 151.

[183] Ibid.

[184] Ibid.

Foi nesse contexto político e social do país que a revista contou, a cada semana, a história de uma sociedade marcada por mudanças e se antecipou em representar uma mulher moderna, ou seja, que contava com as facilidades dos aparelhos eletrodomésticos, que consumia cosméticos e se vestia segundo a moda parisiense e americana. Contudo, essa não era uma realidade hegemônica, pois se restringia às senhoras e senhoritas de uma restrita camada social, do mundo artístico, esposas de grandes industriais e políticos.

FIGURA 15 – CAPA – *O CRUZEIRO*[185]

FONTE: Museu de Comunicação Social Hipólito José da Costa. Porto Alegre, RS

185 *O Cruzeiro*. 8 set. 1934.

Como já referimos, as capas, sempre coloridas, traziam fotos ou ilustrações de mulheres em quase todas as edições. Era uma espécie de manchete sem texto, que dava uma ideia de um dos temas de que a edição viria a tratar em suas páginas. Para anunciar, por exemplo, que a edição trataria de guerra, e esse foi um período marcado pela Revolução de 1930 e pela Segunda Guerra Mundial (1939-1945), a revista trouxe na capa da edição de 8 de setembro de 1934 uma mulher de farda fazendo continência, toda vestida de branco, num gesto que, juntamente com as bandeiras do mundo e do Brasil, pedia paz. Quando a revista publicou um encarte especial sobre a Revolução de 1930, em novembro daquele ano, a capa trouxe a figura de uma bela mulher com uma coroa de espinhos na cabeça, flexionada para frente, segurando entre os dedos da mão direita oito soldados fardados empunhando três bandeiras, que representavam os três estados líderes da revolução: Rio Grande do Sul, Paraíba e Minas Gerais.

Em tons amarelo e verde, a capa dava uma ideia de brasilidade; a figura tinha uma expressão serena e um ar de superioridade, mostrando a importância da figura feminina para a revista como público consumidor. Mas também significava uma forma de desviar a atenção de assuntos "pesados" e, ainda, atrair a atenção dos leitores nas bancas, já que as capas traziam belos rostos femininos. Especificamente sobre a edição especial de novembro de 1930, registrando a Revolução de 1930 e que circulou encartada numa das edições daquele ano, descrição mais detalhada no capítulo 4, que trata sobre a representação das mulheres dentro de um contexto mais político, dos pequenos registros da presença delas junto a acontecimentos do país, como a Revolução de 1930, a Segunda Guerra Mundial, que a revista registrava.

O perfil feminino de *O Cruzeiro*

As mudanças ocorridas até a terceira década do século passado, como a industrialização e a urbanização, não impressionaram tanto a sociedade da época como as relativas ao comportamento feminino, que aguçaram a crítica dos conservadores, ao mesmo tempo em que provocaram manifestações que pediam o fim do conformismo feminino: "Tocado pela imagem depreciativa com que as mulheres eram vistas e se viam e, sobretudo, angustiado com a representação social que lhes restringia tanto as atividades econômicas quanto às políticas."[186] Elas reivindicavam também igualdade educacional para livrar-se da monotonia e da dependência dos maridos.

> Era nas cidades, as quais trocavam sua aparência paroquial por uma atmosfera cosmopolita e metropolitana, que se desenvolveram as mudanças mais visíveis. Através de um processo diagnosticado por vários críticos temerosos como imperfeito e desorganizado, a nova paisagem urbana, embora ainda guardasse muito da tradição, era povoada por uma população nova e heterogênea, composta por imigrantes, de egressos da escravidão e de representantes das elites que se mudavam do campo para as cidades.[187]

As cidades foram eleitas pelos intelectuais "como os legítimos responsáveis pela suposta corrosão da ordem social a quebra de costumes, as inovações nas rotinas das mulheres e, principalmente, as modificações nas relações entre homens e mulheres"[188]. Isso porque acreditavam que as cidades conseguiam sintetizar experiências, variedades de questionamentos e linguagens novas, essas que conseguiam fazer subir as saias

---

[186] MALUF, Marina; MOTT, Maria Lúcia. Recônditos do mundo feminino. In: SEVCENKO, op. cit., p. 369-370.

[187] Ibid., p. 371.

[188] Ibid.

e aumentar os decotes femininos, por volta de 1917. Conforme mostra a obra *História da vida privada no Brasil*:

> As inovações trazidas pela tal vida moderna povoavam as páginas dos mais diferentes tipos de literatura, o que por si só indicava um forte movimento em prol da defesa de determinadas instituições basilares da sociedade, mesmo que para isso fosse necessário acatar mudanças e introduzir outras. Nada, entretanto, que pudesse ferir a legitimidade das regras do sistema familiar e social.[189]

Em nome da família, fiscalizavam-se padrões de comportamento e condenavam-se os desvios das normas; as relações fora do contrato matrimonial eram consideradas ilícitas e o discurso enfatizava que a união matrimonial precisava dar-se por uma ligação de amor.[190] Foi nesse contexto de mudanças por que passavam as mulheres de todas as classes sociais que *O Cruzeiro* mostrou alguns dos perfis femininos do período. As mulheres apresentadas por colunas, capas e publicidades da revista nada têm a ver com aquelas que pertencem às classes menos favorecidas[191], a grande maioria.

É interessante observarmos ainda que a realidade das mulheres representadas por *O Cruzeiro* referia-se às classes sociais elevadas, completamente diferente da popular, da realidade das mulheres que lavavam roupas em cortiços e que conviviam em espaços apertados, pobres, onde se misturavam gerações

[189] MALUF; MOOT, op. cit., p. 385.

[190] É interessante observarmos ainda que, segundo a obra já citada, "foram, porém, as camadas mais baixas da população – operários, imigrantes, mulheres pobres, mulheres sós, negros e mulatos – que tiveram o comportamento mais fiscalizado e submetido a medidas prescritivas. As múltiplas e improvisadas formas de união amorosa nesses segmentos receberam especial atenção das camadas médias e altas, bem como dos intelectuais conservadores e dos clérigos. Decididas a institucionalizar o amor com vistas a sustentar uma determinada ordem social, as elites transformaram em ameaça os relacionamentos ajustados por padrões mais flexíveis e simétricos, classificando de imorais as uniões cujo epílogo não coincidia com o casamento. (41)" (Ibid., p. 387).

[191] A mulher operária, que começa a ganhar espaços servindo como mão de obra para as fábricas nas cidades não era o público-alvo, nem o objetivo informativo da revista; da mesma forma, a agricultora e a dona de casa pobre são perfis femininos sequer mencionados nas reportagens e colunas.

diferentes de pessoas. Já nos casarões dos centros das cidades, abandonados por causa das epidemias, principalmente no Rio de Janeiro, São Paulo, Recife e Salvador, dezenas de pessoas do povo se amontoavam e ocupavam todos os espaços subdividindo a área onde antes moravam poucos indivíduos.[192] A sociedade industrial, que tornou a vida mais fácil e dominou a natureza, ao mesmo tempo, contribuiu para aumentar as desigualdades sociais. É uma sociedade que personifica a razão e que transforma as necessidades individuais em aspirações políticas; assim, os interesses particulares se sobressaem aos da coletividade. Nas palavras de Herbert Marcuse, é uma sociedade que tem um padrão de vida crescente:

> Não obstante, essa sociedade é irracional como um todo. Sua produtividade é destruidora do livre desenvolvimento das necessidades e faculdades humanas: sua paz, mantida pela constante ameaça de guerra: seu crescimento, dependente da representação das possibilidades reais de amenizar a luta pela existência – individual, nacional e internacional. Essa repressão, tão diferente daquela que caracterizou as etapas anteriores, menos desenvolvidas, de nossa sociedade, não opera, hoje, de uma posição de imaturidade natural e técnica, mas de força. As aptidões (intelectuais e materiais) da sociedade contemporânea são incomensuravelmente maiores do que nunca dantes – o que significa que o alcance da dominação da sociedade sobre o individuo é incomensuravelmente maior

[192] Podemos observar ainda que nesses locais aconteciam conflitos e brigas domésticas por causa das péssimas condições de sobrevivência. "O conceito de lar, definido pela época, não se aplicava a esses lugares que eram insalubres e promíscuos. No conceito de que lar para este período representava o núcleo organizador das suas vidas e por isso, as favelas e os cortiços não eram considerados casas. Em São Paulo, nos Bairros Mooca e Brás surgiam as primeiras aglomerações operárias. No Bexiga, por volta de 1930, a grande maioria dos trabalhadores não possuía vínculos empregatícios e eram vendedores de gelo, sapateiros, carroceiros. As mulheres do bairro, por sua vez, ocupavam-se sobretudo da lavagem de roupas, batidas nas pedras às margens dos riachos ou nos tanques coletivos, afazeres para os quais contavam com a ajuda das suas crianças que, com grandes trouxas de roupas, iam e voltavam das partes altas onde morava a clientela, encarregadas também, ao longo do dia, de vigiar a secagem das mesmas, guardadas tal como um rebanho" (WISSENBACH, Maria Cristina Cortez. Da escravidão à liberdade: dimensões de uma privacidade possível. In: SEVCENKO, op. cit., p. 117).

> do que nunca dantes. A nossa sociedade se distingue por conquistar as forças sociais centrífugas mais pela Tecnologia do que pelo Terror, com dúplice base numa eficiência esmagadora e num padrão de vida crescente.[193]

Essa sociedade contraditória, que se realiza privilegiando a nova produção mecanizada, recolhe forças de trabalho e gera cidades complexas, com habitações, comércio, consumo, novas formas de vida, que têm na base a industrialização e "enquanto entidade física ou como fenômeno cultural, revela-se principalmente como uma contradição perigosa e dramática do próprio sistema que a gerou"[194]. São cidades que apresentam problemas apesar das riquezas que geram, como mostra Herbert Marcuse:

> A burguesia industrial, portanto, ainda que se vangloriando do novo modelo de vida oriundo de sua revolução, começa a nutrir graves preocupações sobre sua mais importante criação histórica: a *cidade industrial*. Devido a isso e, sobretudo, ao fato de não mais ser possível esquecer a existência da cidade, nem ao menos redimensioná-la de uma só vez, começam a ser utilizados novos modelos de desenvolvimento com fortes implicações "anticapitalistas" ou, ao menos, limitativos com respeito ao originário sistema liberal, introduzindo alguns novos critérios operativos: uma difícil reavaliação dos poderes e do papel do Estado, um eficaz "planejamento" do desenvolvimento urbano, uma sólida "política das classes médias". Ora, uma característica fundamental deste ciclo histórico, nada breve, é a contínua incerteza em que se desenvolve qualquer acontecimento de relevo, e isto vale tanto para as inovações técnicas quanto para a composição dos novos grupos sociais e das categorias que vão se formando nestas situações particulares.[195]

---

[193] MARCUSE, Herbert. *A ideologia da sociedade industrial.* Rio de Janeiro: Zahar, 1982. p. 14.

[194] MARIANI, Ricardo. *A cidade moderna entre a história e a cultura.* São Paulo: Nobel, Instituto Italiano di Cultura di São Paulo, 1986. p. 6.

[195] Ibid., p. 6-7.

No cenário da vida burguesa brasileira, a partir de 1930, os bairros elegantes em capitais como São Paulo ganharam uma verticalização, com sete a oito andares e com portarias luxuosas, seguindo as experiências europeias de edificação. O Rio de Janeiro desde 1910-1920 já vinha de uma crescente construção de unidades habitacionais verticais, principalmente nos bairros da Zona Sul.

As mulheres pertencentes a essas camadas (as mais altas da sociedade) encontraram na revista páginas que descreviam sua realidade de vida; as mais conservadoras tinham espaços como escritoras e colunistas, e as leitoras que se identificavam com essas ideias podiam contar com as colunas "Donna" e "Donna na sociedade". Já aquelas que diziam não mais servir apenas ao tanque e ao fogão e que ocupavam as ruas para exigir direitos e protestar, num espírito feminista que se intensificou nesse período, não têm voz na revista. Os temas desses debates enfrentam a oposição masculina e são mencionados em algumas colunas, como nesta de Humberto Campos, de 1930, sobre o voto feminino:

> Acha-se retido na pasta de uma das comissões na Câmara dos Deputados um projeto do Sr. Augusto de Lima concedendo às mulheres o direto de voto e, conseqüentemente o de serem votadas. No Senado encontra-se, igualmente, outro, do velho republicano Justo Chermont, que encheu de esperanças, durante algum tempo, as nossas feministas. Juiz occasional, e impossivel, como deputado provavelmente reconduzido ao seu posto por mais tres annos, eu me sinto à vontade, ainda, para tratar de assumpto de tanta relevancia aos olhos das senhoras que se batem por esse ideal. E o meu ponto de vista é, em parte, e apparentemente, contrario às suas aspirações. Que desejam ellas, em verdade, pela voz dos seus defensores e das pioneiras do movimento? A igualdade política dos sexos, isto é, que todas as mulheres que sabem ler e escrever possam eleger e ser, como conseqüência, eleitas para os mais altos cargos do governo. E é isso que eu considero, mais do que uma aventura, uma calamidade. Lendo-me ou escu-

tando-me com attenção, as senhoras intelligentes verão, todavia, que eu raciocino com acerto[196]

Manifestações desmerecendo as mulheres e a sua capacidade de voto, como a transcrita, são apenas um dos exemplos das discussões que eram feitas nesse período em *O Cruzeiro* sobre o voto feminino. Apesar de a revista abordar o universo feminino e trazer belas mulheres nas capas, não proporcionou muito espaço para esse debate, demonstrando dessa forma que interessava para o magazine apenas que as mulheres consumissem. Nela aparecem apenas manifestações isoladas de alguns colunistas, posição que não era apenas da revista, mas da maioria dos veículos de comunicação da época. Com relação à luta pela liberdade feminina, a imprensa mostrou-se sempre contrária, e as charges publicadas revelam homens fazendo um papel ridículo ao executarem trabalhos domésticos, vistos como "duros e penosos"[197].

O voto feminino é apenas uma das tantas lutas que as mulheres travaram por igualdade de direitos. No decorrer da história, especialmente da brasileira, elas foram galgando espaços à medida que se organizavam por afinidades de interesses e reivindicavam, mas seu ingresso na universidade brasileira foi permitido somente em 1879.[198] Com tantas dificuldades e problemas que sempre circundaram o mundo feminino, a revista de grande tiragem nacional procurou enfatizar muito mais libido, vaidade e mito fantasioso das mulheres, num período definido como moderno, do que tratar dos problemas e da dura realidade da maioria das brasileiras, que viviam na mais completa submissão.

Quando do processo de independência brasileira de 1822, elas foram excluídas. Sonharam em vão com a Constituição

---

[196] *O Cruzeiro*, 22 mar. 1930, por Humberto de Campos (pertencia à Academia de Letras e escrevia quase todos as semanas na revista), p. 3.

[197] MALUF; MOTT, op. cit., p. 378.

[198] CANAL KIDS. Cidadania: a história do voto. Disponível em: <,http://www.canalkids. com.br/surpresa/cidadania_voto.htm>; COMISSÃO NACIONAL SOBRE A MULHER TRABALHADORA. Disponível em: <http://www.cut.org.br>. Acesso em: 14 abr. 2002.

outorgada em 1824, que não garantiu direitos às mulheres. No decorrer da República Velha, por diversas vezes, elas manifestaram repúdio ao preconceito de que a mulher não era apta para a vida política e chegaram a criar um partido em 1910.[199]

Além do Partido Republicano Feminino, elas fundaram a Liga para a Emancipação Feminina e, em 1922, formaram a Federação Brasileira pelo Progresso Feminino, tudo com o objetivo de um dia conseguirem votar. Foi somente em 1934, no governo de Getúlio Vargas, a partir da Constituição de 1934, quando se consagrou o princípio de igualdade entre os sexos, que as mulheres tiveram direito ao voto, o qual, aliás, passou a ser obrigatório em todo o território nacional.

Durante o desenvolvimento deste trabalho, procuramos compreender como o Brasil implementou as mudanças trazidas pela modernidade no período recortado, como essas se refletiram nas representações simbólicas das mulheres, já que nos anos de 1930 a 1940 o país passava por transformações na economia e na organização social, agora mais urbana.

Aos poucos fomos compreendendo como era a mulher representada nas páginas de *O Cruzeiro*. Fomos encontrando, cada vez mais, um universo feminino glamouroso, pois as moças da época espelhavam-se nas estrelas de Hollywood, usavam cosméticos e sonhavam em ser famosas, em ganhar concursos de beleza. Além das famosas do cinema, a revista revelava as estrelas do rádio, do teatro e do cinema nacional. As belas mulheres preenchiam as páginas em fotos, em relatos pitorescos das suas intimidades, em registros de presença e participação em eventos sociais, como bailes e salões de festas. Eram brasileiras entrando numa nova fase, despedindo-se das saias longas para vestir maiô e banhar-se

---

[199] CANAL KIDS. Cidadania: a história do voto. Disponível em: <,http://www.canalkids. com.br/surpresa/cidadania_voto.htm>; COMISSÃO NACIONAL SOBRE A MULHER TRABALHADORA. Disponível em: <http://www.cut.org.br>. Acesso em: 14 abr. 2002.

nas praias tropicais, excitando a imaginação de cronistas e poetas, como Luiz Maciel, que escreveu "Copacabana Girl [...]",

> [...] todas as manhãs cálidas de verão, meus olhos ansiosos se alongam pela sacada do apartamento em que moro para acompanhar o vulto esbelto e alucinante de 'Jeannette', correndo triunfante sobre a areia 'fofa' da praia de Copacabana balneário cosmopolita e pitoresco do mundanismo carioca nessas gloriosas manhãs de intenso calor que se anunciam ao longe, com os primeiros reflexos de sol majestoso, que anuncia, com requinte de inaudita beleza, todo o esplendor da primavera![200]

Ao mesmo tempo em que busca aguçar a imaginação dos leitores sobre a beleza da moça descrita na crônica, o autor aproveita para divulgar produtos. Aqui, o limite entre a informação e a publicidade é tênue, para não dizer, quase inexistente. Observam-se, na sequência da crônica, dois parágrafos em que o autor faz referências à moda do momento, donde ela viria e por que *Jeannette* seria considera uma *girl*:

> E a fluídica agitação das ondas glaucas do oceano, parecendo-nos ocultar misteriosos segredos de todos os destinos, recebe-a diariamente no seu seio oquerso, de onde ela surge correndo em volta nas malhas coloridas de um dos modelos mais recentes de "Cetim Lastex" inspirado pelo famoso figurinista americano "Flexees". Cabelos rorejantes, as faces luminantes de sol e de alegria para em seguida deitar-se, na areia esbrasiante da praia, onde o sol lhe enxuga lentamente a epiderme fresca e perfumada do seu corpo esbelto e afrodisíaco![201]

O tema beleza é a tônica de quase todas as publicidades e colunas da revista. A *instigação* ao culto da beleza faz parte de várias colunas e propagandas, além da promoção dos concursos

[200] *O Cruzeiro*, 12 dez. 1942. p. 19.

[201] *O Cruzeiro*, 12 dez. 1942. p. 19.

que premiam as mais belas. Em 6 de julho de 1929, *O Cruzeiro* trouxe a seguinte manchete no alto da página 21: "A parada de Maillot em Galveston." Tratava-se do concurso Miss Brasil, organizado pela própria revista, que movimentou a sociedade brasileira e elegeu Olga Bergamini; posteriormente, ela concorreu a Miss Universo 1929, perdendo para a americana Elizabeth Goldarbeiter (Lise) de Galveston. "Miss Brasil para Galveston" rendeu as páginas 22, 24 e 25 e uma das legendas dizia: "Vista parcial da sala de jantar, do Bietmore Hotel, em Nova York, no dia em que se realizou, sob os auspícios de Brazilian American Association, o grande banquete em honra da senhorita Olga Bergamini de Sá, que se vê a direita, ao alto, em baixo do pavilhão nacional."

O assunto foi explorado em várias outras edições. Na do dia 20 de julho de 1929, a revista publicou mais duas páginas ilustradas com muitas fotos e feitas por uma equipe enviada aos Estados Unidos especialmente para cobrir o concurso de Miss Universo, que se realizara em Nova York. Uma das legendas, sob o título "A chegada da Miss Brasil", revelava: "*O Cruzeiro* apresenta aqui vários flagrantes do desembarque da senhorinha Olga Bergamini de Sá, na Praça Mauá, de regresso de sua viagem a Galveston."

De todas as edições do mês de julho de 1929, apenas a do dia 13 não tratou do concurso, cujas repercussões se estenderam até a última edição do mês. No dia 27 de julho de 1929, na página 4, Medeiros e Albuquerque, da Academia Brasileira de Letras, escreveu o artigo "Eugenia e Belleza – Escripto especialmente para o presente número de *O Cruzeiro*", no qual reforçava a importância do concurso para estimular as moças ao culto ao corpo, a fim de ficarem belas por meio de exercícios físicos:

> Quando ainda estava funcionando o congresso de Eugenia, uma associação comercial do Rio de Janeiro propôs que se desse annualmente um premio de belleza feminina. As duas coisas não tiveram nenhuma relação apparente.

> No entanto, ellas são absolutamente correlatas. Não se tinha achado até agora meio algum de interessar as nossas patrícias nos exercícios physicos.
> O concurso de belleza fará esse milagre. De um modo geral, quasi todos os sports servem para o desenvolvimento physico e são, portanto, recomendáveis. [...]
> O concurso de belleza veiu criar para todas as moças um ideal: o ideal de ser um dia a escolhida, passear em triumpho pela Avenida, ter o seu retrato em todos os jornaes, o seu nome em todos os lábios.
> No ultimo concurso, de que saiu vencedora Olga Bergamini, entraram muitas moças pobres. Em um dos Estados os operários tornaram feriado o dia da eleição só para votar em uma filha das de sua classe.
> Escolheram mal. A eleita era uma rapariguinha sem belleza alguma.
> Desde, porém, que se sabia que continuará a haver a justiça que houve este anno, cada uma procurará tornar-se realmente digna de merecer o premio. E como elle não é dado unicamente pelo rosto, mas por todo o corpo, vae nisso um incitamento para que todas o procurem desenvolver harmoniosamente, tornando-o admirável.[202]

Outro perfil interessante mostrado em colunas e publicidades é o da dona de casa, que, pela análise aqui feita e pelas informações das colunas e das publicidades da revista, pertencia à sociedade dos grandes centros, principalmente Rio de Janeiro e São Paulo, as classes média e alta. Submissa ao marido, ela deveria ser a mãe de filhos saudáveis, para o que receitas não faltavam, como esta na coluna "Lar doce lar":

> Muitas esposas costumam se queixar de seus maridos, das vezes em que eles as deixam em casa, e outras coisas assim [...] mas é preciso antes de condenar, ver se elas

[202] Medeiros e Albuquerque em *O Cruzeiro*, 27 jul. 1929. p. 4. A grafia é preservada segundo a revista. Nesse período, *O Cruzeiro* dificilmente acentuava as palavras, e o "ph", "ll" e "nn" ainda faziam parte da escrita da época. Além disso, é comum nesses primeiros anos de revista a falta de uma sequência lógica nas páginas do impresso, como acontece hoje. Muitos artigos e colunas começavam na página 5, por exemplo, e continuavam numa anterior, que poderia ser a 2 ou a 3.

não tem um pouco de culpa, nisso tudo. Fazer um exame introspectivo, sobre o começo da vida de casados e verificar desaprinonadamente as faltas cometidas, mesmo sem querer [...].

Por exemplo [...] se o marido de uma das nossas leitoras tem semana inglesa, isto é, trabalha aos sábados só até meio dia, ela por acaso já pensou, que sendo assim, não deve ficar totalmente absorvida por afazeres diversos, nesse dia? Não deve escolher, justamente o sábado, depois do meio dia, para a limpeza da casa, enceramentos [...] para a sua "tollette" quando demorada, como manicura, ou depilação de sombrancelhas; para usar mascaras de beleza. Por que não fazer com que o sábado – e mesmo o domingo – sejam dias diferentes também para a espôsa, se o são para o marido?[203]

No último parágrafo, a articulista reforçava:

Aí estão alguns pontos que parecem insignificantes, que muitas mulheres poderão julgar sem importância, mas que ajudam a minha leitora a fazer com que o seu lar seja sempre verdadeiramente, um – lar doce lar[204].

Também na coluna "Da mulher para a mulher" encontramos conselhos para ser uma boa esposa. Na edição de 12 de dezembro de 1942, a coluna de "Maria Teresa" ensinava nove regras para se conseguir agradar o marido. A colunista perguntava às leitoras se elas aborreciam-se com a disciplina com frequência, se ficavam tristes sem ter motivos, se descuidavam da aparência e eram esbanjadoras. Caso as respostas fossem "não", a leitora era considerada uma boa esposa. Vejamos o texto:

Pode-se construir uma felicidade. Na verdade, alguém poderá opor-se às adversidades do destino, evitando o inevitável, tornando possível o impossível. Mas, na

[203] SANGIRARDI, Helena. Seja uma boa companheira. *O Cruzeiro*, 15 abr. 1944. Coluna Lar doce lar, p. 76.
[204] Ibid., p. 76.

medida das forças humanas, dependendo a construção de um lar de fatores inteiramente práticos e psicológicos, cabe a cada uma de nós – e aos homens também – uma grande serie de atos que poderão nos conduzir com alegria a vida conjugal.

Porém, não é muito fácil ser uma boa esposa. Há muitos pontos a considerar [...].

Por exemplo, seria interessante comprovar se você, que é casada, se sente realmente feliz com o seu estado civil. Isso não é muito difícil de saber [...].

Faça a si mesma as seguintes perguntas: – "Crê que as moças que se casam abandonando a agradável vida de solteira, cometem uma loucura?" "Você conta a todos os bens que sacrificou ao casar-se?" "Aconselha as amigas casadouras que aproveitem bem antes de começarem uma existência que tem muito de escravidão?" "Acha que o casamento traz mais dores traz mais dores de cabeça do que alegria?" Se você responder a estas perguntas com "não", pode estar certa de que fez muito bem em casar-se. E de que, por tanto, é uma excelente companheira para o seu esposo. Há, porém, outras interrogações a fazer, para que você possa lançar um suspiro de alívio se caso as responda negativamente.

1 – Molesta-a tudo que significa disciplina?

2 – Aborrece-se facilmente?

3 – Insisto em firmar opinião, embora saiba que isso contraria seu marido?

4 – Critica seu companheiro a meudo tentando modificar sua personalidade?

5 – Possui sensibilidade demasiado exaltavel?

6 – Fica triste com frequencia sem que haja motivo?

7 – Sendo obrigada a reduzir suas despesas, procurará economizar as coisas de casa e não no seu guarda-roupa?

8 – É descuidada?

9 – É esbanjadora?[205]

---

[205] *O Cruzeiro*, 12 dez. 1942. p. 59, com continuação do assunto na p. 68. Essa coluna de Maria Teresa recebia também das leitoras correspondências, que ganhavam respostas com conselhos sobre relacionamentos, crises conjugais, angústias das jovens sobre o futuro. A postura da autora era

Com as perguntas feitas, a autora aconselhava as mulheres a serem boas esposas, o que mostra o contraste com o perfil feminino apresentado pela revista em outras colunas, como "As garotas", por exemplo, que buscava mostrar uma mulher moderna. A representação dos estereótipos de mulher modernizada, que usa cosméticos e está na moda, contrapunha-se à orientação das colunas da revista, que aconselhavam as mulheres a não se libertarem das amarras do marido e permanecerem apenas como donas de casa. Elas poderiam, sim, aderir aos novos padrões de comportamento, especialmente às novas formas de beleza, mas não deveriam deixar de lado os padrões antigos de comportamento. Ou seja, podiam conciliar consumo, que era considerado um padrão moderno, com os antigos deveres femininos com o marido, a casa e os filhos. As colunas da revista sugerem ainda que as mulheres consumidoras são consideradas modernas.

Uma das justificativas para as mulheres permanecerem submissas aos homens era a educação, pois elas seriam destinadas a dar continuidade ao ciclo: casar, ter filhos, ser uma boa esposa. Esse perfil de mulher também era considerado moderno, porque ela era livre para ser boa consumidora e cuidar muito bem do corpo, mas precisava continuar presa intelectual e socialmente aos mesmos padrões de vida de suas mães e avós. Se a mulher ainda precisava de receitas para ser uma boa esposa, é de questionar-se: quando alcançaria a modernidade vendida pela revista, pelos produtos de beleza e pela representação das figuras estereotipadas de Hollywood e famosas da época? O que se percebe é que a mulher alcançava apenas uma "independência" consumista, e ainda com o dinheiro dos maridos, porque poucas usufruíam uma liberdade financeira própria.

Nesse período, as mulheres que ainda dependiam dos maridos precisavam ser boas esposas, donas de casa e, ainda,

---

sempre a de que a função da mulher era obedecer, agradar ao marido e ser elegante.

estarem sempre muito bem apresentáveis para os seus homens, recomendavam as colunas da revista. Para tanto, eram-lhes oferecidas receitas e conselhos, procurando aprimorar "a difícil arte" de ser esposa. Esses conselhos, em 1935, incluíam bom humor, a necessidade de aprender a cozinhar e a respeitar a profissão e o tempo do marido:

> SE A PALAVRA É DE PRATA O SILENCIO É DE OURO. Não fale com seu marido senão quando elle terminar de barbear-se ou escovar os dentes. Não o importune quando estiver se barbeando; para o homem o vestir-se e barbear-se é como a celebração de um rito que a mulher não deve interromper. Lembre-se de que o mais eloquente dos homens é calado de manhã.
> Prepare a mesa para a primeira refeição de maneira que seu marido sente-se a ella com prazer.
> Não esqueça de collocar o cinzeiro ao lado do talher.
> Não o interrompa quando elle ler o jornal; não lhe faça perguntas. O esposo, ou fala por si, sem que o interroguem, ou prefere conservar-se calado.
> De quando em vez procure provar-lhe que você estava sem razão.
> Se seu esposo tem algum hábito ou preferência especial, procure satisfaze-lo sem insinuar que você assim procede por fazer-lhe a vontade.
> Não fale em demasia dos amigos delle, mas também não os esqueça.
> APRENDA A COSINHAR.
> Não diga que só cosinha para elle e sim para ambos.
> Não prepare muito amiudadamente seus pratos favoritos.
> Não ande de chinellas, nem mesmo na cosinha.
> O BOM HUMOR DA ESPOSA É UM REPOUSO PARA O MARIDO
> Não se queixe. [...]
> O MARIDO VÊ O VESTIDO DE SUA ESPOSA, E, NÃO A ALMA.

> Mude de vestido diariamente, se possível. Se o guarda roupa que possue não fôr abundante, varie o toilette com uma golla nova, uma gravata, um collar.
> Nunca appareça a seu marido com um vestido que não ousaria exibir às visitas. [...].
> RESPEITE A PROFISSÃO E TEMPO DE SEU ESPOSO.
> Quando seu esposo voltar à noite do emprego deve sentir a impressão de que você o esperava com impaciência.
> Elle terá prazer vendo que você fez todos os arranjos necessários e que pôde sentar-se à mesa.[206]

O texto, na sequência, sugere que as mulheres evitassem ficar doentes e chatear os maridos com os problemas do cotidiano doméstico, além de não deverem demonstrar sentimento, principalmente o de ciúmes por outras mulheres. Esse idealismo da boa esposa, segundo o texto, era a maneira de evitar maiores dificuldades nos casamentos. A fórmula da esposa ideal colocava a mulher no papel de uma serviçal disponível ao marido, disposta a aceitar e concordar com a submissão e, ainda, manter sempre um sorriso nos lábios. Evidencia-se, dessa forma, uma época em que os padrões sociais não se alteravam, apesar de muitos anúncios de produtos que prometiam às mulheres uma nova fase, a da era moderna.

A esposa virtuosa era aclamada pela sua moral, por ter "complacência e bondade, para prever e satisfazer os desejos do marido";[207] ela precisava ser simples, justa, modesta e ter bom humor.

> Seu antípoda ameaçador era a moça dos tempos modernos, 'esbagachada', cheia de liberdades, de saia curta e colante, de braços e aos beijos com os homens, com os decotes a baixarem de nível e as saias a subirem de audácia[208].

[206] *O Cruzeiro*, 11 maio 1935. p. 32.
[207] MALUF; MOTT, op. cit., p. 390.
[208] Ibid.

Com tom professoral, as revistas da época, especialmente as femininas, ditavam as normas de comportamento para as boas moças e mulheres virtuosas. Entretanto, como crescimento urbano social, que colocava em conflito costumes e tradições mistas e desiguais, a imprensa procurava mostrar a importância da educação para as moças daqueles anos e para as meninas modernas, que se deparavam com uma sociedade contraditória a sua volta: "Acolhiam-se, assim, os propósitos positivistas e impunham-se uma missão, a de moldar o pensamento, o comportamento e, em última análise, o caráter das gentes."[209] Os casamentos deveriam ser entre as pessoas do mesmo nível social:

> Novas estratégias de educação amorosa eram elaboradas com o objetivo de preservar o tradicional modelo matrimonial. Se o propósito era expandir e legitimar a instituição conjugal, a causa final consistia em normalizar a sociedade e regrar os comportamentos sexuais.[210]

Entre as tantas tarefas que cabiam às mulheres estava a de "apaziguar a sensualidade do casal". Além disso, considerava-se que o culto à beleza deveria levar em conta os princípios médicos higiênicos e nunca a sedução. Para isso, os discursos higienistas de educadores e médicos procuravam frear a libido feminina, estabelecendo limites entre a "vaidade das mulheres honradas" e a "libertinagem das de condutas duvidosas", que desfilavam pelos mais variados pontos da cidade. E nesse contexto a relação conjugal deveria ser "mais marcada pelo respeito do que pelo princípio do prazer"[211]. Era preciso, no entanto, ouvir os conselhos médicos, no sentido de orientar as mulheres para a vida sexual a fim de manter a estabilidade dos casamentos.[212]

---

[209] Ibid.

[210] Ibid., p. 391.

[211] Ibid., p. 392.

[212] No embate da educação sexual, educadores dividiam-se entre os conservadores, que defendiam o silêncio sobre o tema para não ofender o pudor, e os que acreditavam que os jovens precisavam ser educados para a vida sexual. Os inovadores acreditavam que a vida moderna ameaçava a

Também era necessário dizer aos mais conservadores, especialmente às mulheres, que a sociedade estava mudando e que era preciso acompanhar as inovações para não sentir-se velha. Maria Eugênia Celso, uma das colunistas que ocupava um espaço nobre na página 3 da revista a partir de 1940, escrevendo sobre os mais variados temas daqueles anos, sempre enfocando a realidade feminina, escreveu:

> No meu tempo [...].
> No meu tempo [...].
> Não diga isto, minha senhora! Não diga isto, nem brincando [...] envelhece logo de vinte anos, pelo menos. Seu tempo é o de hoje e tem de ser o de amanhã, se quiser conservar alguns anos ainda seu vitorioso centro da mulher bonita. Quando uma pessoa começa a achar-se destoante do tempo que corre é porque envelheceu.[213]

A discussão entre o que é e o que não é moderno está presente em praticamente todas as colunas e, mesmo naquelas em que o tema não está claro, há uma forte tendência a defender uma ou outra posição, sempre tendo em vista que a modernidade existia sem que, com isso, alterasse-se a ordem social estabelecida. Era preciso manter homens e mulheres com seus papéis bem definidos na vida a dois: as mulheres sendo donas de casa, mães e esposas; os maridos preocupando-se com o sustento familiar e com as atividades sociais e políticas.

Sob a maquiagem, um universo a descobrir

Procurar entender mais sobre a realidade do mundo feminino de 1928 a 1945 foi uma das formas encontradas para podermos deco-

moral; por isso, era preciso educar os jovens como forma de vencer o problema. Era preciso, então, debater a educação sexual dos jovens já que "os doutores mostravam-se cada vez mais preocupados com a inocência, a ignorância e, principalmente, a brutalidade que cercavam as práticas sexuais, desastrosas para a estabilidade do casamento" (Ibid., p. 79).

[213] *O Cruzeiro*, 10 nov. 1945. p. 3.

dificar os textos sobre as mulheres na revista. As mudanças ocorridas no início do século XX e final do XIX deixavam alguns segmentos mais conservadores da sociedade com uma certa "ansiedade", e as mulheres ainda pagavam caro pela ousadia de adotarem padrões de comportamento mais independentes dos homens. As senhoras precisavam conservar atitudes sérias; além de serem modestas, deveriam impor respeito. As casadas deviam obediência ao marido e aos pais; jamais lhes era permitido que saíssem à rua com um homem que não fosse seu pai, irmão ou marido. Essa realidade causou repúdio no começo do século XX, resultando num brado de inconformismo, e quando as mudanças surgem, deixam os conservadores perplexos, como mostra a *História da vida privada:*

> As mudanças no comportamento feminino ocorridas ao longo das três primeiras décadas deste século incomodaram conservadores, deixaram perplexos os desavisados, estimularam debates entre os mais progressistas. Afinal, era muito recente a presença das moças nas camadas médias e alta, as chamadas "de boa família", que se aventuravam sozinhas pelas ruas da cidade para abastecer a casa ou para tudo o que se fizesse necessário. Dada a ênfase com que os contemporâneos interpretaram tais mudanças, parecia ter soado um alarme.[214]

As mulheres tinham, ainda, o dever de serem boas donas de casa, de cuidarem da família, dos filhos e do marido, como a mesma obra descreve sobre a desumanização da mulher, sempre fora da cultura e vista como a rainha do lar:

> O dever das mulheres brasileiras nas três primeiras décadas do século foi, assim, traçado por um preciso e vigoroso discurso ideológico, que reuniria conservadores e diferentes matizes de reformistas e que acabou por desumanizá-las como sujeitos históricos, ao mesmo tempo que cristalizavam determinados tipos de comportamento convertendo-os em rígidos papeis sociais. "A mulher que é, em tudo, o

[214] MALUF; MOTT, op. cit., p. 368.

> contrário do homem", 12 foi o bordão que sintetizou o pensamento de uma época intranqüila e por isso ágil na construção e difusão das representações do comportamento feminino ideal, que limitaram seu horizonte ao "recôndito do lar" e reduziram ao máximo suas atividades e aspirações, até encaixa-la no papel de "rainha do lar", sustentada pelo tripé mãe-esposa-dona-de casa.[215]

Numa realidade em que não se deixava espaço para a realização da mulher fora do lar, o discurso era bastante conhecido: "O lugar da mulher é o lar, e sua função consiste em casar, gerar filhos para a pátria e plasmar o caráter dos cidadãos de amanhã."[216] Aos homens, por sua vez, cabia a função de sustentar a família; eles pertenciam à rua, ao trabalho e ao mundo. O único local que permitia uma mulher na administração era a casa, mas cabia ao pai ser o "ministro da Fazenda". Cada um tinha a sua função, marido e mulher tinham papéis complementares, "mas, em nenhum momento, igualdade de direitos"[217]. Era uma função que, segundo o autor, encobre o ser mulher:

> A imagem da mãe-esposa-dona de casa como a principal e mais importante função da mulher correspondia àquilo que era pregado pela igreja, ensinado por médicos e juristas, legitimado pelo Estado e divulgado pela imprensa. Mais que isso, tal representação acabou por recobrir o ser mulher – e a sua relação com as suas obrigações passou a ser medida e avaliada pelas prescrições do dever ser. (13)
> No manual de economia doméstica *O lar feliz*, destinado as jovens mães e "a todos quantos amam seu lar", publicado em 1916, mesmo ano em que foi aprovado o Código Civil da República, o autor divulga para um público amplo o papel ser desempenhado por homens e mulheres na sociedade, e sintetiza, utilizando a idéia do "lar feliz", a estilização do espaço ideologicamente estabelecido como privado.

[215] Ibid.

[216] Ibid., p. 374.

[217] Ibid., p. 375.

> Nem a todos é dado o escolher sua morada, pois em muitos casais a instalação depende da profissão do chefe, afirma o compêndio, em consonância com o Código.[218]

O Código Civil brasileiro, criado em 1916[219] e que só teve a sua reforma concluída no ano de 2002, entrando em vigor a partir do dia 11 de janeiro de 2003, portanto com aproximadamente 87 anos de existência sem sequer sofrer alguma alteração, já trazia quando da sua criação a continuidade da submissão da esposa ao marido, mesmo em tempos de propagação de um mundo moderno. Vários preceitos colocavam a mulher na condição de inferioridade em relação ao homem: o marido podia utilizar-se da força para impor-se à esposa em caso de desobediência, situação considerada de violência "legítima"; para trabalhar, ela dependia da autorização do esposo ou de um juiz; cabia ao marido também a administração dos bens, inclusive dos que a esposa trouxesse para o casamento. Ainda, a esposa era considerada, assim como os menores de idade, índios e esbanjadores, "inabilitada para o exercício de determinados atos civis"[220].

Na verdade, o lar idealizado pelo discurso dominante não encontrava ressonância na vida real do Brasil do começo do século:

---

[218] Ibid., p. 374.

[219] A obra de Nicolau Sevcenko traz uma explicação mais detalhada sobre o Código Civil brasileiro: "O Código de 1916 interpretou o modo como cada um dos cônjuges deveria ser apresentado socialmente. Um conjunto de normas, deveres e obrigações, com seu correlato inibidor e corretivo, foi formalmente estabelecido para regrar o vínculo conjugal, a fim de assegurar a ordem familiar. A cada representante da sociedade matrimonial conferiu-se um atributo essencial. Assim, se ao marido cabia prover a manutenção da família, à mulher restava a identidade social como esposa e mãe. A ele, a identidade pública; a ela, a doméstica. À figura masculina atribuíram-se papéis, poderes e prerrogativas vistos como superiores aos destinados à mulher. Delineava-se com maior nitidez a oposição entre esferas públicas e privadas, base necessária para que a mulher se torne mulher e o homem se torne homem, ao mesmo tempo que fornece os elementos de identificação do lugar deles e delas em todos os aspectos da vida humana. As desigualdades entre as funções desempenhadas por homens e mulheres, que os identificaram ou com a rua ou com a casa, não vieram desacompanhadas de uma valorização cultural. Isto é, as atividades masculinas foram mais reconhecidas que as exercidas pelas mulheres, razão pela qual foram dotadas de poder e de valor. O trabalho era o que de fato conferia poder ao marido, assim como lhe outorgava pleno direito no âmbito familiar, ao mesmo tempo que o tornava responsável, ainda que de modo formal, pela manutenção, assistência e proteção dos seus. Ao ser assim considerado, o marido desempenhava função de valor positivo e dominante na sociedade conjugal" (Ibid.).

[220] Ibid., p. 374.

> Se entre as mulheres da elite esse espaço tinha efetivamente a aparência de reino, entre as camadas mais baixas do povo era difícil imaginar que alguém pudesse 'reinar' nos cortiços em que vivia a maioria da população.[221]

O homem era quem escolhia o tipo de educação dos filhos e, até mesmo, o local onde deveriam estudar; a ele cabia também a escolha da formação profissional dos filhos. A mulher jamais deveria ousar uma separação. Quem a tentou naqueles anos de radicalismo ferrenho não obteve sucesso, principalmente porque os juristas consideravam as mulheres como inferiores, tanto física como mentalmente, dentro da hierarquia familiar.[222] Essa é uma realidade que pode muito bem ser observada nos textos das colunas já citadas, principalmente na "Da mulher para a mulher", de Maria Teresa, onde se enumeravam regras para ser uma boa esposa, em "Conselhos à esposa", que orienta como ela deve agir para estar sempre de bom humor, ser leal e nunca reclamar.

A relação entre homens e mulheres precisava ser disciplinada e harmoniosa para manter segura a ordem familiar. Para os conservadores, não deveria haver o menor sinal de flexibilização das funções do casal na família, para que a ordem social constituída não fosse ameaçada pela tal "modernidade". Nesse contexto, ao

---

[221] Ibid., p. 376.

[222] A chefia da família era papel do homem porque eles harmonizavam as relações familiares. O exemplo contado na obra de Nicolau Sevcenko é o da paulista Cora Magalhães, em 1928, que propôs uma ação de desquite porque levava uma vida de vexames e humilhações. Mas o marido, Manoel Martins Erichsen, contra-atacou entrando com um recurso que fez dele vítima. Cora perdeu a ação, num julgamento unânime. "Processos de divórcios de ricas famílias paulistas nesse período revelam o recurso freqüente à coerção física das mulheres. Pesquisas registram que o marido, tal como um pai, se sentia no dever de punir com violência sua esposa quando desobedecido" (p. 377). As obrigações femininas não se restringiam ao lar. Para a sociedade, a mulher casada precisava distinguir-se "respeitando os ditames da moral e dos bons costumes" (p. 381), além de ser a responsável pela honra da família. O casamento garantia, ainda, ascensão social e, em muitos casos, gerava bons negócios para quem passava por alguma dificuldade financeira. "Nos recônditos do mundo feminino a promessa é de felicidade. Como se o casamento por amor, a realização da mais sagrada missão da maternidade e o cumprimento regrado dos deveres da boa dona de casa fossem o passaporte para o sonhado 'lar doce lar'" (p. 382). Expressões como "rei da criação e o chefe da família" (p. 384) eram comuns para referir-se ao homem e ao marido. Já, para as mulheres, ficava quase que sempre aquela impressão do "mau humor e de um dia ou mais de nervos por mês" (p. 384), situações levadas em conta até mesmo na pergunta tradicional do sim em frente ao altar (Ibid., p. 381-384)

mesmo tempo em que as rígidas normas sociais e familiares eram determinadas, as cidades urbanizavam-se e industrializavam-se, convocando as famílias para novas formas de associação e lazer, além de oferecer novas oportunidades de trabalho, mesmo que desiguais para as mulheres.

O Cruzeiro também oferecia uma vida moderna, com páginas recheadas de exemplos de mulheres despojadas, como as atrizes hollywoodianas, e de produtos de beleza que transformavam os sonhos e as fantasias femininas:

> Para as mulheres, o investimento na aparência, nas roupas e no porte oferece oportunidades de romper hierarquias e barreiras sociais, conquistando legitimamente posições pela beleza e elegância, como antes só fora tolerado para 'lês grandes horizontales', 'les saloniéres', 'les demi-mondaimes', as 'coristas' e as 'protegidas'.[223]

Algumas das características que revelamos aqui sobre o universo feminino apareceriam ao longo das páginas de *O Cruzeiro* em colunas e em propagandas. Com essa mescla de caricaturas femininas apresentadas pela revista, podemos construir o perfil da mulher veiculado em suas páginas. Na verdade, eram vários perfis, que se expandem desde a dona de casa com seus afazeres domésticos, mas que dispõe da ajuda de uma empregada; a educadora dos filhos, mas que encontra tempo para cuidar da aparência e é vista também com uma mulher moderna; as que consomem e gastam muito dinheiro, adquirem eletrodomésticos, usam produtos de higiene e ganham espaço nas páginas sociais da maior revista do país, especialmente as esposas de políticos importantes ou de empresários famosos. São elas também mulheres modernas, que saem do anonimato e integram as páginas das colunas sociais, mostrando seus feitos, seja nas legiões de caridade, seja auxiliando os soldados revolucionários

[223] SEVCENKO, op. cit., p. 539.

nos campos de batalha, seja, simplesmente, marcando presença num hipódromo para assistir a uma corrida de cavalos.

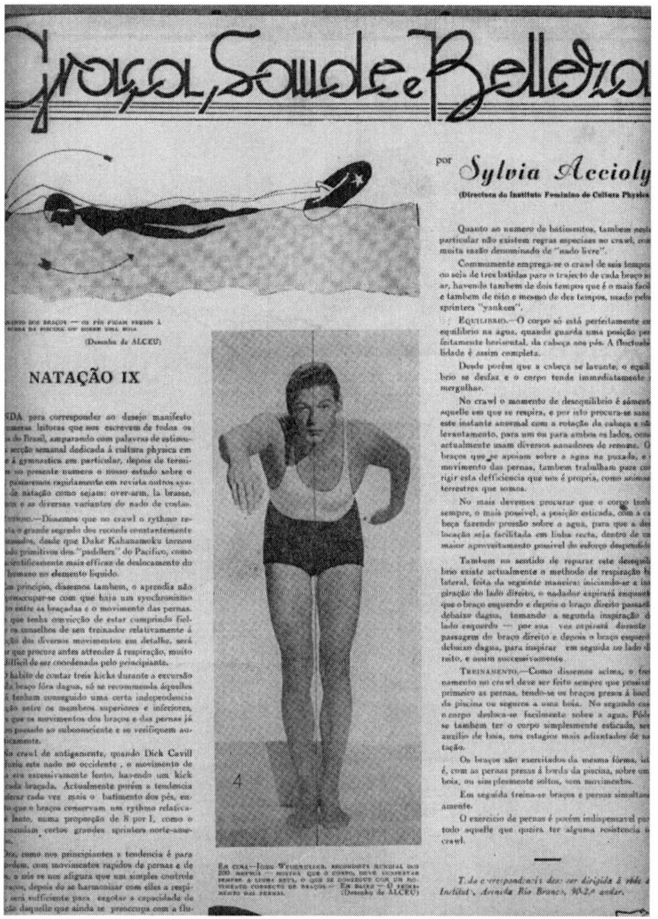

Graça, Saude e Belleza

por Sylvia Accioly

(Directora do Instituto Feminino de Cultura Physica

(Desenho de ALCEU)

NATAÇÃO IX

NDA para corresponder ao desejo manifesto
numeras leitoras que nos escrevem de todos os
s do Brasil, amparando com palavras de estimu-
secção semanal dedicada á cultura physica em
e á gymnastica em particular, depois de termi-
no presente numero o nosso estudo sobre o
passaremos rapidamente em revista outros sys-
da natação como sejam: over-arm, la brasse,
m e as diversas variantes do nado de costas.

—Dissemos que no crawl o rythmo re-
a o grande segredo dos records constantemente
ados, desde que Duke Kahanamoku tornou
do primitivos dos "paddlers" do Pacifico, como
scientificamente mais efficaz de deslocamento do
humano no elemento liquido.

No principio, dissemos tambem, o aprendiz não
preoccupar-se com que haja um synchronismo
o entre as braçadas e o movimento das pernas.
que tenha convicção de estar cumprindo fiel-
os conselhos de seu treinador relativamente á
ção dos diversos movimentos em detalhe, será
que procure antes attender á respiração, muito
difficil de ser coordenada pelo principiante.

O habito de contar treis kicks durante a excursão
do braço fóra dagua, só se recommenda áquelles
tenham conseguido uma certa independencia
ção entre os membros superiores e inferiores,
que os movimentos dos braços e das pernas já
passado ao subconsciente e se verifiquem au-
ticamente.

No crawl de antigamente, quando Dick Cavill
duziu este nado no occidente, o movimento de
era excessivamente lento, havendo um kick
cada braçada. Actualmente porém a tendencia
derar cada vez mais o batimento dos pés, em-
o que os braços conservam um rythmo relativa-
lento, numa proporção de 8 por I, como o
ensaiam certos grandes sprinters norte-ame-
s.

Ora, como nos principiantes a tendencia é para
rdem, com movimentos rapidos de pernas e de
s, a nós se nos afigura que um simples controle
braços, depois de se harmonizar com elles a respi-
, será sufficiente para esgotar a capacidade de
ção daquelle que ainda se preoccupa com a flu-

Quanto ao numero de batimentos, tambem neste
particular não existem regras especiaes no crawl, com
muita razão denominado de "nado livre".

Commumente emprega-se o crawl de seis tempos
ou seja de tres batidas para o trajecto de cada braço no
ar, havendo tambem de dois tempos que é o mais facil
e tambem de oito e mesmo de dez tempos, usado pelos
sprinters "yankees".

Equilibrio.—O corpo só está perfeitamente em
equilibrio na agua, quando guarda uma posição perfeitamente horizontal, da cabeça aos pés. A fluctuabi-
lidade é assim completa.

Desde porém que a cabeça se levante, o equilibrio se desfaz e o corpo tende immediatamente a
mergulhar.

No crawl o momento de desequilibrio é sómente
aquelle em que se respira, e por isto procura-se sanar
este instante anormal com a rotação da cabeça e são
levantamento, para um ou para ambos os lados, como
actualmente usam diversos nadadores de renome. Os
braços que se apoiam sobre a agua na puxada, e o
movimento das pernas, tambem trabalham para cor-
rigir esta defficiencia que nos é propria, como animaes
terrestres que somos.

No mais devemos procurar que o corpo tenha
sempre, o mais possivel, a posição esticada, com a cabeça fazendo pressão sobre a agua, para que a des-
locação seja facilitada em linha recta, dentro de um
maior aproveitamento possivel do esforço despendido.

Tambem no sentido de reparar este desequilibrio existe actualmente o methodo de respiração bi-
lateral, feita da seguinte maneira: iniciando-se a inspiração do lado direito, o nadador expirará enquanto
que o braço esquerdo e depois o braço direito passarão
debaixo dagua, tomando a segunda inspiração do
lado esquerdo — por sua vez expirará durante a
passagem do braço direito e depois o braço esquerdo
debaixo dagua, para inspirar em seguida no lado direito, e assim successivamente.

Treinamento.—Como dissemos acima, o treinamento no crawl deve ser feito sempre que possivel
primeiro as pernas, tendo-se os braços presos á borda
da piscina ou seguros a uma boia. No segundo caso
o corpo desloca-se facilmente sobre a agua. Póde-
se tambem ter o corpo simplesmente esticado, sem
auxilio de boia, nos estagios mais adiantados de natação.

Os braços são exercitados da mesma fórma, isto
é, com as pernas presas á borda da piscina, sobre uma
boia, ou simplesmente soltos, sem movimentos.

Em seguida treina-se braços e pernas simultaneamente.

O exercicio de pernas é porém indispensavel para
todo aquelle que queira ter alguma resistencia no
crawl.

A correspondencia deve ser dirigida á séde do
Instituto, Avenida Rio Branco, 90-2.º andar.

FIGURA 16 – GRAÇA SAUDE E BELLEZA[224]

FONTE: Museu de Comunicação Social Hipólito José da Costa. Porto Alegre, RS

O Cruzeiro registra em página inteira a coluna "Esporte e elegância" e em crônica relata os nomes das sociáveis que marcavam

[224] *O Cruzeiro*. 13 abr. 1935.

presença nesse espaço de esporte e de encontro social. Na edição de 18 de novembro de 1944, na página 37, a "crônica de G. de A." traz fotos das elegantes no Hipódromo da Gávea e apresenta as senhoras: "Daniel de Carvalho, [...] Carlos Saboia Bandeira de Melo e Guedes Nogueira", entre outras.

O esporte começa a aparecer nesse período como uma das alternativas para reforçar o culto ao corpo numa época de transformações com as ginásticas e as dietas para emagrecer. A introdução da ginástica, a partir de 1918, foi mais uma revolução nos costumes com que homens e mulheres passaram a contar. O esporte não apenas trazia saúde, mas também beleza, e era estimulado pela revista em várias colunas, sobretudo na que dava conselhos conservadores: "Da mulher para a mulher." No país que queria ser moderno a qualquer custo, o estímulo não era para o trabalho braçal, e sim às atividades industriais e à prática de exercícios físicos que desenvolvessem a exuberância de um corpo saudável.

Para isso, seriam necessários não apenas banhos de mar, banhos de sol, caminhadas, exercícios físicos, *check-up* periódicos, tônicos, laxantes, elixires e emolientes, mas também todo um repertório de pós, loções, cremes, pomadas, emplastos, sabões, sabonetes, xampus, tinturas, descolorantes, entre outros. Todos esses produtos que se concentravam nos banheiros das casas acabaram assumindo novas funções e novas feições, incorporando-se às peças mais modernas da casa. É nesse momento que uma das peças mais importantes da casa passou a ser o banheiro e foi nesse período que se iniciou o desaparecimento "da latrina de barril, do penico, do 'tigre', que serão então substituídos pelo *water-closet*, completado nas residências mais elegantes pelo *bidet* francês"[225].

Eram tempos em que termos como "beleza", "juventude" "saúde" eram sinônimos de valores modernos, esses cultivados a base de uma nutrição adequada, de consultas dentárias e médicas

[225] Ibid., p. 561.

de forma regular e de uma impecável higiene pessoal e doméstica a ser seguida pelas pessoas no seu dia a dia. As roupas já não precisavam pesar tanto e poderiam modelar o corpo. Para ter saúde, ainda era preciso exercitar e massagear o corpo, expô-lo ao sol, realizar caminhadas e praticar esportes. Os novos hábitos exigiam a compra de cosméticos e de produtos de beleza e, por fim, era preciso que cada um investisse na sua própria individualidade para acompanhar este mundo moderno que se apresentava.

Os banhos de mar estavam incluídos nesse "pacote", primeiro, sob condições de privacidade estrita, para proteger principalmente as moças, que precisavam da areia e da água do mar como condição de tratamentos terapêuticos, por exigências médicas e, depois, como lazer. Aos poucos, juntamente com a modelagem da roupa ao corpo, os maiôs e, mais tarde, os biquínis, os banhos foram transformando-se num ato de beleza, expondo a pele ao sol.

> Era a política da saúde, em vias de se tornar o esteio do turismo e, mais tarde, quando em meados dos anos 30 o Estado varguista instituísse o direito geral ao repouso anual, a fonte dessa fantasia magna de todos os que tivessem acesso aos bens do mercado, a loucura das férias. Era uma espécie de vale-tudo, as regras se afrouxaram e a idéia era partir para algum lugar distante, onde se pudesse escapar do controle dos familiares, dos vizinhos, das hierarquias profissionais, dos papeis sociais e das reservas de conduta. E também de convergir para onde se encontravam outras pessoas em idêntico estado de excitação emocional e pouca disposição para ceder a controles externos ou internos.[226]

As leitoras do magazine em análise davam seus depoimentos sobre essa nova fase, em que um banho de mar passou

[226] Ibid., p. 563.

a ser uma recomendação médica, além de expressarem também seus dilemas sobre uma das peças mais contestadas naqueles anos: o maiô. Eram anos de transformação, contados por Rosa Branca em "O meu primeiro maillot":

> Quem decidiu do meu primeiro "Maillot" foi o dr. Leão de Castro, medico de casa e que me vira nascer. Um dia, na sala, onde mamãe me fizera comparecer para elle dar sua opinião sobre minhas dores de cabeça e meu nervosismo, o dr. Leão acariciando meus cabelos loiros, disse:
> – Esta menina precisa de banhos de mar, de sol e de exercícios.
> A senhora a guarda como uma boneca. Mas estas bonecas têm vida [...].
> No dia seguinte mamãe me levou, antes do almoço, à cidade para escolher a minha primeira roupa de banho. Não foi fácil. Esta era muito clara. Aquella *muito* futurista. A outra muito curta. Mamãe queria um "maillot" com mangas até o cotovello e calção, até o joelho. Achava tudo immoral.[227]

Nesses tempos de surgimento das noções básicas de limpeza, de saúde e de beleza, o principal objetivo era melhorar a imagem do corpo humano, que deveria ser cada vez mais saudável, jovem e atlético. Os esportes substitutos da guerra intensificaram-se a partir dos anos de 1920 e propagaram-se após a grande guerra, com o objetivo de transformar homens e mulheres em novas criaturas, com um ideal de pessoas fortes e vigorosas, capazes de atingir novos ideais de vida.

> Desde o fim da Grande Guerra as tendências de moda são para roupas leves e "esportivas", caindo com naturalidade, sem cintos ou constrições, de maneira a ressaltar as formas da anatomia e a textura da pele. (95) Nesse contexto o esporte, e tudo o que traga as suas conotações, se

[227] O MEU primeiro "Maillot" de rosa branca. *O Cruzeiro*, 13 mar. 1930. p. 16. (Edição Especial).

torna de fato um dos códigos mais expressivos para estabelecer os signos da distinção social. Ele surgiu e se impôs como um ritual elitista, revestido dos valores aristocráticos do ócio, do adestramento militar e do *sportsmanship* (cavalheirismo, imparcialidade e lealdade).[228]

As angústias daqueles anos de rápidas mudanças também estavam registradas nas páginas de *O Cruzeiro*, que abria espaços para que as mulheres pudessem expressar esses sentimentos, seus dilemas, aflições e angústias de um cotidiano em transformação e que amargava contrastes entre um passado ainda vivo e um presente que já considerava outras formas de vida, baseadas na inovação da modernidade. E as leitoras perguntavam na coluna "Da mulher para a mulher", na seção "Correspondência":

> Toda a correspondencia para esta seção deverá ser dirigida para: "MARIA TERESA – 'Da Mulher para a Mulher' – Redação de *O Cruzeiro* – Rua do Livramento, 191 – Rio de Janeiro, acompanhada de um cupon que esta publicado na página 66 deste número. Todas as respostas serão publicadas e em nenhuma hipótese respondidas diretamente."

Uma leitora de São Paulo perguntava:

> Por que meu namorado proibe que me pinte? E Maria Teresa respondia: – Por ciúme, certamente. Receia que os outros homens possam cubiça-la [...]. E, se não lhe dá uma resposta plausível, é porque receia parecer ridiculo. Há outros que exigem que as noivas, esposas ou simples namoradas, se enfeitem muito. Tudo depende do ponto de vista.[229]

As mães recebiam conselhos especiais nas colunas que tratavam sobre a educação dos filhos, que se encontram em quase todas as edições da revista, especialmente nos primeiros anos

[228] SEVCENKO, op. cit., p. 575.

[229] *O Cruzeiro*, 22 jan. 1944. p. 90.

de circulação. O espaço dedicado às mulheres que têm a responsabilidade de educar os filhos está também na coluna "Lar doce lar", ou, ainda, na "Página das mães", que trazia conselhos para uma educação eficiente e um manual sobre a alimentação dos primeiros anos do bebê. O espaço da revista para as mulheres era preenchido com fotografias, caricaturas, publicidades, desfiles de modas e lançamentos, colunas especializadas, artigos, reportagens e matérias, fossem modernas ou conservadoras, como a "Donna" ou "Dona na sociedade".

CAPÍTULO 3

A MULHER MODERNA DA *BELLE ÉPOQUE HOLLYWOODIANA*

> Depomos nas mãos do leitor a mais moderna revista brasileira. Nossas irmãs mais velhas nasceram por entre as demolições do Rio Colonial, através de cujos escombros a civilisação traçou a recta da Avenida Rio Branco: uma recta entre o passado e o futuro. Cruzeiro encontra já, ao nascer, o aranha-céo, a radiotelephonia e o correio aéreo: o esboço de um mundo novo no Novo Mundo. Seu nome é o da constelação que, ha milhões incontaveis de annos, scintila, aparentemente immovel, no céo astral, e o da nova moeda em que resuscitará a circulação do ouro. Nome de luz e de opulência, idealista e realistico, synonymo de Brasil na linguagem da poesia e dos symbolos. [...]
> Uma revista, como um jornal, terá de ter forçosamente, um caracter e uma moral. De um modo generico: principios. Dessa obrigação não estão isentas as revistas que se convencionou apelidar de frivolas. A funcção da revista ainda não foi, entre nós, sufficientemente esclarecida e comprehendida. Em paiz da extensão desconforme do Brasil, que é um amalgama de nações com uma só alma, a revista reune um complexo de possibilidades que, em certo sentido, avalisam ou ultrapassam as do jornal. O seu raio de acção é incomparavelmente mais amplo no espaço e no tempo.[...]
> Porque é a mais nova, Cruzeiro é a mais moderna das revistas. É este o titulo que, entre todos, se empenhará por merecer e conservar ser sempre a mais moderna num paiz que cada dia se renova, em que o dia do hotem já mal conhece o dia de amanhã; ser o espelho em que se reflectirá, em periodos semanaes, a civilisação ascensional do Brasil, em todas [...] manifestações; ser o commentario

multiplo, instantaneo e fiel dessa viagem de uma nação para o seu grandioso porvir; ser o documento registrador, o vasto annuncio illustrado, o film de cada sete dias de um povo, eis o programma de Cruzeiro.
É pelo habito de modelar o barro que se chega a bem esculpir o marmore. Esta revista será mais perfeita, mais completa, mais moderna amanhã do que hoje.[230]

Pelo editorial de boas-vindas ao leitor do primeiro exemplar de *Cruzeiro*, consegue-se compreender um dos principais objetivos da criação da revista. Na relação entre o crescimento industrial brasileiro, que lhe permitia ingressar na "era moderna", e o arrojado projeto gráfico e jornalístico do pioneiro empreendimento de Assis Chateaubriand, há um pacto para a promoção da imagem de um Brasil moderno. O texto descreve o que já existia no país, como arranha-céus, telefone e correio aéreo. Além disso, a revista juntava-se à defesa de um país que buscava acertar os "ponteiros" com o mundo, que já havia encontrado no desenvolvimento energético e tecnológico o impulso para a modernização. O Brasil começou a adotar um discurso mais técnico a partir do século 20. O episódio de Canudos[231] e a Revolta da Vacina[232] são dois exemplos que "assi-

[230] *O Cruzeiro*, 10 nov. 1928, Rio de Janeiro, ano 1, n. 1 (Editorial da primeira edição). Abaixo do texto há informação de que a tiragem do nº 1 de Cruzeiro foi de 50 mil exemplares. E para dar ainda mais prestígio ao lançamento, diagramada em meio às três colunas do texto, há uma foto do rei Alberto da Bélgica, com o seguinte texto-legenda: "Cruzeiro publicará no seu 2º numero a pagina autographada recebida de S. M. o Rei Alberto da Bélgica e na qual o glorioso monarca invoca a sua viagem ao Brasil e dirige por intermédio de "Cruzeiro" uma saudação eloquente à Nação Brasileira."

[231] Canudos, revolta no povoado do sertão da Bahia – 1893 a 1897. As autoridades republicanas tomaram conhecimento da existência do povoado em 1893. As autoridades baianas alertavam para um "núcleo de 'fanáticos religiosos', comandados por um indivíduo Antônio Vicente Mendes Maciel, que pregando doutrinas subversivas fazia grande mal à religião e ao Estado". Antônio Conselheiro, como era conhecido, tentava convencer o povo de que era o Espírito Santo. Depois da força policial da República ter sido derrotada por quatro vezes, foram enviadas duas divisões completas do exército, que partiram do Rio de Janeiro com o mais concentrado poder destrutivo reunido desde a Guerra do Paraguai. Entre as tantas práticas adotadas, os oficiais queimaram vivos os moradores com querosene nos casebres, reduziram a cidade de Canudos a cinza. Da última expedição a Canudos participou o correspondente de guerra do jornal *O Estado de São Paulo*, o escritor positivista Euclides da Cunha, que escreveu em 1902 o livro *Os sertões*, "que narra esse episódio e que é uma das peças centrais para entender as tensões que assinalaram a cultura brasileira no século XX". Ver mais em: *História da vida privada no Brasil República*: da Belle Époque à Era do Rádio. p. 16-18.

[232] O Rio de Janeiro era o principal porto de exportação do país e enfrentava problemas de doenças

nalam as condições que se impuseram com o advento do tempo republicano".[233] Os ataques a Canudos transformaram "o mais exuberante caso de urbanização não planejada num deserto calcinado de cinzas e fumaça".[234] Era

> formada por populações rurais migrantes, vindas de diferentes partes do sertão nordestino, Canudos caracteriza um exemplo cristalino dos modos de ajuste e agregação espontâneos no curso dos deslocamentos contínuos em que se mantêm as populações pobres do interior do país[235].

A Revolta da Vacina foi considerada pelas autoridades como um segundo Canudos, que era preciso eliminar para salvar a República, e a "regeneração se completou em 1904". A urbanização dava ao país uma nova forma[236] em todos os aspectos, inclusive na elegância, como descreve este texto de *O Cruzeiro:*

> Elegancia
> Entre as ruas mais lindas da cidade, a rua Gonçalves Dias é a mais elegante, a mais discreta, a mais amável, e porque só preocupa com frivolidades. É uma rua alegre, fina,

como a difteria, malária, tuberculose, lepra, tifo, além da varíola e a febre amarela, que a cada verão se espalhavam pela cidade "como uma maldição" e afetavam a população portuária e os estrangeiros que desembarcavam no país. Três planos foram propostos pelas autoridades: executar simultaneamente a modernização do porto, o saneamento da cidade e a reforma urbana. O médico sanitarista Oswaldo Cruz foi nomeado para ajudar a resolver a situação. As ações implementadas pelos técnicos se sobrepuseram às judiciais e se criou uma situação de tripla ditadura na cidade. Muitas residências, casarões antigos da área central, foram destruídas e a população pobre que lá vivia foi despejada. Além da retirada das pessoas, foi promovida a campanha de erradicação da varíola com o uso da força policial. Diante de tudo isso, cidadãos se revoltaram, utilizando como armas as próprias ferramentas e materiais de construção da reforma urbana da cidade. Todo esse motim ficou conhecido como a Revolta da Vacina, em 1904. Ver em: *História da vida privada no Brasil República*: da Belle Époque à Era do Rádio. p. 22-25.

[233] SEVCENKO, op. cit., p. 27.

[234] Ibid., p. 19.

[235] Ibid.

[236] O marco dessa transformação foi a inauguração da Avenida Central, hoje Avenida Rio Branco, na cidade do Rio de Janeiro, onde funcionava a capital do país, "eixo do novo projeto urbanístico da cidade, contemplada com um concurso de fachadas que a cercou de um décor arquitetônico art nouveau, em mármore e cristal, combinando com os elegantes lampiões da moderna iluminação elétrica e as luzes das vitrines das lojas de artigos finos importados". (Ibid., p. 26).

> civilizada, que não esconde as suas intenções de "coquetterie". É pequena e leve como uma "melindrosa", só se ocupa com chás, com dansas, com modas e com "flirts". Tem para as modas vitrines iluminadas. Tem casas de chás e sorvetes. Tem "dancings" e "manicures". Tem drogarias com remedios para emmagrecer e balanças camaradas para as mulheres verem os progressos do peso. Tem cabelleireiros para senhoras, e casas de discos e vitrolas, e casas de revistas e jornaes. Tem confeitarias. Tem joalherias. Só tem coisas futeis e encantadoras. E é lá, nas doces tardes de inverno, como nas tardes claras e calidas de verão, que se vê a parada de elegancia da cidade. É a mais fascinante, a mais seductora, a mais mulher das ruas do Rio. [...] Nas tardes harmoniosas, sob o consentimento das estrelas, é a vitrine ornamental do luxo e da vaidade, onde sorri a graça frivola da elegancia carioca.[237]

Era a transformação moderna que tinha como esteio social e cultural a avenida, o "principal modelo do imaginário modernizador da república"[238], palco de grandes acontecimentos como o de 25 de dezembro de 1928, quando foi lançada *O Cruzeiro* e "a Avenida Rio Branco foi inundada por uma chuva de papel picado"[239]. A revista, no texto da elegância, identificava as mulheres com as cidades e começava a conquistar o gosto dos leitores e definir-se como "a revista contemporânea dos arranha-céus"; passava a ser a porta-voz de uma nova ordem social: a dos tempos que definimos como *belle époque hollywoodiana*. Isso porque o cinema americano foi um dos instrumentos que, nesse período, ajudou a moldar comportamentos e a ditar modas, a exemplo do que representava a França até os 20 primeiros anos do século XX, que produzia e exportava cultura para o mundo. Nesse período, do início do século até meados de 1930, a cultura e a moda eram à francesa:

---

[237] *O Cruzeiro*, 17 jan. 1931. p. 44.

[238] SEVCENKO, op. cit., p. 29.

[239] NETTO, op. cit., p. 36.

> As revistas mundanas e os colunistas sociais da grande imprensa incitavam a população afluente para o desfile de modas na grande passarela da Avenida, os rapazes no rigor smart dos trajes ingleses, as damas exibindo as últimas extravagâncias dos tecidos, cortes e chapéus franceses. A atmosfera cosmopolita que desceu sobre a cidade renovada era tal que, às véspera da Primeira Guerra Mundial, as pessoas ao se cruzarem no grande bulevar não se cumprimentavam mais à brasileira, mas repetiam uns aos outros: "Vive la france!" Como corolário, as pessoas que não pudessem se trajar descentemente, o que implicava, para os homens, calçados, meias, calças, camisa, colarinho, casaco e chapéu, tinham seu acesso proibido ao centro da cidade.[240]

Já no final da década de 1920 e início da de 1930, a *belle époque*[241] ganhou mais um ingrediente. Os *smart* ingleses e os chapéus franceses somaram-se aos padrões de comportamentos e aos modelos de vestidos, cortes de cabelo, formas de cuidar da pele espelhados nas estrelas do cinema americano. As informações chegavam à revista em abundância; as agências de publicidade de Hollywood enviavam, de forma gratuita, fotos e textos para serem publicados. Uma história contada por Accioly Netto, que trabalhou por mais de 40 anos como diretor e jornalista de *O Cruzeiro*, descreve como o trabalho era feito:

---

[240] SEVCENKO, op. cit., p. 26.

[241] A expressão *belle époque* vem do francês e indica "o clima intelectual e artístico do período que aproximadamente de 1880 até o fim da Primeira Guerra Mundial em 1918. Foi uma época marcada por profundas transformações culturais que se traduziram em novos modos de pensar e viver o cotidiano. Inovações tecnológicas como o telefone, o telégrafo sem fio, o cinema, a bicicleta, o automóvel, o avião, inspiravam novas percepções da realidade. Com seus cafés-concerto, balés, óperas, livrarias, teatros, boulevards e alta costura, Paris, era considerada o centro produtor e exportador da cultura mundial. A cultura boêmia imortalizada nas páginas do romance de Henri Murger, Scènes de la vie de bohème (1848), era o referencial de vida para os intelectuais brasileiros, leitores ávidos de Baudelaire, Rimbaud, Verlaine, Zola, Anatole, France e Balzac. Ir a Paris ao menos uma vez por ano era quase uma obrigação entre as elites, pois garantia seu vínculo com a atualidade do mundo." Ver em: Centro de Pesquisa e Documentação da Fundação Getulio Vargas. Disponível em: <http://www.cpdoc.fgv.br/nav_historia/htm/anos30-37/ev_radpo1001.htm>. Acesso em: 20 dez. 2002.

> As Agências de publicidade de Hollywood nos forneciam gratuitamente magníficas fotografias de suas estrelas e galãs. Este material era aproveitado com destaque, formando histórias ou servindo para as capas coloridas. Algumas dessas crônica eram traduzidas do original, outras eram simplesmente inventadas com o material disponível. Eu próprio inventei várias e cheguei a ficar muito conhecido, com o pseudônimo de Marius Swenderson, como "o correspondente de O Cruzeiro em Hollywood". De muito valeram a compreensão dos diretores de publicidade dos grandes estúdios, como Oswaldo Leite Rocha, da Paramount Pictures, e Waldemar Torres, da Metro Goldwyn do Brasil. Estes e outros estúdios tinham sob contrato os melhores atores e atrizes da época, como Greta Garbo, Mary Pickford, Theda Bara, Mae West, Charlie Chaplin, John Gilbert, Janet Gaynor, Lila Lee, Vilma Bankey e muitos outros.[242]

As notícias de Hollywood estavam presentes em todas as edições, fosse para registrar os romances das estrelas, fosse para lançar moda ou falar de esportes. No dia 13 de setembro de 1941, na página 4, o assunto foi Sonja Henien, um texto escrito por Andrée Symboliste:

> Hoolywood estava curioso: era dia em que Sonja Henie, a rainha do gelo, a maravilha da patinação, o duendo de patina, ia exibir-se pela primeira vez na capital do cinema. Sonja acabava de chegar a Hollywood e tinha resolvido dar o magnífico espetáculo da sua arte.
>
> Em volta do ring de patinação 20.000 espectadores se apertavam para ver aquela que maravilhava o universo, a rainha dos patins.
>
> Toda Hollywood estava lá: nem uma estrela, nem um astro e nem um produtor, teria perdido aquele grandioso espetáculo. Riam-se, ingredavam-se, interrogavam-se: "Será ela realmente tão extraordinária, essa Sonja Henie, ou não é senão mais um 'bluff' de Hollywood?"

[242] NETTO, op. cit., p. 49.

> De súbito a luz apagou-se e só ficou visível a pista alva iluminada por grandes refletores. O público calou-se, reinou o mais profundo silêncio. E ela apareceu então sobre o gelo, damando com a graça leve duas duende. Não era uma mulher que patinava e sim o espírito dos "fjorde" gelados da Noruega.
> Altusamente, ela deslisou toda de branco como o seu costume cor de neve imaculada, sobre seus patins prateados. Dançou, piruetou, volteou tão graciosa e imaterial que o público delirou.
> Gritavam, aplaudiam no auge do entusiasmo, Sonja Henie, a rainha dos patinadores.
> Agentes da M.G. M. da Paramount e de outras grandes firmas cinematográficas precipitaram-se imediatamente com ofertas tentadoras, como contrastes astronômico.
> Hollywood adotou Sonja Henie. A rainha do gelo saiu mais uma vez vitoriosa numa prova, que foi talvez, a mais difícil de sua carreira esportiva, a prova: Sonja Henie – Hollywood.
> Isso se passou há alguns anos, quando Sonja chegou a Hollywood.
> Na noite de 8 de Abril de 1912, em Oslo, por um tempo de gelo e neve, nasceu uma menina nos Henie. Puseram-lhe o nome de Sonja. Muito alegre, duma vivacidade fora do comum, Sonja, a pequena loura dos olhos azuos cintilantes e travessos, queria ainda muito patinar sobre os lagos gelados da Noruega como seu irmão Lief.[243]

A revista anunciava o cinema americano como *o maior ditador de modas*, uma moda que cada vez mais preenchia as suas páginas, onde desfilavam modelos saídos das telas de Hollywood, trazendo novos cortes e tecidos para peças a serem usadas desde as festas até o banho. Seis modelos aparecem numa das páginas da edição de 6 de dezembro de 1929, sob o título "O cinema e a moda", cujo texto diz: "O cinema é hoje o maior ditador de modas.

[243] *O Cruzeiro*, 13 set. 1941. p. 4.

Eis aqui alguns modelos lançados pelas mais galantes estrelas da Metro-Goldwyn Mayer."[244]

As apresentações com as estrelas do mundo artístico eram anunciadas com antecedência para que o público pudesse agendar-se para os espetáculos, que aconteciam geralmente com muita pompa. Era 1930 a empresa cinematográfica Paramount anunciava:

> Brevemente PARAMOUNT EM GRANDE GALA. No Capitolio no Rio e no Cine Paramount de São Paulo. UMA NOVA SENSAÇÃO NO CINEMA! Uma noite de 'Cabaret' com as Estrellas da 'Paramount' Uma super-revista toda cantada. Dansada e falada em Ingles e Hespanhol.[245]

O cinema norte-americano começou a desenvolver-se a partir da Primeira Guerra Mundial. A produção de filmes na Europa entrou em decadência em 1914, porém o mundo já havia descoberto o gosto pelos filmes, razão pela qual a procura não diminuiu. "Isso colocou os filmes norte-americanos no mercado exportador com uma vantagem, que foi mantida por muitos anos."[246] Para Melvin Defleur, nem a língua foi empecilho:

> Era um produto particularmente flexível para exportação para outros países. Mercados quase inexauríveis se abriram quando as regiões mais remotas do mundo começaram a exibir filmes com legendas em urdu, hindi, chinês, árabe ou seja lá qual fosse o idioma local. Se a platéia local não fosse alfabetizada em sua própria língua, era empregado um "narrador" para explicar à audiência nativa o que ocorria no filme, enquanto este era exibido. Qualquer relação entre essas versões e a intenção original dos produtores do filme era mera coincidência. A posição política dos Estados Unidos na Primeira Guerra Mundial, então, teve o mais expressivo impacto no cinema norte-

[244] *O Cruzeiro*, 6 dez. 1929.

[245] Id., 13 set. 1930. p. 55

[246] DEFLEUR, Melvin L. *Teorias da comunicação de massa*. 5. ed. Rio de Janeiro: Jorge Zahar, 1993. p. 95.

> -americano como veículo de massa. Tornou-o um veículo de significado mundial.[247]

Foi por meio do cinema que o governo americano defendeu a guerra junto à sociedade. O meio de comunicação, que antes servia apenas para o entretenimento, passou, então, a desempenhar também um papel de propaganda, como mostra o autor:

> Cinema havia sido uma modalidade de divertimento. Não havia ainda se engajado na persuasão para política partidária, levantamento do moral, responsabilidade social, ou aperfeiçoamento cultural. De modo geral, os filmes haviam *seguido* gostos e atitudes do público antes do que os *dirigido*. Na idéia de alguns, as experiências de guerra abriram novas possibilidades e objetivos para o filme como veículo de persuasão. Realmente, o filme como meio de divertimento nunca se tornou um veículo consistente com o eficaz comentário político ou social. Conquando Hollywood haja cooperado em tempo de guerra, e ocasionalmente produzido um filme com uma "mensagem" social, isso foi considerado como um desvio da norma. A posição do filme a esse respeito é diversa da do jornal, que tem assumido normalmente a responsabilidade de desempenhar um papel no processo político.[248]

A extensa complexidade evolutiva do cinema, segundo Defleur, foi acumulando traços culturais, e a inovação da própria tecnologia transformou o filme num veículo de comunicação de massa. E como veículo de comunicação, defendeu posições, ideologias e indicou "múltiplas condições sociais e culturais, tais como guerras, mudanças demográficas e conflitos nas instituições econômicas"[249].

Também por meio do cinema muitas campanhas eram feitas, especialmente as que vendiam beleza e saúde. As belas moças que

---

[247] Id.

[248] Ibid., p. 95-96.

[249] Ibid., p. 100.

participavam dessas campanhas eram praticantes de esportes e de exercícios físicos, por isso as colunas de *O Cruzeiro* divulgavam um corpo belo, mas saudável, e ensinavam a realizar os exercícios. Na página 28 do dia 13 de abril de 1935, Sylvia Accioly ensinava os passos certos para uma boa natação. Na coluna "Graça, saúde e belleza", a autora, que era "directora do Instituto Feminino de Cultura Physica", respondia às leitoras sobre "solicitações de palavras de estímulos dedicadas à cultura physica". Ela ocupou uma página com explicações sobre como se deveria praticar esportes, nesse número, especificamente, a natação:

> Quanto ao numero de batimentos, também particular não existem regras especiais no crawll muita razão denominado de "nado livre".
> Commumente emprega-se o crawl de seis tempos ou seja de três batidas para o trajecto de cada braço no ar, havendo também de dois tempos que é o mais fácil e tambem de oito e mesmo de dez tempos, usando sprinters "yankees".
> EQUILIBRIO – O corpo só está perfeitamente em equilibrio na água, quando guarda uma posição feitamente horisontal, da cabeça aos pés. A fluctuabilidade é assim completa.
> Desde porém que a cabeça se levante, o equilíbrio se desfaz e o corpo tende immediatamente a mergulhar.
> No crawl o momento de desequilíbrio é somente aquelle em se respeira, e por isto procura-se este instante anormal com a rotação da cabeça levemente, para um ou para ambos os lados, actualmente usam diversos [...] braços que se apóiam sobre a água na puxada do movimento das pernas, também trabalham para corrigir esta defficiencia que nos é própria como os terrestres que somos.[250]

Se o assunto era beleza, não poderiam faltar colunas especializadas em ensinar como as mulheres deveriam vestir-se,

[250] ACCIOLY, Silvia. *O Cruzeiro*, Rio de Janeiro, 13 abr. 1935. Coluna "Graça, Saúde e Belleza. (Desenhos de Alceu – "Natação IX"). p. 28.

portar-se, mas também existiam espaços que refletiam sobre essa beleza do ponto de vista masculino, nos quais eram mencionadas como privilegiadas por terem homens que sustentavam os seus padrões de beleza; era justamente por essa razão que eles não teriam tempo para serem bonitos, pois precisavam trabalhar para trazer o sustento da casa. O espaço distinguia a beleza feminina da masculina, como no assunto abordado na página 18 da edição de 9 de fevereiro de 1935, que trazia como título: "Belleza Flor, croquis de Alceu Penna, photos de Metro Goldwyn Mayer":

> As mulheres, em todos os tempos, sempre se pressumiram de mais bellas que os homens. E os poetas de todos os tempos contribuíram para esse engano, exaltando nellas a formosura, concedendo-lhes epithetos socorros, equiparando-as aos anjos ou às deusas conforme a tendência Christã ou Olympica da sua enfermiça mentalidade.
> O depoimento severo da sciencia contradiz, porém, com segurança, essa ridícula mania das mulheres e dos poetas. Homens e mulheres, pertencendo á mesma categoria zoológica não poderiam differenciar-se senão pelas funções e nunca, pela diversidade das formas e das linhas essenciaes da anatomia.
> A necessidade de trabalhar o contato aspero com as realidades economicas da Vida, um certo desprezo pela sua propria esthetica têm afeado o homem em beneficio da sua companheira, que se abriga em casa entre almofadas e coxins macios, livre do pó das ruas e do atrito das cousas rudes da existencia, poupando o seu systema nervoso e defendendo, egoisticamente a integridade das suas visceras.
> A Belleza é uma flôr, que exige resguardo e defesa perennes. Como as orcindeas, ellas só vicejam em ambientes ricos e confortaveis. Nada dispendioso do que uma mulher bonita. Dizem os orientaes que é mais fácil sustentar 100 elephantes do que uma dama formosa [...]. Os elephantes não têm caprichos, enquanto as mulheres [...] nem é bom falar no que ellas têm![251]

[251] Id., 9 fev. 1935. p. 18.

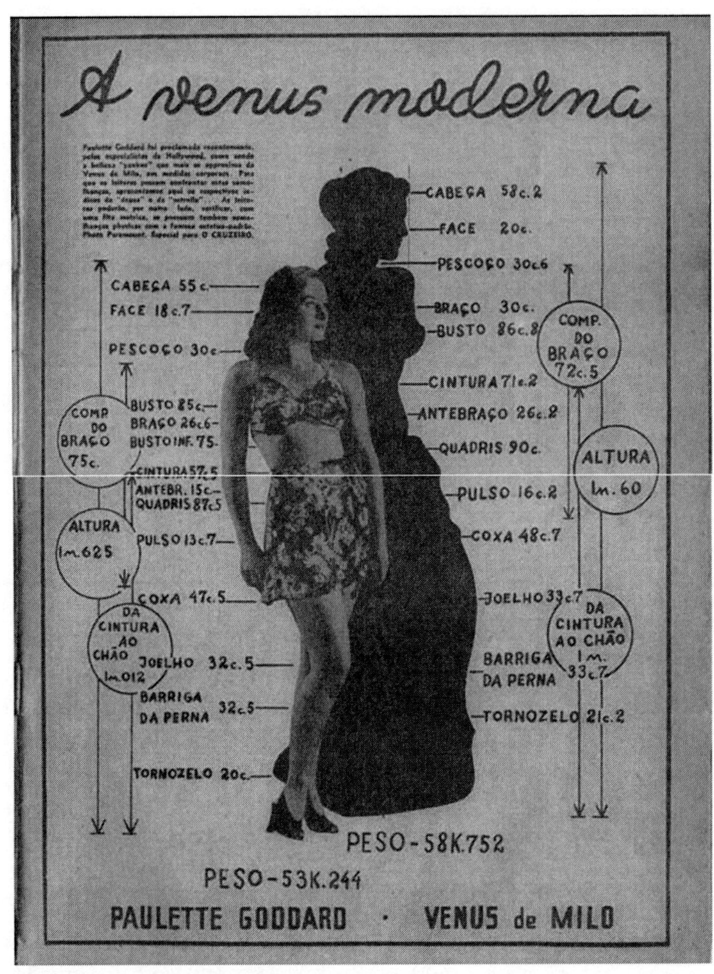

FIGURA 17 – "VÊNUS DE MILO"[252]

FONTE: Museu de Comunicação Social Hipólito José da Costa. Porto Alegre, RS

Diante do exposto, perguntamos: como era o padrão de beleza da mulher moderna? Já que essa mulher agora sofria uma nova influência, a dos modelos de Hollywood, das estrelas do

[252] *O Cruzeiro*. 26 out. 1940.

cinema, *O Cruzeiro* veiculava que o padrão de beleza daqueles anos era comparado ao das formas físicas da *Vênus de Milo* e apresentava as medidas e tamanhos ideais da mulher moderna na página 11 da edição de 26 de outubro de 1940:

> A Venus Moderna
> Faulette Coddard foi proclamada recentemente, pelos especialistas de Hollywood, como sendo a belleza "yankee" que mais se approxima da Venus de Milo, em medidas corporaes. Para que os leitores possam confrontar estas semelhanças, apresentamos aqui os respectivos índices da "deusa" e da "estrella" [...]. As leitoras poderão, por outro lado, verificar, com uma fita métrica, se possuem tambem semelhanças physicas com a famosa estatura-padrão. Photo Paramount. Especial para O Cruzeiro.

A altura ideal da Vênus moderna seria de um metro e 60 centímetros e o peso de 53 quilos. Tendo Paulette Goddard como modelo, a revista apresentava as medidas ideais da mulher moderna. Comparando-as com as da Vênus de Milo, a diferença era muito pouca, como no peso: a modelo apresentava 53 quilos e a Vênus de Milo, 58. Então, a mulher moderna teria de ter as seguintes medidas:

> Mulher moderna: Vênus de Milo:
> Cabeça: 55c. – Cabeça: 58c.2
> Face: 18c.7 – Face: 20c.
> Pescoço: 30c. – Pescoço: 30c.6
> Comprimento do braço: 75c – Comprimento do Braço: 72c.5
> Busto: 85c. – Busto: 86c.8
> Braço: 26c.6 – Braço: 30c.
> Busto inf. 75 – Altura 1m.60
> Cintura: 57c.5 – Cintura: 71c.2
> Antebraço: 15c. – Antebraço: 26c.2
> Quadris: 87c.5 – Quadris: 90c
> Pulso: 13c.7 – Pulso: 16c.2
> Coxa: 47c.5 – Coxa: 48c.7

Da cintura ao chão: 1m. 012 – Da cintura ao chão: 1m.33c.7
Joelho: 32c. 5 – Joelho: 33c.7
Barriga da perna: 32c.5 – Barriga da perna: 33c.7
Tornozelo: 20c. – Tornozelo: 21c.2

A mulher moderna poderia ter ainda a beleza *standard* como a apresentada por Peregrino Junior,[253] que na coluna reforçava os novos padrões de beleza que definiam uma nova mulher, a moderna. Essa mulher seguia as normas ditadas pelo cinema americano, teria as medidas exatas da *Vênus de Hollywood*, as *Vênus modernas*.

> A Belleza "Standard" da Mulher Moderna
> Não será exagerado afirmar que a vida moderna creou um tipo standard" de beleza feminina. O fato é sabidíssimo. Nem vale a pena discutir. É preciso, porém acentuar uma coisa o fator mais importante da standardização da beleza feminina do nosso tempo foi o cinema americano. Houve outros fatores, não nego: o esporte, a moda, a vida ao ar livre, a desenvoltura dos costumes modernos, etc. Mas foi o cinema "yanke" que coordenou todas essas influencias, fundiu-as, cristalizou-as, aperfeiçoou-as, para realizar a final, o incomparável milagre do padrão universal, é a Venus de Hollywood. E, é essa Venus, diga-se de passagem a única que hoje interessa o mundo. Passando em revista, mentalmente, as mais belas mulheres do cinema americano, nós podemos ter uma idéia do que é, como expressão plástica, a belesa "standard" da Eva Moderna. Jean Ceasford, Clara Bow, Rita La Roy, Claudia Deel, Nanry Casroll, Constante Bennett, Norma Sbearer, Greta Garbo, Joyee Compton, são todas elas padrões autenticos de belesa moderna – e são os exemplares mais perfeitos da fama feminina de Hollywood. A prova, porém, de que a belesa da mulher moderna está rigorosamente padronizada, têmo-la num fato que as revistas de Nova York registram quase todas essas "estrelas" americanas têm as mesmas dimensões fisicas. Num inquerito antropometrico ainda há pouco realizado em Hollywood, os tecnicos

[253] *O Cruzeiro*, 7 nov. 1931. p. 3.

americanos chegaram a uma conclusão interessantissima as mulheres mais bonitas do cinema "yankee" têm com pequenas diferenças individuais, as seguintes medidas: Altura, 5 pés e 4 polegadas; Peso, 115 libras; Busto, 33 3/5 polegadas; Quadris, 35 ½ polegadas; Pernas, 12 ½; Tornozelos, 7 ½ polegadas.

Essas dimensões foram encontradas, exatas em 36 "estrelas" das mais famigeradas de Hollywood. E isso em última analise, quer dizer que a belesa feminina, em Hollywood, está perfeitamente standardizada. Agora, como a nossa gente não sabe falar em belesa sem volver os olhos comovidos para a antiguidade classica, é prudente lembrar que essas dimensões da "mulher moderna" se aproximam extremamente das dimensões da Venus de Milo. Senão vejamos para comparar, as medidas do padrão classico da belesa antiga: Altura, 5 pés e 4 polegadas; Peso, 133 libras; Busto, 34 3/2 polegadas; Quadris, 37 ½ polegadas; *Pernas, 13½ polegadas*; Tornozelos, 8 polegadas.

Como se vê as diferenças entre a mulher de Hollywood e a Venus de Milo são insignificantes, o tipo "standard" da belesa moderna é mais fino (com menos peso, [...]). De resto, essas diferenças são das proprias condições da vida atual: a velocidade, a agilidade, a liberdade dos movimentos da mulher dos nossos dias.[254]

O mesmo autor trazia mais uma página na edição de 28 de novembro de 1931, na qual reforçava os padrões hollywoodianos de beleza feminina, mostrando uma época em que o mundo moderno tinha na cidade do cinema uma das fontes de inspiração. O cinema era o meio de divulgação dos novos padrões de beleza e comportamento desse mundo moderno, assim como hoje acontece com as novelas e as estrelas da televisão, que servem de modelo para inserir no mercado consumidor produtos, estilos, formas de comportamento, ou, ainda, peças da estação. O título da página 3 era "Theoria e pratica da Arte de ser bella por Peregrino Junior", com o seguinte texto:

[254] *O Cruzeiro*, 7 nov. 1931. p. 3.

> Eu já lhes disse uma vez – e não faz muito tempo – que existe hoje no mundo um typo "standard" de belleza feminina: a Venus de Hollywood. Provei isso com as cifras irrespondiveis de uma estatistica. A estatistica – e contra os numeros não ha argumentos – a estatistica revelara a existencia, em Holywood, de 36 mulheres lindissemas – 36 corpos perfeitos – que tinham a exactamente as mesmas dimensões. E essas mulheres admiraveis, realizavam, segundo a harmonia das suas medidas o padrão da moderna belleza feminina.
> Depois de inaugurar interjeições de espanto nos olhos cheide surpresa, a leitora que recebeu a minha informação, naturalmente deixará cair sobre mim, imensoravelmente o peso esmagador da sua curiosidade, fulminando-me com esta interrogação difficil.
> E como é que ellas conseguem e mantêm essa belleza?
> Já lhes digo: A mesma revista americana que me permitiu incursão tão erudita através da belleza feminina de Hollywood, vae me facultar o prazer de ministrar-lhes estes esclarecimentos preciosos. E Deus permita que utilizando-os como uma lição, as minhas leitoras consigam realizar o milagre admirável das Venus modernas de Hollywood![255]

Na sequência do texto, Peregrino Junior ensinava às leitoras os segredos das estrelas da *belle époque hollywoodiana*, que iam desde os regimes até as massagens e ginásticas:

> O regimem é a chave do segredo da elegancia feminina. Querem a prova? Temo-la aqui, nas 36 "estrellas" de Hollywood de que já lhes falei.
> E qual é o regimem que essas "estrellas" adoptam?
> É exactamente isso que eu agora venho lhes revelar, com erudição e bôa vontade.
> Joan Chawford – o corpo mais harmonioso e perfeito de Hollywood conhece – essa deliciosa Joan Chawford das [...], de tão diabólica elegancia, de tão envolvente encanto, para manter a estima da sua belleza vive uma vida insuportavel de sacrifício e de renuncia. Ha 4 annos

[255] *O Cruzeiro*, 28 nov. 1931. p. 3.

não sabe que gosto têm pão, manteiga e batatas! Não almoça. Apenas, ao levantar-se bebe um copo d'agua. Um pouco antes de começar a sua actividade no estudio toma uma chicara de café quente e morde uma ou duas torradas. Nos intervallos da filmagem, limita-se a comer saladas. Só tem permissão de comer à vontade duas coisas: maçãs e laranjas. Além desse regimem, que ella religiosamente mantem ha 4 annos, Joan Chawford tem ainda um severo programma: massagens, gynnastica e esporte. Eis ali o que se pode denominar uma voluntaria condemnação ás galés perpetuas da elegância.

O regime de Evelyn Brent é mais liberal: não come carne: mas, uma vez ao dia, inclue no seu "menu" peixe e frango. Além disto, legumes e frutas. Mas não toca em cremes, nem em manteiga, nem em pão, nem tampouco em batatas. Faz gynnastica, massagens e esporte.[256]

O autor continuava descrevendo na coluna os regimes, os hábitos alimentares das artistas famosas, que serviam de modelo para os novos padrões de beleza, com a introdução das massagens, ginásticas e esportes em geral. Tudo isso visava proporcionar uma vida longa e retardar o envelhecimento, afinal, meios para isso eram mostrados na infinidade de produtos cosméticos, pelos menos nas propagandas milagrosas veiculadas e que prometiam às mulheres usufruir os mesmos recursos das estrelas para se tornarem mais belas.

Porque as "estrellas" do cinema nunca envelhecem

Não se verá nunca um defeito na cutis de uma estrella de cinema. Ha a considerar que o mais insignificante defeito, ao ser ampliado o rosto na tela, seria tão notavel que elle constituiria uma ruina. Nem todas as mulheres sabem que ellas tambem podiam ter uma cutis digna de inveja de uma estrella do cinema. Toda a mulher possue, immediatamente abaixo da sua velha tez exterior uma cutis sem macula alguma.

[256] *O Cruzeiro*, 28 nov. 1931. p. 3.

> Para que essa nova e formosa cutis appareça à superficie basta fazer com que se desprenda a cuticula gasta exterior, o que se obtem com applicações de Cêra Mercolized, em Inglez: "Pure Mercolized Wax" effectuadas à noite antes de deitar-se. A Cera Mercolized se acha em qualquer pharmacia e custa muito menos que os custosos cremes para o rosto, sendo, em troca, mais efficaz do que estes.[257]

A propaganda acompanhava a coluna "Donna"[258], que era especializada em moda, trazendo, inclusive, os lançamentos dos melhores costureiros da França e de Nova Iorque. Além disso, tratava do comportamento feminino e respondia às cartas das leitoras. Em outro texto nesse mesmo ano e coluna, fazia-se a divulgação de um produto de beleza estabelecendo relação entre as estrelas e as mulheres elegantes, ambas protagonistas da elegância e boas consumidoras de produtos de beleza.

> Unhas refulgentes como Estrellas em côres para toda ocasião
> Em Paris [...] por todo o mundo [...] as mulheres elegantes ostentam o vivo fulgor das unhas nas novas e fascinantes nuances introduzidas por cutex.
> Coral [...] de suave coloração rosada. Cardinal [...]. Um vermelho vivo, côr de fogo. Garnet [...] um vermelho mais intenso [...] num tom audaz e attrahente.
> Estas tres côres são faceis de applicar. Estenda ligeiramente com o pincel, sem tocar nas pontas nem na meia lua. O contraste resulta assim muito attractivo.
> Há tambem dois outros tons rosado de Cutex mais suaves: Natural e Rosa Carregado.
> Encontram-se em todas as perfumarias e nas casas que vendem artigos de toilette.
> Distribuidor:
> H. Rinder – Rio
> Cutex

[257] Id., 10 jan. 1931. p. 43.
[258] Ibid.

Esmalte Líquido
Northam Warren
New York Paris.[259]

Uma mulher que quisesse ser considerada bela, deveria preocupar-se com os detalhes do seu corpo, ou seja, não bastava cuidar das unhas e do rosto, era preciso cuidar de cada componente do organismo. Para todos esses cuidados, produtos não faltavam, pelo menos nas páginas da revista, como este, para fortificar os seios:

SEIOS
DESENVOLVIDOS, FORTIFICADOS E AFORMOSEADOS COM A PASTA RUSSA DO DOUTOR G. RICABAL. O unico REMEDIO que em menos de dois mezes assegura o DESENVOLVIMENTO e a FIRMEZA dos SEIOS sem causar damno algum à saúde da MULHER.
Vide os attestados e prospectos
que acompanham cada caixa
Encontra-se à venda nas principaes PHARMACIAS, DROGARIAS E PERFUMARIAS DO BRASIL.
AVISO – Preço de uma caixa 12$000; pelo Correio, registrado, 16$000. Envia-se para qualquer parte do Brasil mediante a remessa da importancia em carta com VALOR DECLARADO ao agente geral J. DE CARVALHO – Caixa Postal n. 1724 – Rio de Janeiro.[260]

A beleza mostrada por *O Cruzeiro* não estava apenas no corpo das mulheres, mas também na arte, na música e na literatura. Grandes nomes, como já se comentou no capítulo 1, escreviam e emprestavam seu talento à revista. A riqueza literária estava nela presente toda a semana. Os espaços do conto, da novela e outros estimulavam novos talentos e reforçavam os já existentes. Ao longo das edições, os contos tratam de temas românticos, mas também da cultura regional. Por meio de concursos, os escritores também ganhavam os espaços para escrever, como no caso do

[259] *O Cruzeiro*, 17 jan. 1931. p. 41.
[260] *O Cruzeiro*, 31 jan. 1931. p. 37.

escritor gaúcho Érico Veríssimo, que teve seu conto selecionado e publicado em *O Cruzeiro* em 1929. Intitulado "Ladrões de gado", o conto inicia assim:

> Nunca se tivera noticias de um roubo de gado nos campos do Retiro. Aquelle era o primeiro. E fora tão imprevisto e mysterioso que causara surpresa grande a toda a gente na fazenda. Em duas noites consecutivas, – noites sem lua de céu fosco e estrelas apagadas – sumiram-se durante e tantas vezes da Invernada Grande.
> Juca Molambo, mulato velho que vivia andejo a cruzar os campos, pousando, aqui e ali, ora sobre as coxilhas descobertas, ora ao abrigo dos galpões das estâncias, garantia que por uma daquellas noites, a hora avançadas vira no fundo da Invernada um cavalleiro que tocava por diante uma ponta de gado, rumo da fronteira.
> Um cavalleiro só? Inquirira curioso o coronel Raymundo, proprietário da fazenda.
> O negro affirmara:
> Um só, meu patrão.
> Era estranho. Quem poderia ser o ladrão noturno?[261]

Já na dança a riqueza estava nos espetáculos, com muitas coreografias, num bailado quase que essencialmente feminino. Os grupos de danças formavam-se por meio das escolas especializadas, que tinham como professoras as melhores bailarinas daqueles anos, como a revista estampou "As alunnas da bailarinas Olenewa"[262]. Com amplas fotos, as legendas diziam:

> As nossas photografias mostram as gentilíssimas discipulas de Maria Olenewa. Entre as quaes sobresae branca [...]. No meio da página mais um texto legenda que dizia: Maria Olenewa: a grande bailarina; diretora da Escola de Dansa do Theatro Municipal, offereceu ao publico uma exibição das suas discipulas, o que constituiu um espeta-

[261] *O Cruzeiro*, 31 ago. 1929. p. 12.
[262] *O Cruzeiro*, 13 dez. 1930. p. 46.

> culo de veridica arte. Como sempre. Maria Olenewa, mostrou-se admiravel artista e sábia e paciente professora.[263]

As artes, a beleza, a modernidade e o modernismo se relacionam e fazem surgir novos nomes e novas formas de manifestação. A Semana da Arte Moderna de 1922 deu o tom dessa mudança. Mulheres lindas, em qualquer época da história, inspiraram os artistas com a sedução, ou como um ideal de perfeição física. Mesmo que muitas vezes as obras de arte provocassem exaltação no público, representavam o pensamento de mudança da época e se tornaram protagonistas de uma nova era, a da arte moderna.

A obra *Entendendo a mulher na arte brasileira do século XX* apresenta a artista Anita Malfatti como a pioneira na realização da "primeira exposição no Brasil e que causou furor na cidade de São Paulo, trazendo algo de realmente novo para a produção artística nacional"[264]. Assim como a revista, os artistas dedicaram às mulheres, principalmente no período de 1930 a 1940, espaços de representação na pintura, na escultura, enfim, nas artes em geral, como foi o exemplo de Di Cavalcanti, Alfredo Volpi, que pintou *Mulata*, em 1927, e produziu outras obras cujo tema principal era a mulher.

Esse também foi o motivo primeiro dos ilustradores de *O Cruzeiro*. Com habilidade, eles criavam nas capas da revista, a cada edição, belas figuras femininas, verdadeiras obras de arte, além dos desenhos ilustrativos nos textos e nas colunas. Entre esses, destaca-se Alceu Penna, criador da coluna "As garotas", onde descrevia cenas do cotidiano de um imaginário feminino moderno. Era considerado o espaço mais modernizado da revista porque mostrava mulheres liberadas, com vontade própria e ousadas. A seção circulou pela primeira vez em abril de 1938.

> Estávamos ainda no fim dos anos 30 e eu, encantado com as figuras femininas de The Saturday Evening Post, as cha-

[263] Ibid., p. 46.

[264] CINTRÃO, Rejane Lassandro. *A figura feminina na arte brasileira do século XX*. São Paulo: Lemos, 1968. p. 10.

madas Gibson Girls, fui certo dia procurá-lo em seu modesto apartamento a Rua das Marrecas, nos arredores da Lapa. Sugeri que ele fizesse alguma coisa semelhante e duas semanas depois ele me procurou, mostrando-me um desenho original. Eram vários grupos de lindas mocinhas, vestidas na última moda, conversando. O texto, na forma de diálogo e destinado ao público juvenil, deveria ser escrito por um humorista malicioso. Fiquei encantado com o projeto.[265]

FIGURA 18 – COLUNA "AS GAROTAS"[266]

FONTE: Museu de Comunicação Social Hipólito José da Costa. Porto Alegre, RS

[265] NETTO, op. cit., p. 125.

[266] *O Cruzeiro*. 11 mar. 1943.

Sempre bem-humoradas, as colunas contavam pequenas estórias das "investidas" de paqueras, novas formas de conquistas e jogos de sedução naqueles tempos de mudanças. O espaço, além de entreter, lançava modas, estilos, utilizando expressões americanizadas que começavam a incorporar-se ao vocabulário brasileiro, como *girls* (garotas), *footing* (piso, passada, lugar onde pôr os pés) e outras. Alceu desenhava as garotas e, de vez em quando, escrevia os textos-legendas. Muitos outros colaboradores da revista, como Millôr Fernandes, também escreviam estórias apimentadas em "As garotas", coluna que ocupava duas páginas do semanário. Nas páginas 20 e 21 da edição de 23 de janeiro de 1943, Alceu Penna contou a anedota das "Garotas na avenida": "Quando as garotas cruzam a Avenida no 'footing' diário, os 'engraçadinhos' atiram-se à conquista dessas fortalezas encantadoras. Mas elas só caem quando a investida é muito bem feita". Abaixo dos desenhos de homens e mulheres passeando na avenida, na página 20, havia outro relato:

> A Écide
> Você viu aquele homem me dirigir uma gracinha e não vai pedir-lhe satisfações?
> Como, se eu não sei o telefone dele?
> Explicação Necessaria
> Mas então ele deu um beijo debaixo do nariz do seu marido?
> Não, debaixo do meu!
> Divisão
> Quando me encontrei consigo fiquei com o coração partido.
> Sim, partido em dois pedaços. Um para mim e outro para a sua esposa, não é?
> Não serve
> Desde que te vi não posso mais dormir.
> Então desapareça. Não sou a mulher dos seus sonhos.[267]
> Appointment

---

[267] *O Cruzeiro*, 23 jan. 1943. Coluna "As garotas". p. 20.

> Senhorita, acho-a um encanto. A que horas e em que lugar posso espera-la?
> Espere-me sentado no trilho da Central, na hora do trem das seis.
> Dificil de precisar
> Você não acha dificil dizer a idade de uma mulher?
> Sim, principalmente para ela.
> O Sinal
> Aquela garota está querendo "flirtar" com você.
> Por que? Piscou o olho?
> Não, cruzou as pernas.
> Fé
> Mas, estamos passeando há três horas pela Avenida e nada aconteceu de escandaloso.
> Espere mais um pouquinho.
> Tenho muita fé na natureza humana.[268]

As expressões americanas faziam parte do diálogo das garotas, acrescentando novas palavras ao vocabulário coloquial, que davam um diferencial para a coluna, onde a linguagem era mais solta. As páginas 46 e 47 da edição de 7 de julho de 1945 demonstram bem tudo isso:

> Garotas, sex-appeal, it, glamour, etc. [...].
> Em quase todas as terras foram se criando nomes que designassem a indefinível atração das mulheres, essa atração que não é física, nem psíquica, nem moral. É algo que ultrapassa os limites desses "it is it" como dizem os americanos. É essa coisa impessoal, êsse charme, êsse encanto, essa tentação, êsse "comph", êsse "glamour", êsse "sex-appeal", essa coisa enfim que faz parar tantas vezes o trânsito de tôdas as ruas.
> Já lá vai com seu "glamour"
> Já lá vai "glamourizada"
> Pára o trânsito o inspetor
> Assobia a macacada.

[268] Ibid., p. 21.

"Não, não, não. "Sex-appeal"
não quer dizer "coisa à-toa",
"sex-appeal" quer dizer
que a garota é muito boa.
Ela tem "it", tem charme
tem um encanto sem par
mas engana-se quem pensa
que seu destino é pecar.[269]

Quando a realidade era a ênfase das descrições, "As garotas" revelava os mais variados tipos de perfis femininos daqueles anos:

> O Ídolo das Garotas
> Conquistas não é apenas um privilegio de Hitler. As garotas também gozam desse privilegio – mas apenas com respeito aos homens e de um modo individual. Cada uma tem seu tipo de preferido, e nunca encontrado, tipo que concorda em geral com elas proprias.
> A granfina
> Prefere um rapaz de sangue azul ou pelo menos azulado. Filho de um conde, de um barão ou equivalentes. Um rei tambem serve. Se não for o de algum pais, pode ser o rei da banha, do açucar ou outros legumes. Um príncipe mesmo não é de todo mau (desde que não seja o maluco.)[270]
> A esportiva
> O rapaz ideal desta "garota"deve vencer o campeonato mundial de atletismo, o de natação, boxe, esgrima, etc. [...]. Isso porque o rapaz precisa de bastante força para enfrentar a esposa. É uma garota de peso [...].
> Senso prático
> Ela é dessas que aproveitam todas as oportunidades. Não deixa passar as coisas que vê ao seu alcance. É uma pescadora que, naturalmente, fica com o seu anzol à espera do maior peixe, mas, enquanto ele não vêm, vai conservando todos os peixes no aquário.
> Sonhadora

[269] *O Cruzeiro*, 7 jun. 1945. p. 46-47.
[270] Id., 10 jul. 1943. p. 40.

Uma choupana, uma palmeira, a poesia da vida, isso só é o bastante. Mas o cavaleiro dos meus sonhos anda de "packard" (a gasolina), possui um arranha-céu em Copacabana e não anda lá muito mal de finanças.
A cinematográfica
Ele deve ter o perfil de R. Taylor
O bigodinho de C. Cable.
O porte de John Hall
Os músculos de Weissmuller.
E o talento, bem, não precisa: ela deve ser a dirigente de mais um drama da vida[271]

"As garotas" mostrava que os tempos eram outros: as saias haviam subido, as roupas agora modelavam o corpo, os vestidos eram colados ao corpo realçando as curvas, os traços, enfim, liberando a sensualidade. Nesse imaginário moderno de "As garotas", havia espaço ainda para falar-se de comportamento, dos lugares mais frequentados pelas moças dos centros urbanos, como a avenida e a praia, entre os diversos pontos de encontro das garotas das décadas de 1930-1940.

As "curvas" das Garotas[272]
90%
Não querida, não me espere [...].
Por que?
Estou cortando uma volta [...].
Comprei uma cinta e um vestido um número menor [...].
Até agora só pude vestir 50% [...].
OH. curvas abençoadas, que suavizais os caminhos da vida, dizia um epicurista famoso. Linhas de tranqüilas e agradáveis voltas, que são o encanto dos olhos, dos nossos olhos, nas praias, na avenida, ou no cassino. Linhas sinuosas, flexíveis, como uma rodovia que descamba, lentamente, para a direita, e leva a maciez das almofadas do carro e os amortecedores dos pneus e das molas. Curvas. Mas, de quem são

---

[271] *O Cruzeiro*, 10 jul. 1943. p. 41.
[272] *O Cruzeiro*, 4 dez. 1943. p. 42-43.

> essas curvas? Das garotas? Das morenas de Copacabana e do Leblon? Ou da Rio-São Paulo? A vontade do freguês.
> Libras a menos
> Nunca pensei, francamente.
> O que?
> Que uma criatura pudesse emagrecer tanto. Aquela senhorita inglesa, segundo me disseram, perdeu [...]. 2.000.000 de Libras em poucos dias[273]

A coluna mostrava ainda que os tempos modernos ofereciam uma variedade de alternativas de consumo, como os refrescos para o calor tropical; também havia a diversão. Os banhos de mar e o verão ganhavam outro significado: o lazer. Para complementar a atmosfera de passatempo junto às praias ensolaradas, a coluna descrevia as garotas consumindo sorvete, picolé e limonada.[274]

> Garotas e muito calor!
> Sorvete
> De manga?
> Não gosto. Prefiro de abacaxi [...].
> Você até parece a Sonia: em materia de namorado e sorvete só apreciam os abacaxis.
> Limonada
> Será possivel Emilia?
> O que?
> Você tomar limonada, depois daquele chá de limão que você usou com a fuga do Claudionor. Pensei que tinha enjoado de limão.
> Gelo e sol
> - Meu noivo? Parece um polo norte. Não se movimenta o tempo todo.
> Diferente do meu [...] José é do Sahara.
> Picolé
> Nunca vi tanta magreza, você já viu?

[273] *O Cruzeiro*, 4 dez. 1943. p. 42.

[274] Id., 22 jan. 1944. p. 20.

A Teresa?

Não. A Marina. Queimada do sol e magra daquele geito, parece que anda em cima de dois picolés de chocolate.

Nas duas páginas da coluna comentada, Alceu fez os desenhos e João Velho escreveu os textos das legendas. O colunista definiu o verão como quente e violento e fez um comparativo das garotas com as aves, demonstrando que elas usufruíam a liberdade no verão e pouco se importavam com o que acontecia a sua volta; eram, pois, felizes nessa estação do ano:

> O Verão esta aí, violento como nunca. Fogem espavoridas as avezinhas de plumas ou de vestidos. O leque, velha criação de nossas vovós, já não resolve o problema. O refresco atinge graus de baixa temperatura jamais dantes alcançados. Pelas ruas, pelos cassinos, pelos bares, a gente reclama contra o calor, com a mesma indignação usada, há meses, contra o frio úmido. Enquanto isto, as garotas sorriem.[275]

"As garotas" divulgava o esporte, como a equitação:

Garotas e a Equitação

Aqui estão as garotas aprendendo a sua equitaçãozinha. Pequenos pedaços de gente em muito que fazer elas podem aprender tudo o que lhes dê nas cabecinhas *irrefletidas e* sanguinárias. Por isso vão aprendendo suas maneirinhas de equitação, suas formas pessoais de hipismo. "E isso, é muito, muito útil. – me dizia outro dia uma delas – porque quanto mais conheço os animais, mais me aproximo dos homens".

O fim justifica os meios

Você viu o Alfredo? Saiu do seminário e resolveu ser jóquei. Que absurdo!

Absurdo nada, minha filha. Como jóquei ele conseguirá que mais gente se arrependa do que como padre.

Solidariedade

[275] *O Cruzeiro*, 22 jan. 1944. p. 20-21.

Menina, não pegue êsse animal que ele é perigoso. Nunca foi montado.

Não tem importância. Eu também nunca montei. Assim aprenderemos ao mesmo tempo.[276]

Assim, a seção foi consagrando-se como uma das mais lidas e, até hoje, uma das mais lembradas pelo público. A coluna ajudou, ainda, a dar importância à ilustração, linguagem que torna o periódico, o semanário, ou mensário mais atraente, permitindo que o leitor faça a sua interpretação. Isso porque muitas vezes os códigos do desenho não estão explícitos, sendo necessária a reflexão sobre o assunto em pauta para que o leitor compreenda a mensagem.

Não há como desvincular *O Cruzeiro*, a revista mais importante do país nos anos de 1930 aos de 1950, de uma encantadora dupla de páginas exibidas ali semanalmente: a inesquecível seção "As Garôtas". Criadas pelo desenhista mineiro Alceu Penna, com traço caprichoso e elegante, aquelas deliciosas mocinhas – que estrearam em 1938 e se despediram 26 anos depois – não apenas ditavam moda e comportamento como deleitavam seu público.

Vinham elas, lindas e modernas, acompanhadas de quadrinhas, historietas românticas, anedotas sem malícia, mero pretexto para exibi-las, tão graciosas, em meio a artigos e reportagens. O texto não tinha autor fixo; variava de um misterioso João Ninguém a Emmanuel Vão Gôgo, pseudônimo de Millôr Fernandes. É de Vão Gôgo, por exemplo, esta trova galante:

Pensadora, pensativa
Em que pensas, ó Lourinha?
Se pensas na tua vida
Estás pensando na minha.

O sucesso de "As Garôtas" confirmava a importância que a ilustração havia adquirido nas publicações brasileiras já no século XIX.

[276] *O Cruzeiro*, 15 dez. 1945. p. 22-23.

O aproveitamento do desenho tem sido desde então ilimitado, para reforçar comentários políticos, ornamentar textos literários, adicionar informações às reportagens (os infográficos das revistas modernas, [...]) – ou simplesmente divertir o leitor, como faziam "As Garôtas"[277]

Além de "As garotas", outras colunas também adotavam expressões norte-americanas para comunicar-se com os leitores e até para explicar o que significavam determinadas palavras:

Elegancia e Beleza
O "IT"
Elza Marzullo
SABE a minha leitora o que é o "it"?
Sabe o que quer dizer "it", quem inventou o "it"
Sabe como foi empregada e como se popularizou a esta misteriosa e tão feminina palavrinha de duas letras?
Talvez não saiba.
Pois bem.
Foi com este vocábulo tão intrigante e expressivo – "it" – que Elinor Glyn, a famosa romancista americana, designou, num dos seus livros, aliás com o mesmo título – o encanto a indefinível sedução que certas mulheres possuem.
"It" – foi a palavra inventada pela romancista num instante de inspirada fantasia, para designar êsse "não-sei-oque" maravilhoso e fascinante do eterno feminino.
[...]
"It" – misto de graça e de "sex-appeal".
"It" – palavra a gaz-neon, vermelha e sensacional, no terraço-jardim da era dos arranhas-ceus.[278]

Nesse sentido, a contribuição do desenho foi maior que a da pintura para revistas como *O Cruzeiro*, onde as mãos habilidosas dos caricaturistas deram à ilustração brasileira "ares modernos", fugindo do feitio europeu, mas mantendo a influência *art déco* e *expressio-*

[277] CORRÊA, Thomaz Souto (Ed.). *A Revista no Brasil*. São Paulo: Abril, 2000. p. 65.
[278] *O Cruzeiro*, 7 jul. 1945. p. 69.

nismo. Da ponta do lápis dos artistas saíam belas capas e páginas recheadas de figuras que materializavam o imaginário de uma época.

A ilustração uniu-se à literatura em *O Cruzeiro*, que revolucionou o visual das revistas ao integrar definitivamente a fotografia à estrutura editorial. Textos de José Lins do Rego, Rachel de Queiroz ou Gilberto Freyre faziam par com desenhos de Portinari, Santa Rosa e Augusto Rodrigues, nas décadas de 1930 e 1940. Fixou-se ali uma fronteira: enquanto a fotografia acompanhava as reportagens, a ilustração contracenava com os textos literários ou humorísticos.

Foi por essa época que começaram a desfilar nas páginas de *O Cruzeiro* os desenhos graciosos de Alceu Penna. Delicados como croquis de alta-costura, formavam um saboroso picadinho de silhuetas, cinturas finas, perfis e penteados, temperados com os trejeitos da mulher moderna e sensual que, de modo especial na era JK (1956-1961), ditava moda e comportamento.[279]

Para compreender melhor o sentido que a modernidade tinha para as mulheres representadas em *O Cruzeiro*, observa-se não apenas as colunas, como a de Alceu Penna, mas os espaços publicitários, os artigos, as matérias e as capas, ilustradas sempre com uma figura feminina, valorizando belos rostos e que se complementam no significado de mostrar uma nova mulher. A ideia de trabalhar com a propaganda de produtos e serviços era tão fundamental para a revista que servia até mesmo para anunciar novas seções. E a bem-sucedida "As garotas" ganhou um grande anúncio antes de estrear. A publicação ocorreu nos jornais de São Paulo e do Rio de Janeiro, no dia 5 de abril de 1938, e dizia:

> As garotas são a expressão da vida moderna. As garotas, endiabradas e irrequietas, serão apresentadas todas as semanas em *O Cruzeiro*, desenhadas por Alceu, o mais malicioso e jovem de nossos artistas. As garotas em duas

[279] CORRÊA, op. cit., p. 71.

páginas em cores constituem um dos hits de *O Cruzeiro*, a revista que acompanha o ritmo da vida moderna.[280]

A propaganda de uma mulher moderna espelhada nos padrões hollywoodianos pode ser observada em quase todos os anúncios e colunas:

> A mulher moderna sabe preferir o pó de arroz que lhe proporciona uma cutis sadia, perfeita, assetinada, e que dá realce à sua belleza natural.
> O pó de Arroz Gally,
> de pureza e perfume consagrados, reune todas as qualidades necessarias aos cuidados de uma epiderme feminina.[281]
> Pó de Arroz Gally.

Em 27 de janeiro de 1934 esse mesmo produto já havia sido mostrado, também com a figura de uma mulher jovem, e a baixo a imagem da caixa de pó, de um anúncio que dizia: "A cutis de um rôsto belo deve ter o assetinado de uma pétala [...]. Pó de Arroz Orygem de GALLY."[282]

Esses anúncios são exemplos, dentre tantos, que colocam o uso do produto como condição para ser uma mulher moderna. A ilustração da propaganda do dia 8 de setembro complementa o texto. Na imagem, uma mulher admira-se ao espelho e mostra uma pele perfeita; abaixo, a imagem é da outra estrela do anúncio, a caixa do pó arroz.

Estavam na moda também aqueles que usavam os perfumes da Coty. A sugestiva propaganda da edição de 13 de setembro de 1930 trazia uma mulher cercada por vários tipos de frascos de perfumes, com as frases:

> Perfumes suaves
> Essências da Moda

[280] NETTO, op. cit., p. 125.
[281] *O Cruzeiro*, 8 set. 1934. p. 38.
[282] Id., 27 jan. 1934. p. 13.

Frascos de luxo
Apresentação de Gomic
Agencia Geral Coty no Brasil
19, Rua Riachuelo – Rio de Janeiro.[283]

A revista também procurava utilizar as colunas femininas para enaltecer a ideia de modernidade e de país moderno. Os conteúdos temáticos trazidos por *O Cruzeiro* em 46 anos de circulação variavam desde amenidades a política, religião, literatura, esportes, culinária, moda, comportamento e outros que foram incorporando-se ao semanário conforme a revista foi evoluindo em termos gráficos e jornalísticos.

A sutileza dos símbolos e da beleza

Levando em conta intenções sublineares e códigos a serem decifrados, reafirma-se a oportunidade de estudo nesta pesquisa de uma história cheia de signos, de fatos não antes vistos com mais detalhes, de evidências, de comportamentos e visões explícitas e implícitas, tratadas em reportagens e matérias. Além disso, havia a publicidade, que colocava mercadorias à disposição das mulheres, o público potencial dessa comunicação de massa, mas que não se esquecia dos homens, das crianças e dos jovens. É uma história contada a partir da ideia de Brasil que *O Cruzeiro* criou para representar os acontecimentos em 17 anos que este trabalho recortou para estudar. Para Robert Darnton, a história pode ser contada a partir de pequenos acontecimentos, de situações que nem sempre fazem parte das versões oficiais.

> A história diz respeito à confrontação de uma adolescente com a sexualidade adulta, explicou ele. O significado oculto aparece através de seu simbolismo – mas os símbolos que ele viu, em sua versão do texto, baseavam-se

[283] *O Cruzeiro*, 13 set. 1930. p. 17.

> em aspectos que não existiam nas versões conhecidas dos camponeses, nos séculos XVII e XVIII. Assim, ele enfatiza o (inexistente) chapeuzinho vermelho como um símbolo da menstruação e a (inexistente) garrafa que levava a menina como símbolo de virgindade: daí a (inexistente) advertência da mãe, para que ela não se desviasse do caminho, entrando em regiões ermas, onde poderia quebrá-la.[284]

Com a visão de mundo das pessoas comuns da França do século XVIII, Robert Darnton tentou mostrar não apenas o que as pessoas pensavam, mas como interpretavam o mundo. *O grande massacre de gatos* é um exemplo da forma de contar a história com base no imaginário das pessoas, daquilo que está em suas mentes. É uma história com tendência etnográfica; uma história do cotidiano, das experiências, das criações, das produções e da vida de homens e mulheres nem sempre presentes na grande história oficial e que estabelece relações de forma circular e dinâmica.

A *história das mentalidades* é uma possibilidade de pensar-se o social, de estudar-se aquilo que está mais próximo e contextualizá-lo com uma realidade maior, uma tarefa que desafia as dificuldades de lidar com o imaginário coletivo. As mentalidades apresentam-se dissimuladas, estratificadas, objeto de uma história por etapas.[285] São pedaços de uma história de experiências produzidas e pensadas que, ao serem relacionadas com o passado, formam um panorama próximo da realidade do cotidiano e daquilo que está na mente das pessoas.

A imprensa e os pesquisadores "imediatistas" abriram para si a porta dos arquivos. Os historiadores, diz Jean Lacouture[286], sabem considerar o presente e aplicar a suas convulsões seu rigor profissional. Portanto, as experiências e as práticas de vida interessam à história. Interessam também as colunas sociais de *O Cruzeiro* de

[284] DARNTON, Robert. *O grande massacre de gatos*. Rio de Janeiro: Graal, 1986. p. 23.
[285] VOVELLE, Michel. *Ideologias e mentalidades*. São Paulo: Brasiliense, 1987. p. 323.
[286] LACOUTURE, Jean. *A história nova*. São Paulo: Martins Fontes, 1990. p. 238.

1928, em cuja primeira edição na coluna "Donna na sociedade", assinada "por Permonino Junior", trouxe "A história das pessoas sem história" para mostrar que a revista tinha a pretensão de entrar para a história a partir dos registros dos fatos da sociedade daqueles anos, especialmente os acontecimentos sociais:

> Da chronica mundana pode dizer-se o que do romance disse Duvernois: é a história das pessoas que a historia ignora.
> Confesso que não conheço definição melhor, na clara rigidez incisiva da sua synthese, – nem mais exacta.
> De resto, M. Paul de Valery, estudando a estranha e fascinante personalidade literaria de Proust, que foi considerado historiador da sociedade francesa, declarou gravemente que "le mouvement de l'histoire se resume assez bien dans l' accession successive des especes sociales aux salons, aux chasses, aux mariages et aux funérailles de la tribu supréme j' une nation".
> Dentro dessa ordem de idéias, seria talvez possivel catalogar-nos a todos nós, chronistas mundanos, entre os graves homens illustres que têm direito a uma cadeira de Instituto Histórico [...].
> Eu de mim não faço questão nenhuma da cadeira do Instituto, mas estou certo de que o escriptor que honestamente faz a historia dos salões tem direito, por legitima conquista, ao titulo de historiador da sociedade.
> Para ser sincero, aliás, devo desde logo declarar que nunca considerei a chronica mundana como uma coisa frivola.
> E frivola ella não foi certamente jamais para homens como Wilde Proust, que a exerceram com gravidade e brilho.
> Portanto, não tenham dúvidas: nós, os chronistas mundanos, estamos realizando uma obra grave e bella – estamos escrevendo todos os dias a historia das pessoas sem historia.[287]

A coluna propunha-se, desde a primeira edição, a ser um espaço dedicado às festas e aos salões da sociedade carioca; ser

[287] *O Cruzeiro*, 10 nov. 1928. Coluna "Dona na sociedade". p. 53.

"um registro conciso dos nomes que marquem o rythmo de hora que passa, resumo, emfim, das coisas infinitamente encantadoras, sejam graves ou frivolas, em torno das quaes nos salões e nas ruas, gritam as criaturas elegantes"[288].

E se o *glamour* estava em alta, a beleza estava estampada nas capas em praticamente todas as edições da revista com raras exceções, quando saíam de cena para dar lugar a temas mais "pesados" daqueles anos de intensa manifestação política, como será abordado no capítulo 4. Com o propósito de chamar a atenção dos leitores, as capas eram criativas, coloridas e, por que não, sedutoras.

> Destinada a seduzir o leitor à primeira vista, a capa sempre foi, por isso mesmo, o grande desafio dos editores: como criar um "rosto" que, entre centenas de outros, tenha o poder de fisgar quem vai a uma banca de revistas? Boas capas vendem e consagram uma publicação. Que leitora no Brasil teria dificuldade de identificar *Nova* prontamente, mesmo com o logotipo encoberto? A isso se chama de identidade visual. Mas a sintonia do produto com seu público não basta para garantir o sucesso – se fosse assim, as edições de uma revista teriam sempre a mesma vendagem. O descompasso ocorre porque não há, é claro, receita infalível na arte de fazer capas. E também porque são insondáveis os mecanismos que levam o leitor a escolher esta ou aquela publicação. Seria a foto da capa? A originalidade dos temas? As cores? O *punch* das chamadas?[289]

Com esse espírito criativo e procurando vencer o desafio de inovar cada vez mais, *O Cruzeiro* na década de 1940, além da revista *Manchete* em 1950, foi em busca do chamado "furo de reportagem" para, assim, atrair ainda mais os leitores com

---

[288] WISSENBACH, Maria Cristina Cortez. Da escravidão à liberdade: dimensões de uma privacidade possível. In: SEVCENKO, op. cit., p. 53.

[289] CORRÊA, op. cit., p. 24.

chamadas criativas: "Os editores descobriram, então, o valor da chamada de capa, texto breve, preciso, irresistível piscadela verbal e seduzir o leitor."[290]

No caso de *O Cruzeiro*, o que mais chama a atenção são os belos rostos de mulheres, saídas, primeiro, dos traços dos desenhistas, depois, dos fotógrafos. As capas traziam uma carga de signos que expressavam simbolicamente os temas que a revista iria abordar na edição. Quando a edição do Miss Universo de 6 de setembro de 1930 divulgou as candidatas ao concurso que aconteceria no dia seguinte, a capa trouxe a figura de uma mulher envolta nas bandeiras do Brasil e de outros países participantes do evento. Da mesma forma aconteceu na edição de 27 de dezembro de 1930, que continha na capa um menino com a bandeira nacional, representando a esperança naquele ano de revolução. E assim poderíamos descrever vários outros exemplos, como já foram registrados também em capítulo anterior.

Essa sutileza nos símbolos e na beleza dos traços que representavam as mulheres de uma época pela revista conduziu, ao longo deste trabalho, a interpretações sob a luz dos signos. Entre tantas definições e formas de uso, foi em Umberto Eco que buscamos apoio para elucidar um pouco desse método de trabalho de que nos valemos ao longo da pesquisa. É do autor a definição de signo:

> O signo é um gesto emitido com a intenção de comunicar, ou seja, para transferir uma representação própria ou um estado interno para um outro ser. Naturalmente, presume-se que, para que a transferência tenha êxito, uma determinada regra (um código) habilite tanto o emissor quanto o receptor para entender a manifestação do mesmo modo. Neste sentido, são reconhecidos como signos as bandeiras e os sinais de trânsito, [...], as letras

[290] Ibid.

> do alfabeto. Neste ponto, os dicionários e a linguagem culta devem permitir reconhecer como signo também as palavras, ou seja, os elementos da linguagem verbal. Só a custo o homem da rua reconhece as palavras como signos; nos países de língua inglesa, o termo *sign* leva logo a pensar na gesticulação dos surdos-mudos (chamada de *sign language*) e não nas manifestações verbais. Contudo, a lógica quer que se uma placa de sinalização é signo, o seja também uma palavra ou um enunciado. Em todos os casos até agora examinados, a relação entre o *aliquid* e aquilo pelo qual está parece ser menos arriscada do que para a primeira categoria. Estes signos parecem ser expressos não pela relação de implicação, mas pela de equivalência (p = q; Mulher = femme ou woman; mulher = animal, humano, fêmea, adulto), e além disto depender de decisões arbitrárias.[291]

O Cruzeiro traz páginas carregadas de signos, desde as capas, os espaços internos e a contracapa. Para podermos avaliá-las e analisá-las, observamos os detalhes das publicações, num trabalho interpretativo de leituras e releituras daquilo que muitas vezes se encontra nos meandros do texto, do desenho, da fotografia, da propaganda, para, assim, poder decifrar um pouco do sentido que tudo isso tinha para o imaginário feminino daqueles anos.

[291] ECO, Umberto. *Semiótica e filosofia da linguagem*. São Paulo: Ática, 1991. p. 18-19.

FIGURA 19 – VIAGEM PRESIDENCIAL AO PRATA E BELLEZA E AMOR[292]
FONTE: Museu de Comunicação Social Hipólito José da Costa. Porto Alegre, RS

Apenas para exemplificar, tomamos a página 15 da edição de 23 de maio de 1935, cuja coluna é "Factos da semana", onde os temas abordados contrastam entre si. De um lado, vê-se uma bela moça abaixo de um título sugestivo que diz: "Belleza e amor!", a qual olha para a figura de um anjo, o cupido, que com sua flecha espalha corações pela gravura. Do outro lado está a fotografia de Getúlio Vargas na sua "viagem presidencial ao Prata, em maio de 1935, acompanhado de populares". A legenda e a imagem mostram a figura do dirigente da nação com o povo, reforçando

[292] *O Cruzeiro*. 25 maio 1935.

a imagem de um governo populista, como registra a página 15 da edição de 23 de maio de 1935.

O que, entretanto, teriam a ver essas duas imagens lado a lado? Numa primeira avaliação, entendemos que apenas estão sendo registrados os assuntos da semana. Contudo, observando-a mais detalhadamente, deparamo-nos com a figura de uma mulher olhando para o anjo cupido numa manchete que fala de beleza e amor. As imagens da figura da mulher com corações e do presidente com o povo são carregadas de significados e vêm confirmar nessa avaliação um dos pontos que se observam seguidamente nas páginas do magazine, que são os contrastes de realidades[293] mostrados pela revista, especialmente na década 1930. Há ainda uma correspondência de significados nas imagens, entre o carisma do governo de instigar a massa popular com as suas ideias e a capacidade da mulher em despertar amor.

> É certo, porém, que a chamada cadeia significante produz *textos* que trazem consigo a memória da *intertextualidade* que os alimenta. Textos que geram, ou podem gerar, variadas leituras e interpretações; no máximo infinitas. Afirma-se, então, [...] que os textos são o lugar onde o sentido se produz e produz (prática significante) e que, neste tecido textual, se pode deixar aflorar de novo os signos do dicionário, enquanto equivalências codificadas, desde que haja o enrijamento e a morte do "sentido".
>
> Esta crítica não só retoma a objeção de Buyssens (a comunicação acontece só no nível do enunciado), como vai mais a fundo. Um texto não é apenas um aparato de comunicação. É um aparato que questiona os sistemas de significações preexistentes a ele, freqüentemente os renova, às vezes os destrói. [...].

[293] De um lado, os fatos reais da nação com um governo que cada vez mais se impõe, de outro a sutileza do imaginário feminino escamoteando a dureza daqueles anos. Como *O Cruzeiro* adotava uma linha editorial favorável aos interesses do governo Vargas (e, por isso, poucas perseguições sofreu nos anos de ditadura, como vai ser abordado no capítulo seguinte), os acontecimentos que envolviam o presidente eram registrados com destaque. De outro lado, não se podia esquecer das mulheres, as quais também eram fato das notícias, porém envolvendo assuntos amenos, triviais, que falavam de beleza e de amor.

> O que há de fecundo nas temáticas de textualidade é, contudo, a idéia de que, para que a manifestação textual possa esvaziar, destruir ou reconstruir funções sígnicas preexistentes, é necessário que algo na função sígnica (isto é, na rede das figuras do conteúdo) já se apresente como um conjunto de instruções orientado para a construção de textos diferentes.[294]

A ajuda que buscamos na semiótica justifica-se para que possamos descrever e explicar o que o texto diz, o que está por trás de uma determinada matéria, título, coluna, foto, desenhos, figuras e propagandas. E foi a teoria semiótica do texto que nos possibilitou uma maior compreensão a leitura feita sobre a página 15 da edição de 23 de maio de 1935, na coluna "Factos da semana".

> Um texto define-se de duas formas que se complementam: pela organização ou estruturação que faz dele um "todo sentido", como objeto da comunicação que se estabelece entre um destinador e um destinatário. A primeira concepção de texto, entendido como objeto de significação, faz que seu estudo se confunda com o exame dos procedimentos e mecanismos que o estruturam, que o tecem como um "todo de sentido". [...]. A segunda caracterização de texto não mais o toma como objeto de *significação*, mas como *objeto de comunicação* entre dois sujeitos. Assim concebido, o texto encontra seu lugar entre os objetos culturais, inserido numa sociedade (de classes) e determinado por formações ideológicas específicas. Nesse caso, o texto precisa ser examinado em relação ao contexto sócio-histórico que o envolve e que, em última instância, lhe atribui sentido. [...]. Nos seus desenvolvimentos mais recentes, a semiótica tem caminhado nessa direção e procurado conciliar, com o mesmo aparato teórico-metodológico, as análises ditas "internas" e "externa" do texto. Para explicar "o que o texto diz" e "como diz", a semiótica trata, assim, de examinar os procedimentos da organização textual e, ao

[294] ECO, op. cit., p. 31.

> mesmo tempo, os mecanismos enunciativos de produção e recepção do texto.[295]

Buscando compreender melhor os signos, veículos de significados, descobrimos com Issac Epstein que são tão importantes para a semiótica quanto o átomo o é para a física ou, ainda, "as células em biologia ou os números em matemática". Há uma ambivalência entre os mais variados autores quanto aos significados do termo em questão, que variam desde "símbolos", "sinais", "índices", entre outros. Parte dessa contraditoriedade deve-se à própria nomenclatura, que não tem uma única significação que possa ser aceita universalmente.

> O signo como elo de uma mediação trará então necessariamente pelo menos dois (ou mais) antes que intervirão no processo semiótico. Esse processo pelo qual transitam os significados ou sentidos, o modo pelo qual os signos se organizam em códigos ou em linguagens, constituem tema central de qualquer teoria da comunicação.[296]

São signos que remetem à página 43 da edição de 7 de setembro de 1935, contendo uma propaganda de página inteira que divulga o "novo Ford, motor V-8, uma excepcional potência", reforçando que "faz facilmente 130 kilometros por hora e é ainda de partida rápida e mais prompta". A manchete diz: "Só o Ford offerece [...] a potencia excepcional de um V-8; o conforto da suspensão entre molas; a economia caracteristica Ford". A ilustração complementa com a figura de um homem ao volante, dois passageiros atrás e a figura de uma mulher, elegante, de sapatos de salto alto, chapéu, carteira de mão e vestido longo.

A ilustração mostra ainda como se instalavam comodamente seis passageiros no carro, três no banco da frente e três atrás. Entre as vantagens, como "o conforto da suspensão entre molas", o texto explica:

---

[295] DE BARROS, Diana Luz Pessoa. *Teoria semiótica do texto*. São Paulo: Ática, 1997. p. 7-8.

[296] EPSTEIN, Isaac. *O signo*. São Paulo: Ática, 1991. p. 17.

> A suprema vantagem dos novos Ford, talvez, é a que diz respeito ao conforto de marcha. O Ford já era veloz e possante. Agora é, também, incomparavelmente mais commodo, graças à collocação dos assentos entre as molas. O Ford é differente dos outros carros porque proporciona aos passageiros do compartimento traseiro o conforto de marcha geralmente só offerecido pelo assento deanteiro.[297]

Depois desse parágrafo, outros dois, divididos em três colunas, descrevem o automóvel e suas características, e uma frase fecha o anúncio: "Ford Motor Company".

FIGURA 20 – SÓ A FORD OFFERECE[298]

FONTE: Museu de Comunicação Social Hipólito José da Costa. Porto Alegre, RS

---

[297] *O Cruzeiro*, 7 set. 1935. p. 43.

[298] *O Cruzeiro*. 25 maio 1935.

Demonstra-se, assim, a possibilidade de uma leitura com diferentes significados e contextos, um deles dizendo respeito ao desenvolvimento industrial desse período, que acelerou o crescimento também das fábricas de automóveis. Era a modernidade dando seus sinais, trazendo mais conforto e comodidade aos motoristas e aos usuários de automóveis. A sofisticação do automóvel equipara-se à da mulher: ambos são novos e belos e fazem parte dessa nova ordem que é a modernidade. A imagem permite-nos relacionar, ainda, a potência do carro com o vigor masculino, ambos acompanhados de uma bela mulher. É uma relação preponderante de força e poder e que tem na indústria o principal agente de transformação. Foi em 1919 que a americana Ford começou a montar veículos em São Paulo:

> Coloca no mercado brasileiro o modelo T, popularmente conhecido como 'Ford de bigode', ao preço de 6 contos e 900 mil réis. Seis anos depois, é a vez da General Motors. Instalada em São Paulo, monta 25 veículos por dia. Em 1938, a Ford anuncia seu modelo V-8 e a Rhodia (fundada em 1919) divulga sua produção têxtil utilizando Joan Blondell, atriz do cinema americano.[299]

A beleza foi outra tônica central da revista nos 17 anos de circulação recortados aqui neste trabalho. É difícil imaginar, pelas figuras representadas e pelas informações veiculadas, que este fosse um veículo que não enaltecesse o belo. Ao contrário, suas páginas tinham sempre rostos expressivos e saudáveis, corpos torneados e, nos últimos anos, já com vestes mais coladas, saias mais curtas, maiôs e muitos cosméticos e perfumes americanos e franceses. Os espaços eram preenchidos por belas mulheres *made in EUA* e *made in Brasil*; não que outras não aparecessem, mas eram essas as envolvidas na maior parte dos fatos registrados pela revista. São registros de algumas das brasileiras que nesse período já não serviam mais apenas para o tanque e o fogão, que

[299] CIVITA, op. cit., p. 77.

tinham contrariado o destino da menina-moça que ficava em casa aprendendo a ser uma boa esposa e esperando por um casamento. Havia agora as que estavam à frente de seu tempo, que passavam a profissionalizar os exercícios do corpo e até a arriscar-se a participar de competições em modalidades esportivas que surgiam com força, como a natação.

Dora Castanheira que o diga, pois ganhou duas páginas com muitas fotos, onde foi registrado um pouco da sua trajetória esportiva como uma das revelações da natação brasileira em 1935. Mesmo tendo perdido um campeonato e ter se irritado com o assédio da imprensa, como revelou a mãe da esportista na matéria da página 19 da edição de 16 de fevereiro de 1935, onde ela diz que "a filha não estava acostumada àquella publicidade dos jornais", a atleta brasileira era um caso raro para aqueles anos, por isso era notícia. Além de contar sobre a sua habilidade esportiva, a matéria registrou também muitas poses de Dora em trajes de banho, em meio às flores, desfilando vestidos, sentada à sombra das árvores, mostrando o tornado das pernas, ou, ainda, num comportado vestido e sapatos de salto alto, sentada ao sol. A matéria revela uma fase de crescimento da prática esportiva no país, um espaço que as mulheres também começavam a conquistar, porém a ênfase estava em ressaltar a beleza das esportistas. Sob sugestivo título, a matéria dizia:

> Entre sereias
> A natação é um dos exercícios mais beneficos ao desenvolvimento feminino. Thora Castanheira que a praticou desde criança, aos desesseis annos fazia inveja a muita "sinhã-moça" de ha meio seculo. Ja em idade de casar. E ella não pensa ainda nisso [...].
> Por Pedro Lima (para O Cruzeiro).
> A Grecia é immortal porque cultuou a beleza em todas as fórmas: pela belleza do espírito e pela belleza do corpo. Os athletas athenienses ainda hoje são canones classicos

modelados nos marmores, que os seculos não conseguiram destruir [...] E aquelle romantismo [...] que tornou tuberculosa uma geração que morreria de amor e fazia da pallidez e da sombra o ideal de uma época, não podia destruir a belleza das formas amoldadas pelos sporte e bronzeados do calor do sol [...] Dahí, surgir novamente o culto ao bello modulado pela cinxel da natureza e aperfeiçoado na multiplicidade de sports, trouxe ao ar livre a mocidade da nova geração pleiado de jovens cheios de vida e vigor, fortes de corpo e alma, com os globulos vermelhos de oxigenio e os nervos enfibrados de aço [...] geração que faz vibrar nos estádios os povos de todas as raças, nos porfios dos records que marcam a pujança da raça, em predios onde não ha inimigos e rivalidades que acabam ao findar das provas são exemplos de tenacidade e de vigor physico.

Foi a um grito unisomo de centenas de espectadores que na piscina do Fluminense, assistimos Castanheira, a jovem "nagense" carioca [...] com uma rival de valor de Lygia Cordowil, numa [...] que por semanas havia sido a preocupação [...]. Ambas rivais-amigas, iam procurar [...], tentando bater-se reciprocamente na conquista de um record que ia além das nossas fronteiras.

Mas inexplicavelmente Dora desistira nos cem metros, quando reconquistara a pequena differença de uma má saida e quando o resultado da competição ainda era impossivel avaliar-se [...].

Sport novo no Brasil, a natação ainda não dera às nossas eximias revelações nauticas, que são estas jovens nadadoras patricias, o controlle de nervos, a confiança nos proprios meritos. Fôra esta uma causa de desistencia de Dora Castanheira, muito embora estivesse indisposta naquelle dia para tomar parte na prova que queria uma das mais brilhantes dos sports nauticos feminino. Ainda assim, quando a prova terminou e as duas rivais se abraçam comovidas, as palmas não sagravam somente uma campeã que soubera vencer em tempo brilhante, mas também a que não podera competir todo o tempo como desejara.[300]

[300] *O Cruzeiro*, 16 fev. 1935. p. 18-19.

Como já foi referido, além do esporte, a beleza era a tônica das matérias da revista dirigidas ao público feminino. Nesse sentido, discutiam-se todas as formas que envolvem o culto ao belo, seja em modelos da moda, seja na maneira de deixar o corpo mais bonito, que então era uma preocupação constante, afinal, as roupas haviam se reduzido e, para mostrar curvas, pernas, braços, era preciso estar em forma. A discussão da "Psychologia das pernas" ocupou toda a página 28 da edição de 25 de outubro de 1930. Sem assinatura do autor, a página traz ainda foto de uma modelo americana, com uma faixa contendo a escrita "New Orleans" e o texto:

> Antigamente, já faz muito tempo, pessoas intelligentes pensaram descobrir o carater de uma mulher pelas suas mãos. Mostra-me as tuas mãos e eu te direi quem és. [...]. Depois que a moda dos vestidos curtos consentiu ao pudor feminino desvendar as suas pernas, appareceram os peritos capazes de fazer o diagnostico imoral da mulher pela anatomia dos seus membros locomotores. É o que nos afirma uma revista austriaca, na qual se publicou uma longa dissertação psychologica sobre a perna feminina, capaz de despertar a inveja dos graphologos e dos chiromiantes. [...] Mas é difficil, senão impossivel, deduzir a moral de uma criatura humana pela inspecção esthetica das suas pernas, [...]. A saia curta parece incorregivel. A [...] verdade é que nunca os homens puderam muito à vontade contemplar e examinar a perna feminina como no período que decorre desde 1920 a 1930. Foi nesse periodo da semi-nudez que se inventaram os concursos de belleza de Galveston, nos quaes as candidatas compareciam perante o jury em trajes de banho[301]

Mas que significado tem a beleza para pensadores que foram considerados os precursores na análise das questões relativas à estética? Foi no pensamento do filósofo Platão, por volta de 428-348, que "encontramos a primeira teoria da arte e do belo de

[301] *O Cruzeiro*, 25 out. 1930. p. 28.

que temos notícia". Na obra de Lúcia Santaela compreendemos um pouco esse significado para entender melhor a estética, essa denominação tão subjetiva e abstrata que é a beleza e que traz uma complexidade de interpretações desde a Antiguidade até nossos dias. A autora explica:

> [...]. De fato, foi Platão quem levantou os problemas relativos a criação, para os quais foram dadas as mais diversas interpretações através do tempo e com os quais nos debatemos até hoje, tais como a natureza da inspiração, a relação da criação com a emoção, o impacto e efeitos da arte sobre o receptor, as antinomias entre o conhecimento verdadeiro e a ilusão das paixões as conseqüências do descomedimento e as virtudes da temperança [...]. Se Platão levantou esses problemas, Aristóteles (por volta de 384-322 a.C) foi o primeiro a lhes dar formalização na sua Poética, obra que, sem margem de erro, pode ser qualificada como a teoria da arte e crítica mais influente em toda a historia do Ocidente. Enfim, os problemas estéticos são tão antigos quanto a filosofia, tendo recebido, nos muitos séculos que transcorrem desde Platão até os nossos dias, as mais diversas entonações e interpretações.[302]

Por isso, a palavra *estética* deriva do grego e significa "sentir" não apenas com o coração e os sentimentos, mas também com os sentidos:

> O termo é hoje tão largamente utilizado que pode servir para qualificar tanto as filosofias do belo, quanto a elegância de uma fórmula matemática, os objetos artísticos, ou até mesmo um crepúsculo, as cercanias do mar, um rosto trabalhado pelo tempo (como diria Borges).[303]

A beleza e a estética dependem muito de como cada observador vê o objeto de admiração, de como avalia a partir da sua

[302] SANTAELLA, Lúcia. *Estética*: de Platão a Peirce. São Paulo: Experimento, 1994. p. 12.
[303] Ibid., p. 11.

natureza emotiva e dos sentimentos que carrega. Nesse sentido, a teoria peirceana tenta dar conta da razão e do sentimento humano:

> A estética de Peirce satisfaz quase à perfeição as metas sonhadas por Schiller de amalgamar razão e sentimento, conciliar os rigores do pensamento às liberdades do espírito, de integração do intelecto à ética e à estética, das contribuições, enfim, do estético para o crescimento humano. Por incrível que pareça, no entanto, os caminhos que Peirce percorreu para chegar a isso não têm diretamente nada a ver com Schiller. [...]. Mas a estética não compareceu no pensamento peirceano para atender tardiamente a esses ideais, mas sim às necessidades importas pela releitura crítica que Peirce impôs, na primeira década do século e na maturidade da sua vida, ao seu primeiro pragmatismo, de 1878. Peirce havia lido Schiller na adolescência. Cinqüenta anos transcorreram, e toda uma obra prioritariamente voltada para a lógica foi desenvolvida, antes que ele voltasse a pensar em estética. Se houve qualquer influência de Schiller sobre ele, trata-se, portanto, daquela misteriosa espécie de influência que se dá através do esquecimento, o qual, segundo Borges, é a forma mais profunda da memória.[304]

Independentemente das teorias que se elaboraram ao longo da história sobre modelos de beleza, a impressão sobre a beleza é relativa aos olhos de quem vê, de modo que o que é belo para uma pessoa pode não o ser para outra. O diretor cinematográfico americano Cecil B. De Mille afirmou em 1930 que nunca escolheu mulheres bonitas para o papel principal de seus filmes, no entanto é sabido, pelo volume de informações e matérias nas páginas de *O Cruzeiro*, que as atrizes de Hollywood eram consideradas belas, até porque a referência de estética e beleza vinha pelo intermédio das atrizes, que não apenas referendavam comportamentos, mas também moda. Para ele, talvez, os padrões de beleza fossem

[304] Ibid., p. 109.

diferentes dos mostrados pela revista e pelas agências divulgadoras de Hollywood, o que mostra essa dualidade interpretativa que a beleza e a estética têm. A matéria sobre as declarações do diretor revelava:

> A Belleza das mulheres e o Cinema
> Por Cecil B. de Mille
> O Grande director americano explica ao "O Cruzeiro" a predileção pelas mulheres sem belleza.
> "Nunca escolhi mulheres bonitas para papeis principaes de minhas producções". Eis uma affirmação de Cecil B. De Mille, o creador de Estrellas, director de extravagâncias cinematographicas que desanimaram, pela opulência e brilho, qualquer tentativa de concorrencia. Nunca escolheu mulheres bonitas!"[305]

De Mille declarou ainda que todas as suas protagonistas "tiveram sempre habilidade de crear a illusão da belezza. Sarah Bernhard e Eleonora Duse são exemplos typicos que bem illustram o que eu quero dizer. Nenhuma delas era uma belleza!"[306]

Com origem ainda na concepção, beleza e libido estão muito relacionadas. Ao longo da vida, passando por várias etapas desde a infância à fase adulta, a libido vai formando-se. *Os fundamentos da psicanálise* definem como *teoria do libido* "a natureza e o desenvolvimento da força propulsora da atividade psíquica"[307]. E, para criar a teoria, tem-se como base o pensamento de Freud, o qual afirma "que essa força ou energia é transmitida ao ser no ato da fecundação e é, por assim dizer, consubstancial"[308].

> Sob o ponto de vista teleológico, devemos considerá-la como um obscuro "impulso criador", cujo fim é assegurar a expansão e a perpetuação do Ser, no espaço e no

[305] *O Cruzeiro*, 25 out. 1930. p. 14.
[306] *O Cruzeiro*, 25 out. 1930. p. 14.
[307] LOPEZ, Emilio Mira Y. *Os fundamentos da psicanálise*. Rio de Janeiro: Científica, [s.d.]. p. 66.
[308] Ibid.

> tempo. Sua natureza fundamental parece ser, de acôrdo com certas passagens da obra freudiana, hormonal e instintiva. É preciso advertir, no entanto, que acêrca dessa fôrça seu revelador se limita a postular que engloba, isto sim, as energias sexuais, motivo pela qual a denomina *Libido sexual*. Isto, porém, não significa que seja *exclusivamente* sexual, pois contém elementos não diferenciados e comuns a outras funções vitais. O ponto central da sua estrutura, que é de natureza sexual, sofre, sem duvida, uma série de transformações e fixações evolutivas, até chegar a se concentrar na vida do adulto, no exercício da função genital pròpriamente dita e no aparecimento acessional da chamada "fonte sexual".[309]

A teoria sugere ainda que a detenção da libido em qualquer dos períodos evolutivos por que passa o ser humano vai "ser a origem de transformações que devem afetar o bom funcionamento do organismo em geral"[310]. É a sociedade que acaba por impor limites aos indivíduos nessa evolução natural da sexualidade.

> Em primeiro lugar, esta detenção traria, como única conseqüência, a realização, na vida do adulto, de todas as perversões sexuais correspondentes à época em que se fixasse a evolução libidinosa, se não fôsse a atual organização da sociedade, que impõem uma série de obstáculos materiais e morais a esta realização que, de fato, impossibilita quase sempre a obtenção normal do prazer tal como sucedia na infância. O desenvolvimento da censura moral não tem motivo para sofrer a mesma parada que a evolução da libido (se não se trata de sujeitos degenerados ou imbecis); conseqüentemente há de instalar-se, forçosamente, no espírito da pessoa, um grave e persistente conflito mental, resultante de luta tenaz entre uma libido insuficientemente evoluída, que busca satisfação imprópria à idade, e as fôrças repressivas que se opõem, sob a

[309] Ibid., p. 66.

[310] Ibid., p. 72.

> forma de pudor, de nojo, de repugnância, etc., à execução do desejo libidinoso. E Freud termina a exposição de sua teoria sexual afirmando que êstes conflitos resultantes de uma detenção da evolução da libido, que não corresponde ao desenvolvimento geral da personalidade psíquica, são a causa de tôdas as perturbações psiconeuróticas.[311]

As nossas instâncias psíquicas dialogam na busca de uma harmonia interna entre ego e id. Dentro da "função sintética do Ego, em Princípios da psicanálise de Herman Nunberg", discutem-se as conexões do consciente e do subconsciente, atribuindo "aos impulsos sexuais do id, o Eros, a tendência à união com outros objetos, com a finalidade de criar uma nova unidade"[312]. A tendência do eros possui fins sexuais; a do ego, não: "As tendências do id almejam não apenas uma união com os objetos, mas também uma reunião com o ego."[313] É uma tendência que nunca cessa: "Quando o ego e o id estão unidos, obtém-se uma completa satisfação narcísica."[314] Guardadas as proporções, essa satisfação pode ser obtida também com o culto ao corpo.

> Através do desenvolvimento do superego, com todos os seus subprodutos, como a culpa, a punição, a vergonha, a função do ego tornou-se bastante complicada. As exigências morais que se desenvolvem sob a influência do superego têm o efeito de inibir, até mesmo negar, a vida instintiva. A "moral" regula os sentimentos, a vontade e as ações e, mais tarde, o pensamento. A vida instintiva direta é limitada, onde quer que o superego tenha conseguido impor suas exigências. [...]. Por outro lado, o superego protege o ego do perigo das exigências instintivas, reprimindo-as. Não só o neurótico, porém também o indivíduo normal tenta controlar sua vida instintiva e

[311] Ibid., p. 66.

[312] NUMBERG, Herman. *Princípios da psicanálise sua aplicação às neuroses*. Prefácio de Sigmund Freud. Revisão conceitual de Maurício Levy Junior. Trad. Ivan Braun. Rio de Janeiro: Atheneu, 1989. p. 161.

[313] Ibid.

[314] Ibid.

> adaptar-se à realidade, por medo do perigo objetivo inerente à vida instintiva, por medo de castração e por medo do superego. Existe também um medo de perder a benevolência do superego, que não apenas é agressivo, mas possui também componentes libidinosos e contribui para a manutenção do ego narcísico.[315]

Foi pelo estudo dos instintos que se chegou à possibilidade de admitir as forças instintivas que nele operam e trazer informações sobre a vida psíquica do ser humano. A vida instintiva é influenciada pelo ego, pelas suas reações, "assim como, inversamente, as reações do ego são alteradas pela vida instintiva"[316]. Para compreender a vida psíquica, é preciso compreender o ego, um dos componentes da personalidade:

> O ego, assim, influencia a forma na qual o instinto, através de seus representantes, atinge a consciência e é convertido em ação. O ego, desse modo, pode ou permitir que o instinto se expresse diretamente na ação ou pode inibir e modificar o instinto. Em qualquer um dos casos, o curso do instinto dependerá da natureza das tendências do ego. O ego trabalha como se fosse um meio em que todos os estímulos do mundo interior são refratados. Contudo, ele recebe também estímulos do mundo exterior, os quais ele precisa elaborar e modificar. O ego, por assim dizer, está situado na fronteira entre o mundo interno e o externo [...]. Deve-se entretanto, tomar cuidado admitir que todo o ego é consciente, pois há processos psíquicos que ocorrem no ego e não são de forma alguma conscientes. A maior parte das nossas avaliações morais e inibições, por exemplo, encontram-se entre esses processos. Por isso, devemos admitir que parte do ego é inconsciente.[317]

A diferenciação da natureza dos sexos atribui a homens e a mulheres diferentes papéis, uma concepção que se pode observar

[315] Ibid., p. 186.
[316] Ibid., p. 123.
[317] Ibid., 123-124.

nas páginas de *O Cruzeiro*, limitando funções e atribuições, ou seja, lugar dos homens é trabalhando e envolvendo-se com a vida política, econômica e social do país; o das mulheres é no lar, cuidando dos filhos, da casa e preocupando-se com a estética e a aparência. No campo do imaginário, as diferenças físicas e biológicas têm um significado social que justifica desigualdades entre os sexos. São papéis que podem ser entendidos pela psicanálise, como Joel Birman escreveu:

> A masculinidade seria, portanto, uma representação da civilização, enquanto a feminilidade seria uma representação da natureza, como era comum no imaginário do século XIX. Com efeito, a civilização estaria indicada pelas faculdades estruturais superiores, isto é, o pensamento e a vontade, enquanto a natureza, pela faculdade inferior do afeto e pelo corpo. Pode-se depreender daí como, no imaginário sexual, se redistribuíram igualmente as figuras do masculino e do feminino, de maneira bem precisa. Por isso mesmo, o masoquismo seria o pólo definidor do feminino, enquanto o sadismo seria o pólo do masculino, nesse confronto terrorífico travado no campo do imaginário.[318]

Com base no discurso freudiano e apoiado na matriz do imaginário da modernidade sobre a diferença sexual, Birman afirmam que o lendário feminino está "centrado no corpo e no afeto"[319], uma representação da natureza que se "fundaria nas faculdades inferiores do afeto e em sua dimensão corpórea"[320]. Já o masculino está no "desenvolvimento consistente do pensamento e da vontade"[321]; é a representação da civilização que se caracteriza por faculdades morais tidas como superiores porque tem a sua disposição o pensamento e a vontade. Nessa visão,

[318] BIRMAN, Joel. *Gramáticas do erotismo*: a feminilidade e as suas formas de subjetivação em psicanálise. Rio de Janeiro: Civilização Brasileira, 2001. p. 191.

[319] Ibid., p. 193.

[320] Ibid., p. 191.

[321] Ibid., p. 193.

> [...] a figura da mulher não teria então a propensão ao pensamento abstrato, como a do homem, ficando colada a uma modalidade concreta do pensamento, como resultante maior de seu limitado acesso à lei moral enquanto instância do universal. A posição particular da subjetividade feminina a restringiria, enquanto, a um recorte restrito e circunscrito do mundo, limitando sua apreensão das coisas e das relações inter-humanas[322].

De acordo com a linguagem técnica da psicanálise, a figura da mulher estaria voltada para a atuação do comportamento. Com vontade frágil e inconstante, pela falta de restrição ao particular, as mulheres seriam propensas a ações precipitadas, o que se constituía em boa justificativa para a não aceitação do feminino nas decisões sociais e políticas. Podemos observar que a linha editorial da revista sobre o tema mulher aproxima-se dessa concepção freudiana, que tem como base os fundamentos modernos da psicanálise. Então, *O Cruzeiro* procurou dar às mulheres individualidade ao abrir-lhes espaços em capas e colunas para registrar a beleza e o *glamour*, embora seu objetivo principal fosse o de despertar o público feminino para o consumo de produtos modernos que carregavam uma concepção simbólica de novos tempos.

[322] Ibid., p. 200.

CAPÍTULO 4

A POLÍTICA E O PAPEL FEMININO NAS PÁGINAS DE *O CRUZEIRO*

Voto feminino: uma conquista que vence o preconceito

As mulheres – que na década de 1930 passaram a ser o alvo principal do consumo em escala industrial e dos meios de comunicação de massa, por serem tidas como um público potencial ainda pouco explorado e que ascendia profissionalmente nessa nova sociedade consumidora – ainda estavam longe de conquistar direitos civis elementares das sociedades democráticas, um dos quais era o voto.

O direito de escolher governos e representantes gerou anos de polêmicas. A maior delas, segundo sugerem as páginas de *O Cruzeiro*, foi a que classificou as mulheres como imaturas para o exercício cívico. Manifestações desmerecendo-as e à sua capacidade para uma participação mais efetiva na vida política do país eram frequentes na década de 1930, sendo mostradas em algumas colunas de opinião do semanário. Além de Humberto Campos, Valdez Corrêa também escreveu um artigo que apresenta quase o mesmo tom, destacando a incapacidade feminina diante das questões políticas do país. Era 1931 e a discussão sobre o voto feminino permanecia.

A concepção mostrada por *O Cruzeiro* era de que as mulheres não tinham maturidade suficiente para entender a complexidade política nem discernimento para escolher candidatos. Prevaleciam as ideias dos autores homens, de modo que elas não tinham espaço para manifestar-se sobre o tema. A discussão estava apenas começando, afinal, só três anos depois uma solução foi dada ao debate, concedendo às mulheres o direito de votar. Porém, como foi mostrado no capítulo 1, foi essa uma condição garantida pela igualdade dos sexos e porque o voto se tornou um ato cívico obrigatório para todos os brasileiros, inclusive para analfabetos; portanto, não foi apenas um privilégio feminino. Em fevereiro de 1930, o artigo de Valdez Corrêa, com o título "O voto feminino", defendia:

> Na serie de reformas por que vae passar a nação, uma das mais importantes, sem dúvida, é a que diz respeito com a parte eleitoral. [...].
> O caso será examinado, discutido sob o seu duplo aspecto: – póde a mulher exercer o direito do voto, isto é, ser eleitora e elegível? Deve exercer esse direito?
> Por equidade, nos permittimos dizer que póde. É exacto que scientificamente a mulher é considerada menor. É este até um dos argumentos de que sempre tem lançado mão os homens, afim de restringir as funcções femininas, especialmente no tocante a conservar a mulher afastada da arena política.
> A antropologia assegura a inferioridade craneana da mulher, sem distincção de raça nem de epoca. Os craneologistas dizem que o cerebro da mulher, tanto em volume, peso especifico como em riqueza encephalica, é igual ao de um menino de dez annos. Welcker encontra para a mulher actual 1.300 cm.3 e para um menino de dez annos 1.360 cm.3. [...].
> Vejamos: – Uma analyse imparcial mostra-nos que uma grande parte do eleitorado é composta de analphabetos, ignorantes que não têm a menor noção do direito que exercem. Uma outra parte constitui-se de alcoolatras, criminosos, venaes, que vão às urnas sem nenhum espirito de independencia, limitando-se a votar em quem lhe promette um emprego [...].
> Achamos, pois, que a mulher póde ter direitos politicos, assim como ella hoje em dia já tem outros direitos que em seculos mais recuados lhe eram defesos. Mas deve

> ter esse direito? Ahi é que é o ponto grave da questão. Nós podemos muita cousa que não devemos. Será que a mulher politica não virá prejudicar a futuro da Humanidade? Será que os deveres politicos não incompatibilisam o bello sexo com a maternidade? A mulher poderá conciliar a política com o lar? A americana, a inglesa, prestam-se perfeitamente para a politica. Mas abrasileira estará nas mesmas condições? A raça, o temperamento, o clima, a educação não passarão nessa balança? Ainda mais: – Um país de extensão territorial como o nosso, que precisa ainda ser povoado[323]

O artigo reforçava a polêmica e era uma demonstração clara de que a sociedade ainda não estava preparada para aceitar a inserção das mulheres na política. Argumentos como esse, que desmerecem a capacidade de discernimento feminino, não contribuíam para elevar o debate nem para conceder às mulheres o direito do voto. Era o pensamento masculino sobre o tema que prevalecia, ignorando o posicionamento de quem mais era interessado no assunto.

Ao chegar ao poder em 1930, Getúlio Vargas iniciou uma política para moralizar as eleições no país. O voto feminino foi conquistado em 1932, por meio da criação do Código Eleitoral, que determinava voto obrigatório para as trabalhadoras do setor público e facultativo para as demais mulheres. Foi nesse período que surgiu também a Justiça Eleitoral, como meio de fiscalizar as eleições. Outra medida importante desse período foi a eleição para a Constituição de 1934, que permitiu a votação direta para presidente da República e fez de Getúlio Vargas presidente eleito.

O Brasil vinha de um período eleitoral considerado fraudulento, uma herança do predomínio das oligarquias brasileiras, que se mantinham no poder manipulando e fraudando eleições.

---

[323] CORRÊA, Valdez. O voto feminino. *O Cruzeiro*, ano 3, n. 17, 28 fev. 1931. p. 1.

Então, muita gente era obrigada a votar à força nos candidatos indicados pelos pequenos grupos controladores da política.

A votação de 1º de março de 1930, com a vitória de Júlio Prestes, foi a "gota d'água". Constatada a fraude, os aliados de Getúlio Vargas, candidato derrotado na eleição, iniciaram o movimento revolucionário que ficou conhecido como a *Revolução de 30*. *O Cruzeiro* acompanhou o desenrolar dessa história, fortalecendo muito a posição dos revolucionários, o que acabou na deposição do presidente Washington Luís, no dia 24 de outubro de 1930. Em seguida, Getúlio Vargas assumiu o poder e, com a colaboração de outro gaúcho, Oswaldo Aranha, planejou a tomada do poder no Catete, uma luta que se intensificaria após o assassinato de João Pessoa, governador da Paraíba, um dos aliados dos revolucionários, além dos mineiros, que estavam descontentes com a política do presidente Washington Luís.

> O acontecimento que catalisou a oposição em rebelião armada, foi o assassinato do ex-candidato à vice-presidência, João Pessoa, da Paraíba. A 26 de julho, Pessoa saiu sob as balas do filho de um acerbo inimigo político local. Sua morte não foi atípica entre as sangrentas lutas das clãs políticas da região nordestina do país. Contudo, nesse momento tenso da política nacional, teve um efeito traumático, porque Washington Luís havia apoiado o grupo político ao qual estava ligado o assassino. Os conspiradores indecisos no seio da oposição foram engolfados pela onda de indignação levantada pelos radicais, de maneira a criar uma atmosfera revolucionária. Borges Medeiros agora apoiava a revolução e ajudava ativamente a recrutar comandantes militares para a conspiração.[324]

O assassinato de João Pessoa foi registrado com destaque por *O Cruzeiro* ao ressaltar que "do chefe entemenato restava apenas um cadáver inanimado, coberto de flores". Duas fotos,

---

[324] SKIDMORE, Thomas E. *Brasil*: de Getúlio a Castelo Branco, 1930-1964. Rio de Janeiro: Paz e Terra, 1982. p. 23.

uma do presidente assassinado, em primeiro plano, e a outra com simpatizantes em volta do caixão traduziam o impacto daquela morte na sociedade brasileira. As legendas contavam como o fato tinha acontecido: "Duas balas haviam traiçoadamente abatido a energia resoluta e inequebrantavel do Presidente da Paraíba."[325] A foto de João Pessoa morto ocupou quase toda a página da revista, além da 12, 14 e 18, que mostraram fotos da multidão nas ruas acompanhando a passagem do cortejo fúnebre. Os textos-legendas relataram que o assassinato acontecera no dia 26 de julho na cidade do Recife e que o presidente

> fôra em visita a um amigo doente, e onde se haviam refugiado alguns dos seus mais encarniçados inimigos políticos. O presidente João Pessoa foi inopinadamente assaltado a tiros de revolver por João Dantas, fallecendo instantes depois[326].

Essa morte foi o estopim para que eclodisse a revolução.

Thomas Skidmore diz que essa foi uma revolução de elites, que começou a ser programada com Vargas incitando os rebeldes gaúchos a marchar em direção ao Rio de Janeiro. Com lemas como "Rio Grande de pé, pelo Brasil! Não poderás falhar ao teu destino heróico!",[327] a luta, segundo Vargas, visava garantir a liberdade e reconstruir o país. A revolução iniciou-se no dia 3 de outubro de 1930 e teve como chefe o coronel Góes Monteiro. Em novembro de 1930, segundo Skidmore, Getúlio iniciou o governo provisório:

> Em novembro de 1930, o líder civil de um movimento armado de oposição, Getúlio Vargas, tornou-se Presidente do Brasil em caráter provisório. Os militares mais graduados, dez dias antes, haviam deposto o govêrno

[325] *O Cruzeiro*, 17 jan. 1931. p. 13. O mesmo texto-legenda e a foto de João Pessoa morto aparecem também na edição especial O Cruzeiro. A revolução nacional. Documentos para a historia. Rio de Janeiro, nov., 1930. p. 13.

[326] Id., *A revolução nacional*. Documentos para a historia. Rio de Janeiro, nov. 1930. p. 13.

[327] SKIDMORE, op. cit., p. 23.

legal do Presidente Washington Luís (1926-30), com isso impedindo-o de dar posse ao candidato (Júlio Prestes) que, pelos resultados oficiais, havia derrotado Vargas na eleição presidencial de Março. Pela primeira vez, desde a proclamação da República, em 1889, o candidato "do govêrno" não conseguia chegar à presidência.[328]

O Brasil, assim como o mundo, passava por uma crise econômica, especialmente após a quebra da Bolsa de Nova Iorque, em 1929, cujos reflexos se fizeram sentir sobretudo na produção do café. Nesse período, a industrialização intensificou-se, o que Boris Fausto define como um período de maturação, que abrange de 1930 a 1950. E reforça:

> Mas isso não significa que a Revolução de 1930 tenha instalado no poder a burguesia industrial. O prevalecimento da ordem industrial, para a qual o Estado desempenhou um significativo papel, resultou de um processo histórico, a respeito do qual vale a pena ressaltar algumas características.[329]

Entre as características Fausto cita o impulso à ampliação das atividades industriais; a implantação de uma ordem industrial que trouxe avanços e, ao mesmo tempo, retrocessos, além de que, em alguns pontos, governo e empresários não se entenderam.[330] Eram tempos marcados pela passagem de uma ordem agrícola para a urbano-industrial, gerando conflitos e insatisfação popular, que envolviam desde a exploração da mão de obra à falta de garantias e direitos trabalhistas. Getúlio Vargas foi então lançado pelo Rio Grande do Sul e João Pessoa pela Paraíba como candidatos à Presidência da República, com o apoio da Aliança Liberal, formada por vários partidos, como o Partido Republicano

---

[328] Ibid., p. 21.

[329] FAUSTO, Boris. *A Revolução de 1930*: historiografia e história. São Paulo: Brasiliense, 1983. p. 24.

[330] A burguesia industrial, no entanto, organizou-se em associações de classes e conseguiu ter influências no governo. FAUSTO, Boris. *A Revolução de 1930:* historiografia e história. São Paulo: Companhia das Letras, 1997. p. 24-25.

Riograndense (PRR) e o Partido Liberal. Durante a campanha, em grandes comícios os revolucionários defendiam o voto secreto para aumentar a representatividade política do povo; a participação de juízes nas mesas eleitorais; medidas econômicas de proteção a vários produtos brasileiros, entre eles o café; a criação de um código de leis trabalhistas e a necessidade de industrialização do país, entre outras medidas. Segundo Thomas Skidmore, eram os nacionalistas semiautoritários, que se preocupavam com a "regeneração nacional" e a modernização. Os principais defensores eram os tenentes, que já tinham organizado revoltas em 1922 e 1924: "Seus adeptos estavam querendo experimentar formas políticas não-democráticas, de molde a obter as modificações sociais e econômicas sôbre as quais falavam de modo vago porém apaixonado."[331] O nacionalismo defendido pelo governo Vargas era reforçado por alguns veículos de comunicação de Assis Chateaubriand, como o próprio *O Cruzeiro* e também *O Jornal*. Essa defesa foi feita pela revista por meio de uma edição especial:

> No momento em que utiliza o seu grande prestígio de órgão de opinião na propaganda patriótica de um nacionalismo econômico, pugnando pela utilisação das feculas nacionaes na confecção do pão e dos arte-factos nacionaes no vestuario, O JORNAL inicia a publicação sensacional das memórias inéditas do marechal Foch, cujos direitos de traducção e publicação adquiriu aos leitores. A simultaneidade dessas duas iniciativas constitue o certificado cabal de que o grande orgão da imprensa brasileira não cede da sua alta concepção universalista de cultura e totalmente concilia o dever brasileiro de amparar as industrias brasileiras, fundadas com capitaes brasileiros, utilisadoras de materiais primas brasileiras, com as normas do mais intenso convivio internacional.[332]

[331] SKIDMORE, op. cit., p. 28.

[332] *O Cruzeiro*. 24 jan. 1931. p. 32.

Com a industrialização em crescimento no país no final da década de 1930, o governo criou uma "política de intervenção estatal", ampliando, dessa forma, sua autoridade para dirigir uma economia de manipulação e intervenção direta. Durante o Estado Novo, foram fixados os primeiros salários mínimos, além de o Ministério do Trabalho criar sindicatos controlados pelo governo, com o objetivo de intervir também nas políticas salariais. Tudo isso era feito com propósitos nacionalistas, esses que foram estimulados com a eclosão da Segunda Guerra Mundial, já que havia a necessidade de muitos produtos que atendessem à demanda, principalmente com a entrada do Brasil em 1942 na guerra.

Foi um governo que manteve firme e estreita ligação com os proprietários de veículos de comunicação, como Assis Chateaubriand. Eram relações de interesses mútuos que objetivavam a modernização do país, numa sintonia entre a linha editorial da revista e os interesses políticos do governo. Para Michel Foucault, as relações de poder agem com práticas, como se fossem uma "máquina social" que se difunde pela estrutura da sociedade, "o que significa dizer que o poder é algo que se exerce, que se efetua, que funciona"[333]. É uma engrenagem de ações que faz convergir diversos interesses políticos e econômicos, que, como uma "máquina de interesses, propagam-se pela sociedade.

> E esse caráter relacional do poder implica que as próprias lutas contra seus exercícios não possam ser feitas de fora, de outro lugar, do exterior, pois nada está isento de poder. Qualquer luta é sempre resistência dentro da própria rede do poder, teia que se alastra por toda a sociedade e a que ninguém pode escapar: ele está sempre presente e se exerce como uma multiplicidade de relações de forças. E como onde há poder há resistência, não existe propriamente o lugar de resistência, mas pontos móveis e transitórios que também se distribuem por toda a estrutura social. Foucault rejeita, portanto, uma concepção do poder

[333] FOUCAULT, Michel. *Microfísica do poder.* 3. ed. Rio de Janeiro: Graal, 1982. p. 14.

inspirada pelo modelo econômico, que o considera uma mercadoria. E se um modelo pode ser elucidativo de sua realidade é na guerra que ele pode ser encontrado. Ele é luta, afrontamento, relação de força, situação estratégica. Não é um lugar, que se ocupa, nem um objeto, que se possui. Ele se exerce, se disputa. E não é uma relação unívoca, unilateral; nessa disputa ou se ganha ou se perde.[334]

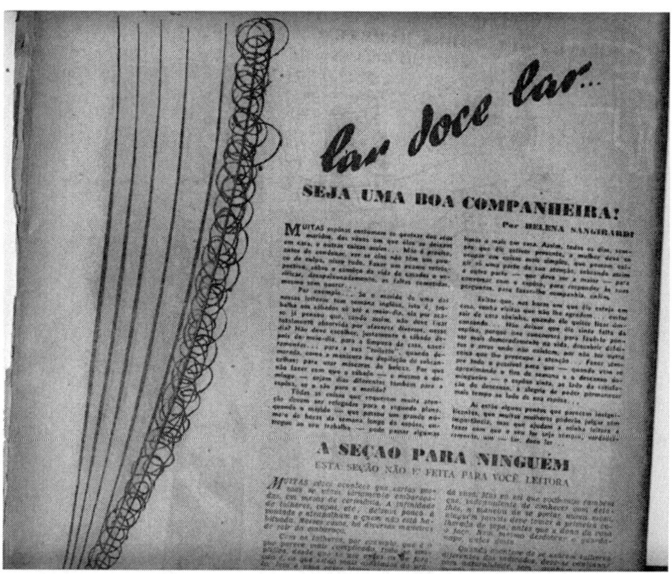

lar doce lar...

SEJA UMA BOA COMPANHEIRA!

A SEÇÃO PARA NINGUÉM

ESTA SEÇÃO NÃO É FEITA PARA VOCÊ LEITORA

FIGURA 21 – LAR DOCE LAR - SEJA UMA BOA COMPANHEIRA[335]
FONTE: MUSEU DE COMUNICAÇÃO SOCIAL HIPÓLITO JOSÉ DA COSTA. PORTO ALEGRE, RS

Nessa política de relações de poder, *O Cruzeiro* e Vargas exercitaram práticas de conveniências mútuas que, tanto na comunicação como na política, deram ao país ares de modernidade e mudanças. Eram ideais reforçados em cada um dos espaços da revista, mas pelo pensamento masculino, já que as mulheres não se posicionavam

[334] Ibid., p. 14-15.

[335] *O Cruzeiro*. 15 abr. 1944. p. 76

a respeito de política, de economia. Colunistas e repórteres abordavam o universo feminino do sonho, da fantasia da beleza, de um ideal de comportamento que agradasse aos olhos e que mantivesse as mulheres em sua antiga condição de submissão, mas, ao mesmo tempo, que valorizasse nelas o potencial de consumo.

A mulher na Revolução de 1930

FIGURA 22 – DOCUMENTO PARA A HISTÓRIA[336]
FONTE: Museu de Comunicação Social Hipólito José da Costa. Porto Alegre, RS

[336] *O Cruzeiro*. 17 jan. 1931.

Além de defender o nacionalismo, a revista posicionava-se a favor do governo provisório de Getúlio Vargas, que começava a instalar-se, como fica claro na edição especial de novembro de 1930, denominada "A Revolução Nacional: documentos para a história". A vasta documentação, que por si só daria uma pesquisa, aqui serve para ter-se uma ideia da relação de Getúlio com o veículo de comunicação, que, como já foi mostrado no primeiro capítulo, foi sempre próxima.

Nos primeiros anos do governo de Getúlio, a revista concedia espaços generosos aos feitos do governo e aos seus representantes, tanto que quase tudo o que Getúlio Vargas e seus aliados faziam era registrado nas páginas da revista. A partir da década de 1940 e com o reforço das intenções de deposição do ditador, *O Cruzeiro* tornou--se mais crítico e mudou o enfoque das notícias, passando, então, a criticá-lo.[337] Uma crítica que não faz parte de "O documento para a história", como definiram os editores, era uma publicação sobre a trajetória dos personagens que haviam feito a Revolução de 1930, cujas intenções e pretensões constavam no documento especial que circulou encartado na revista em 1930, enriquecido com muitas fotos e discursos na íntegra dos revolucionários e do manifesto resultante da convenção de 20 de setembro da Aliança Liberal. O espaço, além de enaltecer os revolucionários, fornecia detalhes sobre o planejamento e a execução dos principais fatos da luta. Mostrando-se próxima dos acontecimentos, a revista anunciava na página 4 do dia 15 de novembro de 1930: "O Cruzeiro e a Revolução Nacional":

> O Cruzeiro consagrará um numero especial, extra-série, à REVOLUÇÃO DE OUTUBRO.
> Este documento extraordinario, em formato album, constará de 100 paginas em papel de luxo, das quaes 32 em rotogravura e 8 em trichromia, e abrangerá todos os acon-

[337] O tema política em *O Cruzeiro*, como já foi dito, tem um tom de nacionalismo e de apoio ao sistema adotado pelo governo da década de 1930, mas, antes mesmo de chegar ao poder, Getúlio Vargas e seus aliados eram divulgados como heróis, fatos contados em cem páginas do *O Cruzeiro*. *A revolução nacional*. Documentos para a história. Rio de Janeiro, nov. 1930.

tecimentos decorrentes entre a eleição presidencial de 1 de março até á posse do governo em 3 de Novembro pelo Presidente Getulio Vargas. Além de uma vastíssima documentação photografica, na sua maioria inédita, este numero extraordinario terá a collaboração artistica dos consagrados pintores Carlos Chambelland, Oswaldo Teixeira e A. Rosenmeyer, e a collaboração de technica de officiaes e cartographos do Estado-Maior do Exercito. Addicionada á copiosa documentação photographica, a edição de O Cruzeiro reproduzirá desde a plataforma dos candidatos da Aliança Liberal até a acta da posse do Presidente Getulio Vargas, todos os manifestos da Revolução, as Ordens do Dia dos exercitos revolucionarios, o plano da batalha de Itararé, os discursos e mensagens dos presidentes do Rio Grande do Sul, de Minas Geraes e da Parahyba, e dos generaes commandantes dos Corpos de Exército.
A capa em quatro côres apresentará uma allegoria á Revolução por Oswaldo Teixeira. Entre os retratos a côres, cuja execução foi confiada a laureados pintores, figuram os do inclito presidente da Parahyba, João Pessoa; do presidente da República Getúlio Vargas, generalissimo da Revolução; do ex-presidente de Minas, Antonio Carlos; dos generaes Juarez Távora e Aristarcho Pessoa, respectivamente commandantes dos exercitos do Norte e do Centro, e o de sua Eminencia o Cardeal D. Sebastião Leme.
Figuram no numero especial de O CRUZEIRO numerosas photographias das frentes de combate, a mobilização do Rio Grande do Sul, os depositos de concentração e estado-maior, os acampamentos; as linhas de frente da fronteira Paraná-São Paulo, a documentação integral de todas as phases da luta iniciada em 3 de Outubro até á deposição do governo pelas forças militares do Rio de Janeiro em 24 de Outubro.
A maior revolução da America será apresentada nos seus mais variados aspectos politicos e militares em uma obra de caracter exclusivamente documental, que constituirá a mais preciosa e fiel memória da sublevação nacional de Outubro.[338]

[338] *O Cruzeiro*, 15 nov. 1930. p. 4.

O "Documento para a história" trouxe na terceira página as fotos de Nilo Peçanha, Ruy Barbosa e Antonio Carlos Andradas, presidente do Estado de Minas, como os precursores da revolução de 1930. Isso porque Antonio Carlos era colocado como um dos responsáveis pela promoção e iniciativa da revolução, o qual levantou as candidaturas dos presidentes do Rio Grande do Sul e da Paraíba à Presidência e à Vice-Presidência da República; criaram-se assim, candidaturas oposicionistas ao governo da época. Descrevia o documento que Ruy Barbosa e Nilo Peçanha tinham levado à Presidência da República o marechal Hermes da Fonseca e Artur Bernardes. Dizia ainda:

> O insuccesso desses grandes movimentos de opinião, que mobilisaram para a luta essencialmente democratica das urnas alguns centos de milhares de eleitores, tinha deixado as oligarchias politicas compenetradas de que estavam ainda longinquos os tempos favoraveis á pratica dos puros principios republicanos e á reducção dos poderes eleitoraes do presidente.[339]

O manifesto da convenção de 20 de setembro de 1930, pela Aliança Liberal, foi publicado em nove páginas, sob o título "A eleição presidencial de 1930 – plataforma da Aliança Liberal". Com fotos de Getúlio Vargas e dos simpatizantes da Aliança, o manifesto, segundo *O Cruzeiro*, sistematizava as ideias e tendências da corrente liberal, que era a plataforma do candidato à Presidência, Getúlio Vargas. Entre as propostas estavam a anistia partidária, as leis compressoras da liberdade do pensamento, legislação eleitoral, autonomia do Distrito Federal, ensino secundário e superior, com liberdade didática e administrativa; ainda, contemplava-se a questão social, fazendo referências às mulheres e às crianças. O documento dizia:

> Se o nosso protecionismo favorece os industriaes, em proveito da fortuna privada, corre-nos, tambem, o dever de

[339] *O Cruzeiro*. A revolução nacional. Documentos para a história. Rio de Janeiro, nov. 1930. p. 4.

acudir ao proletariado, com medidas que lhe assegurem relativo conforto e estabilidade e o amparem nas doenças como na velhice. A actividade das mulheres e dos menores nas fabricas e estabelecimentos commerciaes, está em todas as nações cultas subordinada a condições especiaes, que entre nós, até agora, infelizmente, se desconhecem. Urge uma coordenação de esforços entre o governo central e o dos Estados, para o estudo e adopção de providencias de conjucto que constituirão o nosso código do Trabalho. *Tanto o proletariado urbano como rural necessitam de dispositivos tutelares applicaveis a ambos, ressalvadas as respectivas peculiaridades.*

Taes medidas devem comprehender a instrucção, educação, hygiene, alimentação, habitação; a proteção às mulheres, as crianças, á invalidez e a velhice; o credito, o salario e até o recreio, como os desportos e cultura artistica.[340]

O documento não se esquecia do Exército e das Forças Armadas, do funcionalismo público, plano financeiro, desenvolvimento econômico, pecuária, café, colonização da Amazônia, defesa da produção e vias de comunicação, com o plano de viação geral do país. Além do depoimento de Virgílio de Mello Franco, recolhido pelo próprio Assis Chateaubriand, sobre como se originara a revolução[341], a revista publicou o manifesto do

[340] *O Cruzeiro*, nov. 1930, p. 9.

[341] "Como se originou a Revolução (depoimento do Dr. Virgilio de Mello Franco, recolhido pelo Sr. Assis Chateaubriand): – Depois das eleições de 1º de Março, cujos tristes episodios não precisam ser relembrados, a Alliança Liberal soffreu, indubitavelmente, um colapso, e o desanimo invadiu o espírito de muitos, tanto mais quanto a famosa entrevista que o sr. Borges de Medeiros concedera sobre o rumo a tomar depois das eleições foi interpretada pelo sr. Washington Luis como uma capitulação do Rio Grande. Nessas condições, como todos devem recordar-se, o ex-presidente, julgando-se livre do perigo do pampa, redobrou de violência contra os Estados de Minas e da Parahyba. O sr. Baptista Luzardo, que ainda não havia regressado do nordeste, a onde fôra em propaganda eleitoral, chegou ao Rio na primeira quinzena de Março, partindo immediatamente para o Rio Grande, onde se demorou apenas tres dias, findos os quaes voltou ao Rio de Janeiro de novo. No mesmo dia de seu regresso, o deputado libertador convocou-me à sua residencia, e me expoz o ponto de vista do Rio Grande, cujas correntes políticas entendiam que o caso brasileiro não se podia resolver mais por um processo lento de evolução, mas sim pela acção direta revolucionária. Assim sendo, o sr. Baptista Luzardo se declarava autorizado para em nome dos dois partidos gauchos, convidar Minas e a Parahyba para a elaboração de um movimento revolucionário. [...]. Afinal, depois de dias de espectativa ansiosa, foi marcado, de combinação com Minas e Parahyba, o dia 3 de outubro, às 5 ½ da tarde. Nesse dia,

chefe da revolução, Getúlio Vargas. Contendo uma foto do líder, o texto dizia:

> O manifesto dirigido á Nação pelo presidente do Rio Grande do Sul e chefe da Revolução Nacional, sr. Getúlio Vargas, teve uma ampla divulgação no estrangeiro, sendo publicado na integra pelos principaes jornaes da Argentina, do Uruguay e do Chile, e irradiado pelas estações de radio. O povo brasileiro, na sua quasi totalidade, com excepção dos Estados do Rio Grande do Sul, Santa Catharina e Paraná, só o leu depois do dia 24, quando, abolida a censura pela deposição do governo do sr. Washington Luis, foi então dado a conhecer pela imprensa.
>
> Ninguém ignora o persistente esforço por mim levado a cabo desde o começo da campanha para a sucessão presidencial da Republica, no sentido de que o pleito eleitoral se mantivesse rigorosamente no terreno da ordem e da lei. Jámais me inclinei para a revolução, nem sequer proferi uma palavra de ameaça. Sempre que as contigencias me obrigaram a falar ao publico appelei para o sentimento e cordialidade e as inspirações do patriotismo, afim de que a crescente exaltação dos espiritos não desencadeasse a desordem material. Ainda quando percebi que a hypertrophia do executivo, inteiramente fóra da medida, absorvendo os tres poderes, anniquilava o regimen e assumia de maneira extensiva a direcção da luta eleitoral, em favor do meu oppositor tentei uma solução conciliadora.
>
> As violências e perseguições previas, como acto preparatorio da fraude, punham em evidencia que, depois do pleito eleitoral tenderiam a que a cumplicidade de um

almoçamos juntos Oswaldo Aranha, Mauricio Cardoso e Luiz Aranha. Poucas horas faltavam para o golpe. As senhoras dos tres, que se portaram com singular bravura, tambem estavam presentes. Findo o almoço, Oswaldo Aranha e eu saimos a pé pelas ruas mais movimentadas de Porto Alegre para despistar os partidarios da legalidade federal. Parecia que em cada physionomia a gente lia o prologo do grande drama. Por que se approximasse a hora eu me despedi, emocionado, de Oswaldo Aranha, o qual ia se juntar a Flores da Cunha para tomarem o seu posto de chefes de assalto ao Quartel General, e segui para o meu, ao lado do coronel Góes Monteiro. Ahi começa outra história, como dizia Kipling, e cujos detalhes já são de todos conhecidos." O depoimento tem uma página. *O Cruzeiro*. A revolução nacional. Documentos para a história. Rio de Janeiro, nov. 1930. p. 16.

Congresso sem comprehensão dos seus altos deveres nos levasse ao ajuste de contas pelo sacrificio de direitos de todos os elementos incorporados á corrente liberal.

Sempre estive igualmente prompto á renuncia de minha candidatura, assumindo as responsabilidades de todas as accusações que, por certo, recairiam sobre mim, uma vez adoptadas as medidas que satisfizessem as legitimas aspirações coleetivas, com a acceitação dos principios propugnados pela Alliança Liberal e a execução das providencias que correspondessem aos desejos generalizados do povo brasileiro. Esforcei-me tambem para que a campanha continuasse dentro de um regimen de garantias e respeitos integraes, iguaes a todos os direitos consagrados pelos suffragios eleitoraes. Sómente tal conducta permittiria que depois do pleito pudessem os adversários dar lealmente por terminada a luta, conciliando-se, desde logo, sem resentimentos. [...].

O povo opprimido e vexado, o regimen representativo ferido de morte pela subversão do suffragio popular, o predominio das oligarchias e do profissionalismo político; as forças armadas – guardas icorruptiveis da dignidade nacional – condemnadas a servir á funcção dos esbirros do caciquismo político; a brutalidade; a violencia; o suborno; o esbanjamento dos dinheiros públicos; o relaxamento dos costumes; e coroando esses scenarios desoladores, a venalidade campeando em todos os ramos da administração publica. [...].

Não foi em vão que o nosso Estado realizou o milagre da União Sagrada. É preciso que cada um de seus filhos seja um soldado da grande causa.

Rio Grande, de pé, pelo Brasil! Não poderás illudir o teu destino heroico!

Getulio Vargas

Presidente do Estado do Rio Grande do Sul, chefe da Revolução Nacional.[342]

---

[342] *O Cruzeiro*. A revolução nacional. Documentos para a história. Rio de Janeiro, nov. 1930. p. 17-18.

Em seguida, eram exibidas em muitas fotos as armas e os soldados que haviam participado da revolução, sob o título: "O Rio Grande do Sul em armas". Na imagem da bandeira do estado gaúcho, a legenda dizia:

> A Revolução certificou a conservação das indomaveis capacidades marciaes do povo rio-grandense e revelou ao Brasil as surpreendentes condições em que o Rio Grande do Sul pode mobilisar, quando necessário, em breves dias, um exercito de cem mil homens, que constituiria a muralha solidissima da nossa fronteira meridional. São alguns dos aspectos da mobilisação rio-grandense, verdadeiro e impressionante diploma de patriotismo, que reunimos nestas paginas, que constituem uma lição de enthusiasmo civico.[343]

Na sequência, as páginas traziam a mensagem do arcebispo de Porto Alegre e o perfil das principais figuras da revolução, como Oswaldo Aranha e Borges de Medeiros; depois, um espaço para os revolucionários de Minas Gerais, com uma foto do líder principal Antônio Carlos Ribeiro de Andrada, ex-presidente de Minas Gerais e promotor das candidaturas da Aliança Liberal.

Na defesa de Minas Gerais na revolução, Chatô escreveu um artigo com o título "O berço da revolução", no qual expressava:

> O papel de Minas na revolução brasileira ultrapassou, sem duvida, o de todos os Estados que no movimento estiveram envolvidos.
>
> Por isso, mesmo que Minas não é o Norte, nem o Sul, coube-lhe, no grande drama, que o Brasil vem de escrever o papel de coordenador do espirito revolucionario e de responsavel maximo pelo desencadeamento da luta. Gauchos, parahybanos e pernambucanos são obrigados a reconhecer a Minas essa primazia.
>
> A tradição militar do Rio Grande poderia levar o resto do Brasil a de começo enxergar na projecção revolucionaria gaucha quer os traços das tendencias guerreiras do

[343] Ibid., p. 19.

pampa, quer a exaltação do amor proprio regional, ferido ante o espulho do sr. Getulio Vargas. Da Parahyba se tinha o direito de esperar a collaboração immediata em qualquer acto de desespero contra o governo do sr. Washington Luis. As vilanias contra ella praticadas autorizavam-na a todos os paroxysmos da vingança e da revolta para não se submeter á escravidão. [...].

Foi Minas que levantou o gesto de rebelião contra o Cattete, no caso da escolha de seu sucessor. A revolução teve inicio nesse desafio da montanha ao poder pessoal do sr. Washington Luis. E se foi o presidente Antonio Carlos, quem compoz, com sua lucida visão de homem de Estado, o peludio de revolução, poderemos dizer que berço do movimento reivindicado tem as suas raizes na teoria sagrada da Inconfidencia. Assis CHATEAUBRIAND.[344]

Com um tom enaltecedor, o documento especial não deixava de ilustrar os principais momentos da revolução. Em página inteira, a fotografia de Getúlio Vargas tomava a maior parte do espaço e a legenda destacava:

O Presidente Getulio Vargas, chefe supremo da Revolução com honras e poderes de generalissimo acompanhando pela officialidade do Exercito Revolucionario, na capital do Estado do Estado do Paraná que adherira á causa revolucionaria.[345]

Com mapas que mostravam a estratégia de combate dos revolucionários desde o Rio Grande do Sul, Santa Catarina, Minas até o Rio de Janeiro, o texto contava em detalhes como as batalhas eram articuladas e quem dava as ordens de prosseguimento:

Para o combate a Itararé, o grupo de destacamentos Miguel Costa tinha sido dividido em tres destacamentos, a cada um dos quaes foi dada uma missão distincta. Ao destacamento Silva Junior, o maior dos tres, foi confiado

[344] Ibid., p. 44.

[345] Ibid., p. 56.

> o ataque frontal, que tinha por fim unicamente fixar o inimigo, pois não contava progredir deante das poderosas organizações defensivas do adversário. O destacamento Flores da Cunha recebeu a incumbencia de fazer o ataque desbordante pelo norte.[346]

Além disso, as atas do Exército Revolucionário, publicadas na íntegra, mostravam como as conquistas iam acontecendo, o seu desfecho, como "a intimação de rendição às forças de Itararé". Traziam, ainda, o anúncio da deposição do presidente Washington Luis e a constituição de uma Junta Governativa Revolucionária no Rio de Janeiro.

O documento "A revolução nacional" trazia também a festa da vitória. Em São Paulo, os revolucionários foram aclamados e Getúlio Vargas fora recebido pelo povo:

> No dia 29 de outubro, vinte e seis dias após a proclamação do estado revolucionário, o Presidente do Rio Grande do Sul, candidato da Alliança Liberal á presidencia da Republica nas eleições de Março, chegava a S. Paulo, acompanhado pelos seus companheiros de armas. O pronunciamento da guarnição militar do Rio de Janeiro, no dia 24, apressara a victoria da Revolução, evitando os mortiferos combates em que os soldados do Rio Grande do Sul, de Santa Catharina e do Paraná iam enfrentar os soldados da legalidade e suspendendo os movimentos militares das tres frentes de guerra com a restauração da concórdia nacional.
> Desopprimida das appreensões que o immenso conflicto armado gerara em todo o Brasil, S. Paulo acolheu o chefe victorioso da Revolução como o homem a quem a Providencia designara para encarnar as aspirações de uma nova era política, e que restituía ao Brasil a paz alterada pelas dissenções partidarias. Eram quase 11 horas da noite quando o trem presidencial entrou na estação da Sorocaba, sendo o chefe da Revolução triumphante conduzido ao palacio dos Campos Elyscos por entre as caloro-

[346] Ibid., 66.

sas manifestações do povo, que em todo o longo trajecto não cessou de acclamar o sr. Getúlio Vargas.[347]

A revista registrou os discursos feitos pelos revolucionários sobre o ato histórico brasileiro da conquista do poder por meio da revolução. As páginas do encarte especial continham muitas fotos da multidão nas ruas de Porto Alegre, São Paulo, Rio de Janeiro, em cidades mineiras e da Bahia e Recife, mostrando a empolgação popular com o líder revolucionário. E na varanda do palácio presidencial, Getúlio Vargas, ao lado de Oswaldo Aranha, agradecia as manifestações populares, num registro para as páginas de *O Cruzeiro*.

FIGURA 23 – SAMARITANA BRASILEIRA[348]
FONTE: Museu de Comunicação Social Hipólito José da Costa. Porto Alegre, RS

[347] *O Cruzeiro*, nov. 1930. p. 84.
[348] *O Cruzeiro*. 19 set. 1942.

Segundo a revista, as mulheres, especialmente as esposas dos revolucionários, teriam participado ativamente da revolução com a Legião da Caridade:

> A mulher Brasileira na Revolução as legendas contam que: a senhora Getulio Vargas, esposa do chefe da Revolução Nacional e actual Presidente do Brasil, com seus filhos. A Legião da Caridade de que era presidente a senhora Getulio Vargas, promove uma jubilosa manifestação por occasião da partida para o Rio da esposa do Sr. Getulio Vargas. A senhora Getulio Vargas e as senhoras João Neves da Fontoura e Luiz Aranha, por occasião da sua partida de Porto Alegre para o Rio de Janeiro em hidro-avião.[349]

A presença da mulher na revolução mostrada pela revista restringia-se às esposas dos revolucionários, pelo menos conforme os registros dão conta. Uma edição antes da matéria citada trouxe uma página totalmente dedicada

> [...] para o trabalho realizado pelas esposas dos triunfadores e dizia que as senhoras Getulio Vargas, João Neves e Luiz Aranha viajam de avião de Porto Alegre ao Rio de Janeiro pelo hydro-avião "Porygcar", do syndicato Condor chegaram ao Rio, no dia 29 de Outubro as senhoras Getulio Vargas, João Neves da Fontoura e [...] procedentes de Porto Alegre, onde, durante os vinte dias que durou a campanha revolucionaria, activamente se occuparam nos serviços da Cruz Vermelha e de assistencia, secundando a abnegação patriotica de seus maridos. As photographias desta pagina registram os aspectos da chegada das illustres e animosas senhoras, quando desembarcaram do hidro-avião na Ilha das Enxadas[350]

No dia 29, havia mais notícias sob o título "A mulher brasileira na revolução"[351]. No texto, a legenda das fotos referia-se à chegada

[349] *O Cruzeiro*, 15 nov. 1930. p. 13.

[350] *O Cruzeiro*, 8 nov. 1930. p. 24.

[351] Id., 29 nov. 1930. p. 12.

ao Rio das senhoras e senhoritas mineiras que prestavam serviços de enfermagem e assistência às tropas do batalhão João Pessoa.

O episódio da revolução, que ganhou amplo espaço na revista, continuou a repercutir por várias edições em 1930 e estimulava os leitores para que enviassem fotos que ilustravam o acontecimento, as quais vieram de diversas partes do país. Uma delas foi "a do esquadrão de cavallaria da serra, em Barbacena"[352], que mostrava os soldados e os comandantes do destacamento, o qual "tinha por missão a de guardar a serra da Mantiqueira e operar na vanguarda de Bemfica". A revista recebeu ainda fotos dos bastidores da revolução, como a do barracão liberal de Carazinho. As sete fotos ocuparam uma página, e as legendas complementavam a informação:

> Em Carasinho (Rio Grande do Sul), o sr. Ottomar Fleck, negociante, secundado pelos srs. Camillo Scherer, Antonio J. Pereira Junior, Jose Biach e Rodrigo Martinez, organisou com a denominação de "Barracão Liberal", um serviço de distribuição de café às tropas em transito para a frente do Paraná.
> Foram fornecidas durante os dias de mobilização militar riograndense, mais de 30.000 cafés aos soldados em transito. Esta sympathica iniciativa bem merece ficar registrada e incorporada a vastíssima documentação photographica de O Cruzeiro, que até agora tem divulgada cerca de 500 aspectos documentaes da Revolução.[353]

Mas, com essa relação de apoio tão próxima de Vargas, a revista era vulnerável e veio a ruir com o enfraquecimento do governo. Chatô dificilmente se ausentava dos meandros do poder, mas podia fazer um duplo jogo se este poder estivesse indefinido, afinal o que não poderia acontecer era que ele perdesse dinheiro e privilégios. Então, fez um acordo com o brigadeiro Eduardo

[352] Id., 13 dez. 1930. p. 17.
[353] Id., p. 23.

Gomes e garantiu que o apoiaria à Presidência da República, concedendo-lhe anúncios gratuitos, além de generosos espaços jornalísticos na própria revista, nas rádios e nos jornais de sua propriedade. Mas, para não correr riscos, Chatô fez jogo duplo e prometeu também a Getúlio espaços em seus meios de comunicação, ainda que torcesse pelo brigadeiro, em cuja campanha ele se envolveu pessoalmente, como conta Fernando Morais: "Como o resultado das eleições eram imprevisíveis, ele fazia, no entanto, um jogo ambíguo: tomou a cautela de não deixar sair na sua rede uma única palavra contra a candidatura de Dutra."[354] Era preciso que o "poder" continuasse a dar sustentação a seus projetos; assim, se estivesse esvaindo-se, de imediato Chatô tentaria encontrar outras fontes de interesses, como foi o apoio dado ao brigadeiro, ao mesmo tempo em que não se esquecia de Dutra. Apesar do duplo comprometimento, Chatô não poupou críticas a Getúlio e defendeu seus interesses com veemência.

> A campanha dos Associados tornou-se particularmente dura a partir de meados de 1945, quando Getúlio decidiu baixar o decreto-lei 7666, a chamada Lei Malaia. Apelidada pejorativamente com esse nome por causa das afeições asiáticas de seu autor, o ministro da Justiça Agamenon Magalhães (tratado pelos adversários como "o Malaio"), a Lei Malaia pretendia, dizia o governo, proteger a economia e as empresas brasileiras contra a ação dos grandes trustes, nacionais e estrangeiros. Chateaubriand, entretanto, tinha outra interpretação: achava que havia sido feita sob encomenda para destruir os Associados, pois proibia que empresas jornalísticas de um mesmo dono pudessem ser acionistas de outras do mesmo ramo, ou que se fundissem entre si, ou se organizassem em associação ou agrupamento sob um só controle. Ou seja, a lei impedia tudo aquilo que os Associados faziam. Em uma transmissão de rádio, durante a campanha do brigadeiro

[354] MORAIS, Fernando. *Chatô, o rei do Brasil*. 3. ed. São Paulo: Companhia das Letras, 2001. p. 455.

> Eduardo Gomes, um bem-humorado Chateaubriand resumiu sua opinião sobre a lei, que vinha sendo combatida com vigor por todos os órgãos Associados: Não pensem que a Lei Malaia é uma lei de Agamenon Magalhães. É uma lei de Getúlio, Agamenon é apenas seu instrumento. Creio que nunca se fez no Brasil uma legislação com tal ferocidade, com o objetivo exclusivo de exterminar uma organização que somos nós, os Diários Associados. Ao nos defendermos dela, onde arranjaremos tempo para nos organizarmos, arrumarmos dinheiro, comprarmos máquinas? Mas há muitos anos nossa vida tem sido essa: defender nosso patrimônio. [...]. Nesses últimos anos, minha vida foi estar de carabina na porta dos Associados para defender este patrimônio. E acho que se eu não fosse paraibano, e do sertão, esse gaúcho já tinha me comido.[355]

O período, entretanto, não era pródigo para Getúlio Vargas, pois até mesmo os aliados do governo estavam rebelando-se; quem antes era leal, agora, passava a cuidar dos seus próprios interesses. O comunicado de Góis Monteiro a Getúlio de que ele estava deposto naquele 29 de outubro de 1945 rendeu na revista nove páginas. Graças à ousadia e à amizade do fotógrafo Jean Manzon com o major Amílcar Dutra de Menezes, que vinha ainda dos tempos do DIP, quando aquele fora fotógrafo, a revista foi a única no país a registrar fotos e a contar o acontecimento em detalhes. Jean Manzon foi o único repórter a registrar as últimas horas de Vargas em seu gabinete. Com isso, *O Cruzeiro* entregou aos leitores no dia seguinte uma revista repleta de fotos e textos sobre a deposição do presidente, com informações que nenhum jornal conseguira, nem mesmo os do grupo dos Diários Associados.

---

[355] Ibid., p. 456-457.

A QUEDA DE VARGAS (Continuação)

TERRA, MAR E AR

fone de que o Govêrno do país lhe seria entregue, na presença de todos os chefes das fôrças armadas. Pouco mais tarde chegavam à residência do Ministro José Linhares o General José Pessoa, o Almirante Adalberto Lara de Almeida e o Brigadeiro Pedernelras. Comunicaram, oficialmente, a decisão dos chefes militares. E decidiu-se ainda que o ato de posse tivesse lugar imediatamente.

Com estas notícias, verifica-se a renúncia de todo o Ministério do Ditador. Uma guarda do Exército mantém o Presidente no Guanabara. Ninguém pode abandonar o Palácio. Não se sabe do paradeiro do "coronel" Benjamin Vargas, "pivot" de todos os acontecimentos. Seus chefes de gabinete, Srs. Nelson Batista e Renato Bandeira, desa-

FIGURA 24 – A QUEDA DE VARGAS[356]

FONTE: Museu de Comunicação Social Hipólito José da Costa. Porto Alegre, RS

O "furo" de reportagem viera com o convite do major: "– Venha fotografar o fim do Estado Novo. O presidente acaba de ser deposto pelos militares."[357] Então, o fotógrafo conseguiu aproximar-se do ex-presidente e, mesmo o fitando apenas pela objetiva, conseguiu observar o impacto de Vargas em relação ao golpe:

> Vargas tem o jeito de um homem cansado, mas atrás de seus óculos de metal seu olhar ainda está muito vivo e frio – ele parece um animal prestes a atacar ou a defender-se com vigor. Ao vê-lo, no entanto, Getúlio reage com monotonia:
> – Ah, então aqui está o artista que veio fazer o meu último retrato antes da queda, não?
> Apesar de embaraçado Manzon continua apertando o

[356] O Cruzeiro, Rio de Janeiro, 10 nov. 1945. p. 10.

[357] *O Cruzeiro*, p. 457.

> obturador da câmara. O entra-e-sai de gente é muito grande. Só as nove da noite o presidente deposto parece que vai deixar o gabinete. Agora dá ao fotógrafo a impressão de estar relaxado e bem-humorado como nunca. Fumando um enorme charuto, abraça cordialmente João Alberto e, sorridente ("como se estivesse fazendo a coisa mais natural do mundo", descreveria Manzon depois), anuncia aos presentes: – Está tudo terminado. Vou embora. Podemos ir todos dormir.[358]

Acertando os ponteiros: a renúncia de Vargas

Sentindo-se pressionado pelos militares e pela própria opinião pública, Getúlio Vargas renunciou em outubro de 1945, assumindo, então, o governo do então presidente do Supremo Tribunal Federal, José Linhares. Em dezembro, como o próprio Getúlio já havia determinado, aconteceram as eleições para presidente, nas quais concorreram o brigadeiro Eduardo Gomes, pela UDN, apoiado por Assis Chateaubriand, o general Eurico Gaspar Dutra, pelo PSD, e Iedo Fiúza, pelo PCB. Eduardo Gomes fez uma intensa campanha em várias cidades e recebeu o apoio da classe média urbana e da grande imprensa. Já Eurico Gaspar Dutra representava os setores conservadores do PSD e representantes do setor industrial. O candidato de Getúlio Vargas era Eurico Gaspar Dutra, que representava bem seus interesses nacionalistas, enfim, era o mais afinado com suas posições políticas naquele período.

Com o título "A queda de Vargas", como aqui relatado, *O Cruzeiro* foi o único veículo impresso a registrar detalhes do episódio. Com fotos dos três principais impulsionadores do golpe e as frases de efeito que haviam estimulado o ato – "Eduardo Gomes, Todo o poder do Judiciário"; "Góis Monteiro, o Exército garantirá as eleições"; "Eurico Gaspar Dutra, dormiremos com

[358] A QUEDA de Vargas (continuação). *O Cruzeiro*, Rio de Janeiro, 10 nov. 1945. p. 458.

a consciência tranqüila" –, *O Cruzeiro* definiu-os como os "Três líderes da noite histórica". Abaixo do título apresentava o crédito: "Reportagem fotográfica de Jean Manzon – texto de Freddy." Dessa forma, *O Cruzeiro* contou detalhes do episódio segundo a ótica do fotógrafo, o que causou raiva e ciúmes aos demais repórteres, que também esperavam por informações no Palácio Guanabara naquele 29 de outubro de 1945. Reproduz-se aqui o texto da reportagem sobre aquele acontecimento:

> Acontecimentos importantíssimos são esperados para qualquer momento. A nação vive horas de intensa preocupação. A campanha do "queremismo" está no auge e o Ministério do Trabalho prepara a grave geral, em prol do continuísmo. Getúlio Vargas assina o decreto 8.063. A palavra do Exército está em jogo. É um desafio do Ditador às forças armadas. Os generais formulam um "memorandum" que é enviado ao Catete, nos seguintes termos: revogação do decreto ou entrega das interventorias ao Poder Judiciário, Getúlio Vargas nega-se. E nomeia, inesperadamente, seu irmão, o Sr. Benjamim Vargas, Chefe de Polícia. O Ministro João Alberto, por sua vez, vai ocupar o lugar do Prefeito, Sr. Henrique Dodsworth, ao qual é oferecido o Ministério do Exército. Os meios oficiais e a opinião pública estão estarrecidos. O Sr. Benjamim Vargas, em companhia do Sr. João Alberto, do Comandante da Polícia Especial, do Sr. Epitácio Pessoa Cavalcanti e do Sr. Eurico Souza Gomes, dirige-se ao Palácio da Guerra, a fim de transmitir ao General Góis Monteiro o novo rumo da política ditatorial, afirmando ainda que não havia clima para as eleições de 2 de dezembro. O Ministro da Guerra imediatamente pediu a presença de todos os generais, comparecendo também o Brigadeiro Eduardo Gomes e o General Eurico Dutra.
>
> Renuncia do Ministro da Guerra.
>
> Colocando-se ao lado de seus companheiros de armas, o General Góis Monteiro solicitou prontamente a sua demis-

são, assumindo, porém, a pedido dos chefes das fôrças armadas, a chefia do movimento. Decidiu-se, assim, que o Exército não poderia ser afrontado pelo Ditador, cujas maquinações, para não realizar as eleições honestas e continuar no poder, eram mais do que evidentes.

A Policia Especial guarnece o Palácio Guanabara.

Eram precisamente 19 horas quando tôda a polícia do Capitão Queiroz rumou ruidosamente para a residência do Sr. Getúlio Vargas. Cêrca de quatrocentos homens entrincheiraram-se, armados com material modernís-simo. Mas a essa altura dos acontecimentos os chefes militares davam ordem ás fôrças mecanizadas para deixar a vila Militar, com destino à cidade. Da reunião dos militares ficou decidido o envio de um "ultimatum" ao Ditador, cabendo o comando em chefe das fôrças de terra ao General Góis Monteiro. Imediatamente foi escolhido o nome do General Cordeiro de Farias para chefe do Estado Maior das Fôrças.

A essa altura dos acontecimentos, o Sr. Agamenon Magalhães e o General Firmo Freire dirigem-se ao Palácio da Guerra e tomam conhecimento da deliberação das classes armadas.

- Às 21 horas e meia – diz o General Cordeiro de Farias – o Sr. Agamenon, o General Firmo Freire e eu, fomos ao Guanabara, para em nome do General Góis Monteiro, dar conhecimento ao Sr. Getúlio Vargas dos acontecimentos que se desenrolavam e formular a S. Excia., em nome do Exército, da Marinha e da Aeronáutica, o seguinte apêlo:

As Fôrças Armadas confiavam no espírito de renúncia e patriotismo do Sr. Getúlio Vargas a fim de evitar o ensanguentamento da família brasileira, com a declaração espontânea de que as classes armadas, apesar de sua firmeza, não desejavam uma luta, principalmente nas regiões em que estavam sediados os palácios do Governo.

Diante dessas afirmações categóricas o Sr. Getúlio Vargas "renunciou". Mas na realidade o ato era uma deposição inexorável. Êstes acontecimentos vieram demonstrar a completa inutilidade da presença da Polícia do Sr. Queiroz

e, assim, logo foi transmitida ordem para que os choques regressassem ao quartel. Estava deposto o Ditador.
Nesta ocasião o Ministro José Linhares já fôra avisado por telefone de que o Govêrno do pais lhe seria entregue, na presença de todos os chefes das fôrças armadas. Pouco mais tarde chegavam à residência do Ministro José Linhares o General José Pessoa, o Almirante Adalberto Lara de Almeida e o Brigadeiro Pederneiras. Comunicaram, oficialmente, a decisão dos chefes militares. E decidiu-se ainda que o ato de posse tivesse lugar imediatamente.
Com estas notícias, verifica-se a renúncia de todo o Ministério do Ditador. Uma guarda do Exército mantem o Presidente no Guanabara. Ninguém pode abandonar o Palácio.
Não se sabe do paradeiro do "coronel" Benjamin Vargas, "pivô" de todos os acontecimentos. Seus chefes de gabinete, Srs. Nelson Batista e Renato Bandeira, desapareceram da chefatura da polícia precisamente às 19 horas. Não durara, pois, mais de três horas a nova chefia de Polícia.
Mas verifica-se ainda um forte movimento "queremista", alheio aos últimos acontecimentos. Assim, o Sr. Segadas Viana tenta, num golpe desesperado, deflagrar a greve geral dos transportes, alegando que forças "reacionárias" ameaçavam o govêrno "democrático" do Sr. Getúlio Vargas.
Tudo, porém, inútil. A Ditadura está morta. O Presidente do Supremo Tribunal Federal já está à testa do Gôverno.
E quarenta e oito horas são concedidas ao Ditador para arrumar a bagagem. Um avião o levará para S. Borja. Esta a decisão do novo Gôverno.
No palácio da Guerra.
Enquanto os acontecimentos se sucedem no Guanabara, o General Góis Monteiro faz a seguinte proclamação ao Exército:
"O General Pedro A. de Góis Monteiro, em nome das classes armadas, declara que o Exmo. Senhor Presidente da República, diante dos últimos acontecimentos e para evitar maiores inquietações por motivos políticos, se afastará do govêrno, transmitindo o poder ao Presidente do Supremo Tribunal Federal.

O Sr. Presidente fará uma proclamação ao povo brasileiro, concorrendo com sua renúncia e alto patriotismo para quem a ordem pública não sofra soluções de continuidade e se mantenha inalterável o prestígio do Brasil – (a) General Góis Monteiro."

Logo após essa proclamação teve lugar a posse do Ministro José Linhares, cabendo ao General Góis Monteiro saudar o novo Presidente, que, respondendo, de improviso, salientou que tôda a sua vida sempre fôra dedicada à magistratura e era, pois, com o maior orgulho e honra que assumia a suprema chefia do país, onde iria desenvolver todos os esforços para ser, apenas, juíz.

Jamais havia transgredido com a sua consciência, e, agora, como Chefe da Nação Brasileira, podia afirmar que cumpriria, devotadamente, os seus deveres.

Os ministros já escolhidos.

O Presidente da República concedeu, em seguida, breve entrevista à imprensa.

Disse que estava sendo organizado o seu Ministério. Confirmou então, alguns nomes que os jornalistas apontaram: Justiça, Prof. Sampaio Dória, Educação, Prof. Leitão da Cunha; Aeronáutica, Brigadeiro Armando Trompowsky, Exterior, Embaixador Leão Veloso; Fazenda, Pires do Rio; Marinha, Almirante Jorge Dodsworth Martins.

O Presidente da Republica, no correr de sua palestra, reiterou suas declarações anteriores, no sentido de que as eleições se realizariam a 2 de dezembro próximo.

O Presidente da República foi cumprimentado, por fim, pelos membros da magistratura, que o homenagearam.[359]

As páginas recheadas de fotos dos principais autores do golpe, entre eles o brigadeiro Eduardo Gomes, Gil Castelo Branco, Milton de Freitas Almeida, Cervasio Duncan, Brigadeiro Carpenter, Newton Cavalcanti, general Cordeiro de Farias e Almirante Vieira, além dos já citados Góis Monteiro, Eduardo Gomes, Eurico Dutra, e legendas complementavam o texto, com reve-

---

[359] Ibid, p. 9-11, 14, 15.

lações de que houvera uma revolução, mas que não tinha sido disparado nenhum tiro. Segundo o texto, o brigadeiro Eduardo Gomes, durante todo o desenrolar dos acontecimentos, mantivera-se em comunicação com seus companheiros. E ainda: "As fôrças motorizadas do Exército, sob o comando do General Álcio, garantiram o contra-golpe branco que depôs Vargas."[360] Também as legendas informavam que "Fuzil-metralhadora, postado diante do Hotel Glória, guarnece uma das principais vias de acesso ao Catete e ao Guanabara"[361];

> Bem adiante do Portão do Guanabara, caminhões pertencentes às forças motorizadas do Exército permanecem em guarda, esperando a saida do ditador deposto. Havia cêrca de quatrocentos homens da Policia Especial, entrincheirados no Palácio Guanabara, para oferecer resistência às forças armadas do Brasil[362]

Em outra foto, a revista mostrava que soldados dormiam com fuzil na mão em frente ao palácio do governo, enquanto outros guarneciam o local. A legenda dizia: "Vinte e quatro horas sem dormir. – Êstes soldados, após uma longa noite de vigília, repousam alguns momentos."[363]

Na mesma edição da reportagem que acabamos de descrever sobre o que a revista denominou de "A queda de Vargas", *O Cruzeiro* dedicou ainda outros espaços, como o da coluna "Sete dias", que trazia o título "A semana deixou estas lembranças", assinada pelas iniciais F. O. Nela o autor fazia uma análise da deposição de Getúlio Vargas e traçava um paralelo desse fato com o mundo em mudança, dizendo que o fim de guerra trazia um sentimento de liberdade e emancipação do espírito humano

[360] Ibid., p. 14.

[361] A QUEDA, *O Cruzeiro*, nov. 1945.

[362] Ibid., p. 15.

[363] Ibid., p. 14.

que tomava conta das mentes, um sentimento de um mundo que estava desvalido no tempo, como enfatizava. No primeiro parágrafo F. O. comentava o episódio dizendo:

> Acertamos os Ponteiros de nosso relógio pela grande hora do mundo novo. Este deve ser o sentido mais profundo do colapso em que entrou o consulado do Sr. Getúlio Vargas. Todo govêrno que quiser legitimar suas autoridade tendo hoje a uma crescente diminuição da violência. O ditador exasperou-se e caiu. Servindo esta ordem de idéias para explicar a origem da deposição de 30 de outubro, serve igualmente como uma advertência na qual ressos o próprio sentido da vida do após-guerra. Aqui e em outras partes do mundo, os resíduos do fascismo, ainda latente nas esferas econômicas, políticas, moral e espiritual, estão sendo cada vez mais anulados, e anulados serão de tal forma que se torna impossível a sua reorganização como fôrça contrária á maior emancipação do espírito humano. Nossa cultura e nossa civilização, nossos valores e concepções da vida chegaram a um tão admirável grau de amplitude e universalidades, que dificilmente poderemos hoje encontrar díques para transforma-los em gelados poços de estagnação.[364]

O episódio de 29 de outubro foi ainda bastante explorado por *O Cruzeiro* em edições posteriores. Numa delas, Austregesilo de Athayde sintetizou o sentimento dos dirigentes da revista sobre um relacionamento que já não servia mais aos interesses do conglomerado de comunicação dos Associados e que, acima da defesa dos princípios da República, como escreveu o autor em sua coluna, estava a ruína de quem ajudara a criar a revista, que, no entanto, já não expressava a força do poder; por isso, era preciso combatê-lo:

> Disseram ao ditador: "Tome o seu chapéu e retire-se." E êle obedeceu, não sem postular pequenos favores e

[364] *O Cruzeiro*, 10 nov. 1945. p. 6.

gaguejar algumas desculpas.

Um fim sem grandeza, sublinhado pelo sorriso alvar de sempre, próprio dos entremeios do caudilhismo fronteiriço.

Algo de humilhante para os que o combatiam tão duramente, porque viram que estavam combatendo uma sombra.

FAÇAMOS o voto solene de não permitir jamais que a República se desvaneça em semelhante abismo, na negação dos seus grandes princípios, no desastre das suas fórmulas posteriores.

Gerações e gerações lutaram pela liberdade republicana, desde Tiradentes, sagrado no martírio imposto pelo absolutismo, até os seus apóstolos contemporâneos, como Rui Barbosa, a voz profética das amarguras que acabamos de sofrer. O que aconteceu foi a punição de erros imensos que não podem ser repetidos, pois que tanto importaria em voltar a nação ao desagregamento e à morte. República é sinônimo de tolerância, legalidade, representação e justiça. É a própria emanação dos direitos solenes do indivíduo, das prerrogativas e franquias do cidadão. República e liberdade são palavras que traduzem uma mesma única realidade: o predominio das maiorias nos governos oriundos do povo, respeito às minorias organizadas e possibilidade de progresso social, no reconhecimento da completa igualdade de todos perante a lei.[365]

Meses antes, a revista havia publicado uma reportagem sob o título "Encontro da meia noite", com fotos de Jean Manzon e texto de David Nasser. Em tom subjetivo e misturando fatos atuais com uma ficção criada pelos autores[366], o texto revelava

[365] *O Cruzeiro*, 17 nov. 1945. p. 5.

[366] "Uma velhicima lenda grega afirma que, à meia-noite, as almas dos vivos se desencarnam, temporariamente, e se reunem em certos desconhecidos lugares, para dizer coisas que, à luz da razão, jamais diriam. Valendo-se de um dos seus extraordinários recursos, dois dos mais famosos repórteres do Brasil, David Nasser e Jean Manzon, conseguiram localizar esse misterioso solar e a Câmara mágica e privilegiada fez o trabalho. Os leitores observarão nos tipos certas transformações. A isto devem atribuir a diferente maneira que as pessoas aparecem aos nossos olhos. O espirituoso e mais sincero e mais honesto e não faz deformações para melhor e sim para pior. Resta-nos desculpar a ausência do ex-deputado Barreto Pinto, entre os retratados. É que a objetiva dos nossos não possuía micro-lentes para fotografar insetos em sua faina. E as almas, por um milagre celestial, aparecem

diálogos de Getúlio Vargas com o brigadeiro Eduardo Gomes[367] e deixava no ar a suspeita de que "o poder estava em ruína", ou seja, o governo de Vargas estava acabando; assim, a revista se adiantava, afinal, muitos militares leais a Getúlio já começavam a manifestar-se contra o governo na tentativa de depor o presidente e articular-se para eleger um novo governo. Era uma insinuação obscura e, no decorrer da reportagem, iam-se mostrando os problemas que assolavam o governo. Entre os diálogos, estava um desabafo de Getúlio Vargas a José Américo:

> Meus cabelos ficaram brancos, no serviço de minha

---

nesse conclave à meia-noite com a sua estatura moral, e não física. Desejamos ainda advertir que todas as semelhanças desejam, com tôda fôrça, ser propositais e um pouco mais que simples coincidências. Entremos, portanto, no solar das almas" (ENCONTRO da meia noite. *O Cruzeiro*, Rio de Janeiro, 19 maio 1945. p. 9).

[367] Parte do diálogo revela: "Segundo após uma farda, brilha às velas daquele solar. O Brigadeiro Eduardo Gomes, absolutamente calmo, sem perder a gravidade, senta-se numa das cadeiras distantes e permanece silencioso. Getúlio, de longe, dirige-se à ele:

> Bem, senhor brigadeiro, estamos aqui para conversar.
> Tudo quanto, tínhamos para dizer, foi dito.
> Quando?
> Em seu discurso e em minha resposta.
> O discurso do Campo do Vasco? Ora, brigadeiro, aquilo é uma peça de sabor popular, apenas para efeito sobre as massas. Entre nós a linguagem é outra.
> Senhor presidente: uso uma linguagem, tanto para cima quanto para baixo.
> Quem está em cima?
> O povo.
> Um mosquito achou a porta aberta, vêm entrando e falando. O brigadeiro se volta, curioso, sem perguntar quem é Mas o General Flores, à gancha, interroga:
> Quem é êsse fenômeno?
> Getúlio esclarece:
> O antigo deputado Barreto Pinto.
> Nossa! Ele não era dêsse tamanho!
> É, mas houve um milagre celestial, segundo o qual tôdas as pessoas teriam, fisicamente, sua estatura moral.
> Flores olha para o espelho e se benze:
> Graças a Deus fiquei no mesmo.
> Soam passos lá em baixo, na estrada. Os presentes vão até à janela para ver quem é.
> Uma sombra de "pince-mez" anda, vagarosamente, de cabeça baixa, e monolongando uma frase, uma frase apenas:
>
> > "Clevelândia [...] Clevelândia [...]."
> > Flores reconhece o homem
> > É o Artur Bernardes. Nosso aliado.
> > Getúlio sorri para o brigadeiro:
> > Ele é democrático, também agora?" [continua na p. 16] (Ibid., p. 14).

pátria. Sacrifiquei minhas melhores horas, meus melhores dias, perdi anos que poderia ter dedicado a outras coisas. E agora, vocês querem rebaixar minha Avenida para simples rua! Não consentirei nessa monstruosidade."[368] Em um outro: José Américo diz a Getúlio Vargas: "– Eu não o traí. Eu o avisei, porém, você não quis me ouvir. Preferiu acreditar nas megalomanias do capitão do DIP. O resultado foi essa transformação.[369]

As críticas ao governo Getúlio eram enfáticas e mostravam que a revista não estava interessada em amenizar o problema gerado na política brasileira com a deposição do presidente. Era uma crítica muito específica ao regime ditatorial:

> O Governo arbitrário caiu apodrecido, sem um gesto de dignidade e beleza. Provou-se que estava vivendo da tolerância das classes armadas e quando essas, percebendo que o usurpador tentaria a guerra civil para salvar-se, resolveram alijá-lo, a nação inteira aplaudiu-as e os poucos interessados que discordaram não foram suficientemente bravos para manifestar-se.[370]

Com as informações trazidas aqui sobre a deposição do presidente Getúlio Vargas pelas páginas da revista queremos mostrar que existia um jogo de poder e interesses entre *O Cruzeiro* e Vargas. Procuramos, dessa forma, contextualizar um pouco da história do Brasil por meio das páginas da revista, que, como ficou claro, é uma história política com pouca participação das mulheres, já que as colunas e reportagens ignoram qualquer posicionamento feminino; até mesmo as colunistas que escreviam toda a semana para a revista não expressavam a posição da mulher sobre os fatos que contamos aqui, apenas registros das esposas dos revolucionários em atividades de reforço às tropas.

[368] ENCONTRO da meia noite. *O Cruzeiro*, Rio de Janeiro, 19 maio 1945. p. 14.

[369] Ibid.

[370] *O Cruzeiro*, 17 nov. 1945. p. 5.

Os temas políticos relacionados ao poder eram praticamente inexistentes em colunas como "Donna na sociedade" e "Da mulher para a mulher". A política e os acontecimentos que envolviam as decisões mais importantes do país eram abordados amplamente em diversas páginas da revista, contudo, nos espaços femininos, seguia-se falando de moda e de comportamento, nada que se relacionasse à realidade política daquele momento, ainda que isso não signifique que as mulheres não estivessem protagonizando acontecimentos políticos importantes.

Uma vítima de guerra: Margarida, a falsa espiã

Em breve contexto histórico pode-se destacar que os anos do século XX mais perturbados foram os marcados por graves tensões sociais, econômicas, políticas, mas especialmente pela ascensão dos regimes totalitários e a eclosão das duas grandes guerras. O denominado período entreguerras – que se estende do fim da Primeira Guerra Mundial, em 11 de novembro de 1918, até o início da Segunda Guerra Mundial, em 1 de setembro de 1939 – influenciou profundamente a sociedade mundial. Desses anos tivemos como resultado o ápice de crises mundiais em especial a econômica, entre 1929 e 1933. Período esse marcado pela chamada Grande Depressão, uma das causas que levam à eclosão da Segunda Guerra Mundial até 1945.

Foram anos de agonia política, econômica e social, os quais a humanidade atravessou com um forte sentimento de esperança de que a paz chegaria. O governo de Vargas não tomou partido nos primeiros anos de guerra e manteve vínculos tanto com os nazi-fascistas como com os países aliados. Entretanto, em 1942, Vargas autorizou os Estados Unidos a instalarem bases militares no Nordeste brasileiro, declarando, dessa forma, guerra ao Eixo, que chegou a controlar a maior parte da Europa, norte da África,

China e Ásia e era formado por Itália, Alemanha e Japão; com isso, os brasileiros acabaram envolvendo-se com a guerra. As mulheres, mesmo não estando na linha de frente dos combates, contribuíram com as organizações humanitárias, entre elas a Cruz Vermelha. *O Cruzeiro* definia-as como as "samaritanas brasileiras" e dizia que a

> Cruz Vermelha Brasileira, sociedade por todos os títulos benemérita, tem desenvolvido os maiores esforços, recrutando, em suas diversas seções, voluntárias para atender aos diversos serviços necessários a uma nação em guerra. Centenas de jovens e senhoras, brasileiras e estrangeiras, estão prestando, neste momento, sua cooperação desprendida, na mais bela cruzada de boa vontade[371]

Além do tema que envolvia a Cruz Vermelha e que falava do trabalho das mulheres, a revista registrava as notícias vindas das agências internacionais sobre a Segunda Guerra Mundial e reportagens autorizadas pela censura: "Reportagem aprovada pela censura militar, em nove de junho de 1945." A matéria, de Jean Manzon e David Nasser, tratava da "Neurose de guerra":

> Trataremos aqui, de uma história, trágica e dolorosa história, em que são personagens os Homens Esquecidos [...]. Êles, somente êles, não nos poderão entender: perderam a lucidez nos campos de batalha e voltaram à Pátria que os esperou em lágrimas, angustiada, porque não a podiam ouvir, nem entender seus aplausos. Mas, esta é também uma história para que não nos esqueçamos. Sempre os ventos da discórdia laçaram as sementes da guerra entre os povos que combateram pela liberdade e pelos direitos do homem – que as figuras sombrias dêsses "mutilados mentais" pesem no julgamento de cada atitude. E esta é, também e finalmente, a história de uma estranha homenagem: a que nunca foi prestada. A

371 *O Cruzeiro*, 19 set. 1942. p. 3. A reportagem segue ainda nas páginas 62 e 63.

> homenagem de uma gente humilde, que no cais do pôrto aguardava o navio dos expedicionários, e que desejava carregar e abraçar aquêles homens, mas não podia fazê-lo, porque êles, eram êles, os Homens Esquecidos.[372]

Os anos de guerra incentivaram *O Cruzeiro* a lançar encartes especiais na revista. No *Suplemento de Guerra* lançado em 11 de novembro de 1944, traziam-se mapas, as estratégias e uma declaração que tinha por título "Rio de Janeiro – novembro de 1944"[373].

---

[372] A reportagem segue dizendo que: "No mais aceso da luta, uma equipe de homens admiráveis, chefiados pelo General Souza Ferreira, diretor de Saúde do Exército, pelo Coronel Marques Pôrto e outros oficiais superiores, - realizavam uma das mais difíceis e nobres tarefas desta guerra, salvando vidas em plena frente de combate, removendo feridos para a retaguarda, transportando-os para a pátria, utilizando de todos os recursos disponíveis, terrestres, aéreos e maritmos. Para que essa missão de Saúde do Exército Expedicionário Brasileiro seja perpetuada, um dia a narrativa completa será feita. Limitou-nos hoje a fixar um dos ângulos mais doloroso dêsse conflito que envolvem a humanidade: a neurose da guerra. [...]. A legenda desta mesma página registra ainda a chegada os expedicionários brasileiros que foram para a guerra: O povo os recebeu com lágrimas

> – Aquela gente humilde que estava no cais do pôrto do Rio
> – trabalhadores duros e calejados
> – acompanhou com lágrimas nos olhos a descida dos expedicionários brasileiros que voltaram da frente de batalha com neurose de guerra. Eles olhavam a multidão indiferentes a tudo" (Id., 12 dez. 1942. p. 3).

[373] Diz o texto: "A Decisão militar da guerra atinge o ponto culminante, com os rudes combates já dentro de solo própriomente alemão. Isso significa, como tem acentuado o marechal Stalio aos seus soldados, maiores e mais sangrentos combates. Os nazistas, pelo fanatismo de que são datados, e pelo mêdo inato que constitui a sua formação moral, oferecerão a mais tremenda resistência numa tentativa de levar os aliados a um entendimento favorável. Demore um mês, ou vários meses, a derrota alemã está determinada pela decisão das Nações Unidas em reunir suas tropas vitoriosas em Berlim. Aachem arrasada pela artilharia e pela aviação dos norte-americanos é uma prova eloqüente de que nenhum obstáculo impedirá a marcha vitoriosa dos exércitos aliados.
Os alemães sabem disso. Os russos repetem isso todos os dias. Os anglo-americanos, por sua vez, não diminuem seus golpes para abrir caminho até Berlim.
Ao lado dos problemas militares, naturalmente de solução mais complicada para os aliados, há os problemas políticos, também de muito mais difícil entendimento entre os aliados. Se os nazistas constituem um só bloco, com finalidades determinadas, os aliados têm que dosar de grande espírito compreensivo as suas relações, em virtude mesmo da diversidade política-econômica de suas organizações estatais. O objetivo que as Nações Unidas buscam, porém, é o clima favorável aos seus entendimentos. Esse objetivo, mais de uma vez apontado pelos responsáveis aliados, é antes de mais nada o esmagamento total do nazismo na Alemanha e do fascismo em todo o mundo. A união militar para a vitória é uma realidade em marcha vitoriosa. E todos os esforços estão sendo feitos para que a união vitoriosa na paz se torne cada vez mais sólida, para que depois de tantos sacrifícios não te perca a oportunidade para dar ao mundo uma vida mais digna, mais fraternal e mais confortável.
Naturalmente, em virtude da plasticidade dos regimes democráticos, muitos fatos têm ocorrido nas Nações Unidas, que parecem perigosos para a unidade democrática no mundo de após guerra. Êsses fatos, todavia, ainda são esperneios do fascismo, quer na Argentina, quer na China, na Espa-

No texto, a revista fazia uma defesa das forças aliadas, e noticiava que os Estados Unidos, na pessoa do presidente Roosevelt, com habilidade, não aceitara as provocações do fascismo chinês; com isso, impedira-se um perigo ainda maior ao mundo e haviam-se evitado maiores dificuldades às Nações Unidas. Eram tempos de mudanças trazidas com a guerra, e a revista tentava explicar essas transformações que vinham com o crescimento industrial e com as mudanças de comportamentos da população, influenciada pela indústria do cinema, pela cultura de massa que a arrastavam para comportamentos novos, ao mesmo tempo em que trazia a esperança de uma civilização mais consciente, como mostra este texto da revista:

> Este menino fez bem ao nascer hoje. Seus pais vieram de uma geração de guerra e êles próprios pertencem a uma geração de guerra. Cuidarão para que isso não se repita pela terceira vês. E as origens de tôdas as guerras e de todos os males serão atingidas, nesta hora em que se cuida da salvação da raça humana.[374]

Apesar da guerra, o dia a dia das pessoas prosseguia e novos comportamentos surgiam:

> Os elegantes rapazes poderão continuar a freqüentar as

---

nha ou noutros paises. Os elementos fascistas ainda
existentes nesses países, mais para salvar a própria pele de que sobrevivência do fascisismo, tudo têm feito para criar obstáculo à unidade em seus próprios paises. O último caso e que poderia assumir proporções perigosas, verificou-se na China. Não fosse a habilidade do Presidente Roosevelt recusando-se a aceitar as provocações fascistas na China, e a guerra no Oriente poderia tomar um rumo muito difícil para as Nações Unidas. A solução mais aconselhável foi encontrada, todavia, e o esmagamento do Japão chegará no dia previsto.
Outros casos têm surgido como o da Espanha, que os republicanos oportunamente resolverão a contento das democracias.
Superando êsses restos da malenlundidas provocadas pelas tendências fascistas de certos governos, como o do governo polonês exilado em Londres, as vitórias militares vão aplainando tôdas as dificuldades. Na frente oriental, os exércitos russos, apoiado pelos guerrilheiros do Marechal Tito e pelos exércitos filandeses, poloneses, romenos e gregos vão arrasando as últimas resistências nazistas, e que acontece também em tôdas as demais frentes de combate." *O Cruzeiro*, nov. 1944. (Suplemento de Guerra).

[374] *O Cruzeiro*, 12 maio 1945. p. 14.

manicures e brilharem suas unhas, que nada impedirá a consumação dessa inocente vaidade. Apenas certos limites serão estabelecidos e certos deveres serão impostos. No mundo que hoje surge, todos os seres válidos terão que trabalhar, sejam quais forem suas mãos.[375]

Mas a civilização do pós-guerra precisava muito das mãos calejadas para reconstruir o mundo:

> Mãos calejadas de operários não se afastarão das máquinas, porém êste país precisa de outras mãos, um, dois, três milhões de mãos, que o tornarão uma potência industrial, que farão erguer a nível de vida, que melhorarão as condições em que se encontram as nossas abandonadas, imensas e infelizes populações rurais.[376]

O momento era de incentivo à industrialização e ao desenvolvimento do país, esse que, segundo *O Cruzeiro*, não tinha lutas de classes, mas uma luta de castas:

> O chapéu da madame viverá sempre. A verdade é que a luta de classes não existe no Brasil. Há sim, a luta de castas, mas êste é um país quase sem grandes fortunas e essas mesmas fortunas nascem e se volatizam fácilmente. A inflação faz milionários e o 'pif-paf' também o faz. Não há um problema insolúvel.[377]

---

[375] Ibid.

[376] Ibid.

[377] Ibid.

MARGARIDA - A FALSA ESPIÃ

Por DAVID NASSER

MARGARIDA HIRSCHMAN está sendo julgada por ter traído sua Pátria. Ela defende-se, alegando coação. "— Ameaçavam-me de morte". Esta reportagem historia o mêdo da brasileira que atuava ao microfone da rádio inimiga, na Itália. Mas isso é natural. Todos os ratos na hora final abandonam o navio, procurando salvação de qualquer maneira. Portanto julguemos Margarida Hirschman. Julguemos sem falsos pressupostos, julguêmo-la sem partipris, condenêmo-la se ela é culpada como parece, absolvamo-la no caso problemático de ela ser inocente. Mas não nos esqueçamos de julgar também os outros traidores da Pátria que não saíram de casa.

FIGURA 25 – MARGARIDA, A FALSA ESPIÃ[378]

FONTE: Museu de Comunicação Social Hipólito José da Costa. Porto Alegre, RS

Os problemas, nesse mundo novo, eram muitos, mas os heróis e as heroínas surgiam para ajudar a resolvê-los, dizia a revista, trazendo o exemplo da chinesa Chiang-Kai-Chek. Essa mulher era defendida como uma das personalidades do mundo moderno,

[378] *O Cruzeiro*. nov. 1945.

filha do fundador da República Chinesa e apontada como uma das lutadoras pela democracia.[379] Além disso, havia as heroínas da Cruz Vermelha e as esposas de grandes líderes, como a do presidente Roosevelt dos Estados Unidos;[380] portanto, os anos de guerra não deixavam apenas saldos de mortos e heróis, mas marcas de

---

379 "A Grande Heroína – Madame Chiang-Kai-Chek é uma das mulheres de maior personalidade do mundo moderno. Filha do fundador da República Chinesa, grande Sun-Lat-Som, herdou-lhe o espírito de luta, o amor à democracia e ao seu povo. Madame Chiang-Kai-Chek é, além do mais conselheira fiel de seu esposo, o generalíssimo chinês, que lhe deve as melhores inspirações políticas e sociais, como aquela do assinar, com sangue, o compromisso com as forças que se o detiveram para convencê-lo a prosseguir na luta contra o invasor nipônico. A gravura mostra insigne dona chinesa ao lado do seu marido e do general norte-americano Joseph Stilwell, chamado pelos chineses de General Sze. O General Stilwell fala corretamente o chinês e é um ídolo das tropas da terra de Chiang-Kai-Chak. Ele é autor da frase grata aos chineses." "O dia mais feliz de nossa vida será quando as tropas chinesas e americanas entrarem juntas em Tóquio". *O Cruzeiro*, 12 dez. 1942. p. 3.

380 "A Mulher de Roosevelt – Lucia Benedetti – No momento mais difícil de sua vida, Eleanor Roosevelt revelou-se heróica. No instante em que desaparecia Roosevelt, em que se apagava essa imensa tocha da liberdade humana ela não se abateu. Não se descabelou dramaticamente não se aniquilou. Mostrou-se como um soldado que vê cair ao seu lado em pleno campo de batalha, um companheiro de luta. E, com o mesmo valor que sempre revelara, teve para com o novo Presidente esta pergunta: Poderei ajudá-lo em alguma coisa?. Essa intrepidez diante do tamanho desastre me comoveu. Assim como deve ter comovido o mundo inteiro.
Conheci a senhora Roosevelt, em Nova York, numa ocasião em que viera de Washington especialmente para fazer a apresentação de Evo Curic, que ia dar ao povo americano um relato das coisas que vira na sua viagem ao "Front". A primeira norte-americana entrou em cena aberta, ao Mamhattan Center com um ar jovial, nada solene, como se se tratasse de uma reunião intima, sem nenhuma formalidade. [...]. E tomando a escritora carinhosamente pelo braço levou-a até o microfone. Com o correr do tempo fui conhecendo melhor essa espantosa mulher, tão dinâmica, sempre jovial, como se as tremendas responsabilidades diante da nação e do mundo inteiro, não passassem de uma agradável recreação [...]. O gôverno de Roosevelt teve uma colaboradora tão eficiente, tão notável, como jamais houve exemplo na história dos Estados Unidos. Durante o primeiro ano de guerra, ano amargo e cheio de derrotas, ela se mostrou sempre valorosa, sempre confiante na vitória. Com todos os seus filhos mobilizados, no Exército, na Marinha e na Aviação, jamais se cansou de presidir, estimular ou prometer instituições femininas, nem jamais se mostrou fatigada para defender a democracia, [...]. Muita gente deve estar lembrada do escândalo que causou entre os snobs o rompimento da senhora Roosevelt com uma tradicional organização de Washington que se negava a ceder seus salões à cantora Marian Anderson, por se tratar de uma negra. Eleanor Roosevelt foi irredutível. E, Marian Anderson, que ela declarou ser uma legítima glória norte-americana, foi prestigiada pela Casa Branca da mesma forma como foram sempre prestigiados todos os artistas dos Estados Unidos.
A senhora Roosevelt tinha uma seção diária muito curiosa no jornal "World Telegram", na qual estabelecia uma espécie de ponte entre a Casa Branca e o povo. Dava conta singelamente das suas ocupações como um empregado conta como gastou o dinheiro das compras. [...].
Os soldados do Tio Sam eram seus filhos. Não se trata aqui de uma figura de retórica. Ela os amava com sentimento maternal e seus próprios filhos estavam lutando com êles. Acredito que a pergunta de Eleanor Roosevelt – "Poderia ajudá-lo em alguma coisa?" – não ficará vagando no ar como uma coisa morta. O homem desapareceu, mas ficou a causa. Eleanor Roosevelt havia desposado a ambos. O homem e a causa da Democracia. E com a sua experiência, seja de jornalista, de oradora ou de política, ela tem ainda muito que fazer." O Cruzeiro, 26 maio 1945. p. 3.

um jogo estratégico de interesses, cujos personagens não se restringiam a sexo nem nacionalidade. Na defesa de interesses que surgem nas guerras de um lado ou de outro, buscando informações que possam levar a ganhar espaços e até a própria guerra, muita gente foi usada. Mulheres como Margarida Hirschman, que servira de espiã para os nazistas, foi motivo de polêmica nas páginas de *O Cruzeiro*, cujos posicionamentos mostravam as arbitrariedades a que a alemã brasileira fora submetida. Num dos textos, David Nasser descreveu Margarida como vítima do medo:

> Margarida Hirschman está sendo julgada por ter traído sua Pátria. Ela defende-se, alegando coação. "– Ameaçavam-me de morte." Esta reportagem historia o medo da brasileira que atuava ao microfone da rádio inimiga, na Itália. Mas isso é natural. Todos os ratos na hora final abandonam o navio, procurando salvação de qualquer maneira. Portanto julguemos Margarida Hirschman. Julguemos sem falsos pressupostos. Julguêmo-la sem part-pris, condenêmo-la se ela é culpada como parece, absolvamo-la no caso problemático de ela ser inocente. Mas não nos esqueçamos de julgar também os outros traidores da Pátria que não sairam de casa.
> Margarida Hirschman é uma vítima do mêdo. "– Nasci em São Paulo e meu pai, José, e minha mãe, Madalena, residiam em São Paulo, onde o velho possuia um comércio qualquer. Em, 1939, março, decidimos a viagem para a Alemanha, pois o chefe da pequena família necessitava tratamento médico severo. Embarcamos em um navio no pôrto de Santos e estávamos em Minich quando a guerra começou." Margarida não está falando ao repórter, mas a seu advogado, Tenente Bento Leite Albuquerque, do Exército, nomeado ex-ofício para defende-la).
> – "A princípios, os alemães não me obrigaram a trabalhar. Eu, para manter-me, servia na Casa de Arte, porém depois, com a marcha da guerra desfavorável, todos os homens válidos foram sendo gradativamente substituí-

dos e ordenaram-me a entrar para o Serviço de Trabalho Obrigatório. Dali fui enviada, sob pena de fuzilamento, para a cidade italiana de Fino Monaco, no largo de Como, e ainda sob ameaça disseram-me que atuasse como locutora e datilógrafa no programa Auri-Verde, feito para os brasileiros. Durante os meses que esteve nessa emissora, faltou-me talvez, a coragem necessária para trocar o microfone pelo pelotão de fuzilamento. Desejo saber quantas mulheres preferiam a morte. Várias vêzes tive conflito com o pessoal alemão e de tudo isso tenho provas documentadas. Agora, surge um soldado brasileiro, capturado pelos alemães, e que trabalhou sob coação ao meu lado; êsse soldado faz parte da acusação. Pergunto eu se ele, homem e soldado, não encontrou meios de resistir, que poderia fazer eu, uma mulher sozinha: confesso que tive mêdo. Podem até me acusar de covardia. Mas não de traição. Em todos os anos que permaneci na Alemanha ou na Itália, não deixei de ser forçada a realizar tarefas que sinceramente não desejava executar. Deixei a estação alemã, na Itália quando os aliados venceram a guerra e fui para Milão, onde encontrei diversos brasileiros, convivendo com eles. Residi a êsse tempo num edifício de apartamentos situado no Largo do Rio de Janeiro n. 2. [...].
O Sr. Nicolau Baldine, que está sendo julgado pelo mesmo tribunal, saiu diretamente da prisão, escoltado pela tropa SS, até à estação de rádio. Falávamos, por assim dizer, com a faca encostada no pescoço. Todos nós, entretanto, procurávamos ser úteis aos aliados, menos êsse tal Felício Mastrangelo, italiano, e que não poderá ser julgado no Brasil, porque não nasceu aqui." (Mastrangelo vive em liberdade na Itália e é feliz). Ele era o chefe e o mentor dos programas. Nós obedeciamos, apenas, milhões de pessoas estão nas mesmas condições e foram perdoadas, porque não estava em suas mãos reagir contra a violenta perseguição dos nazistas.
O Tenente Leite de Albuquerque, um dos mais competentes advogados que acompanharam a Fôrça Expedicio-

nária Brasileira, está desenvolvendo uma argumentação serena, precisa e sobretudo fartamente documentada, em tôrno da atuação de Margarida Hirschman na Itália. Antes de tudo, espiã não é um têrmo próprio, pois ela estava em terra ocupada pelo inimigo e se espionagem fazia, somente poderia ser um favor dos aliados. Hipótese digna de atenção. Confundiram-na com aquela criatura que atuava no Rádio de Berlim, fazendo a intragável e mal temperada Salada Mista. Passou, Margarida, que é bela e loura, pela mirrada Rosa de Tóquio, uma japonesinha que atuava ao microfone de certa estação nipônica dirigida às forças norte-americanas. Embora não tenha sido uma ou outra, suas funções eram semelhantes e o único ponto em dúvida é apurar se até onde foi sua má vontade em fazer a propaganda do inimigo. Êste documento que, anexamos à reportagem e que será apresentado na próxima audiência do julgamento de Margarida Hirschman terá efeito surpreendente. Ei-lo.
"– Quartel General do IV Corpo – Seção G2 (Serviço de Informações), 15 de junho de 1945. O Tenente Chiaparelli (Do Exército dos Estados Unidos) abaixo assinado, em funções junto à Seção G-2 do 4º Corpo, declara que a Senhorita Margarida Hirschman prestou, ao lhe serem pedidas informações úteis o dispendeu atividade a favor dos inquéritos feitos pela referida seção. O seu auxilio foi prestado com lealdade e amizade para com as Nações Unidas. (a) Frederico Chiaparelli, 2ª Tenente 1. A. Firma reconhecida pelo Consulado de Portugal, encarregado dos negócios do Brasil na Itália."
Naturalmente que este documento pode significar muito e pode, também, não valer tostão. Margarida Hirschman com êle, somente com ele, não obterá sua absolvição. Tudo depende das demais provas que ela apresentará em sua defesa e das provas que contra ela serão apresentadas pela acusação. Está claro que ela não soube resistir à pressão.[381]

[381] *O Cruzeiro*, 24 nov. 1945. p. 31.

Não era, entretanto, apenas com interesses de um mundo em guerra que elas acabavam envolvendo-se, fosse como vítimas, fosse como vilãs, pois os espaços de vários outros campos de atividades em todo o mundo se abriam. Conquistas pessoais já eram possíveis de serem registradas, dando a dimensão de que o coletivo feminino era capaz de dar saltos nos tribunais da justiça humana. Antigos sonhos, outrora tão desejados, começavam a despontar, as mulheres estavam galgando espaço nos altos postos, antes assumidos apenas por homens. E foi no ano de 1944 que uma notícia chamou a atenção de mulheres do mundo inteiro: a Inglaterra acabava de nomear a primeira juíza, profissão essa de difícil conquista para as mulheres numa escala do mundo do trabalho quando essa profissão fora por anos exercida por homens. Sob o título "Eva nos séculos", Marina Guaspari escreveu:

> O país mais conservador da Europa acaba de nomear o seu primeiro juiz feminino – outro entre inúmeros indícios significativos de ascensão constante da mulher às mais variadas funções da vida pública.
> Companheira abnegada do homem desde nossa mãe Eva, a mulher atravessou milênios, em doloroso e deplorável estado de servidão e obscurantismo. Cleópatra, Aspásia, Egóris, Mme. Stael foram exceções tão singulares, que a História lhes guardou os nomes.
> Já em épocas modernas, George Sand escandalizou uma sociedade em pêso, mais talvez pelo seu peregrino talento literário do que pelos seus caprichos sentimentais.
> A tragédia de duas guerreiras, que se alastraram pelo globo inteira, envolvendo nas suas labaredas destruidoras os povos mais pacíficos, relegou a um passado remoto o feminismo agressivo de "miss" Pankhurst, cuja reivindicações criaram sérios problemas às autoridades britânicas, já que freqüentemente se traduziam em atitudes ridículas, em atos de sabotagem estulta e grotesca. Não admira que as façanhas de "miss" Pankhurst repercutissem no mundo inteiro, como um fenômeno chocante, se conside-

rarmos que a mulher era, então, a criatura tímida, crédula e apaixonada de que Ingrid Bergman nos deu recentemente, em "Gaslight", uma personificação perfeita. Foi, no entanto, dêsse mundo feminino que emergiu a genial Maria Sklodowska, a célebre Madame Curie, a quem a ciência deve tão magna descoberta.

Hoje, como tudo mudou!

A mulher hodierna rivaliza com o homem, nos múltiplos domínios da atividade dos nossos dias. Ai a temos vencedora na ciência, na carreira jurídica, nas letras, na arte, na imprensa, bem como perita nos vários ramos do campo técnico.

Ainda há de haver quem se lembre dos primórdios da navegação aérea entre nós, quando em muitos lugares era espetáculo sensacional a subida dum aeróstato, que se alçava laboriosamente do solo, para cair poucos quilômetros além, num matagal ou num banhado, após uma breve trajetória ponteada de saltos perigosas. Hoje até nesse domínio, que então parecia vedado ao homem – pois mal se esboçara a teoria do "mais pesado dó que o ar" – a mulher se firmou triunfalmente; as aviadoras já não são exceções e, não raro as vemos competir com os homens em acrobacias arrojadas.

Em suma, a rajada renovadora penetrou em tôda parte: chegou à China, ao Japão; revolveu até – o que é dizer tudo – os próprios povos do Islam.

Dada a propagação assombrosa do cinema aos recantos mais longínquos do nosso planeta, seria ocioso citar o desembaraço, a independência econômica e pessoal que caracterizam a mulher americana. E, como a despeito das suas ficções e exageros, o cinema reflete, no fundo, a vida do povo que o faz, é lícito dizer que, na generalidade dos casos, as filhas do Tio Sam se valem das suas conquistas, sem quebra das tradições familiares, com uma dignidade que faz jus à maior admiração.

À semelhança das suas irmãs doutras plagas, a brasileira avelvou, venceu um a um os degraus dessa ascen-

ção luminosa. Bemaventurada entre tôdas, envolvendo, nada perdeu dos predicados que a tornam tão sedutora. Ultrapassando o campo do magistério, onde vem, desde eras esquecidas, moldando a mente e o coração da nossa infância, transpondo o âmbito já vasto da arte, no qual tem dado expressões excelsas de renome mundial, a brasileira conquistou um lugar em tôda a esfera de trabalho útil que lhe foi franqueada. Honra agora as antepassadas ilustres, peregrinando com os soldados do Brasil às terras do além-mar, afrontando com êles a travessia cheia de insidia, os perigos e os padecimentos da guerra.
Mas, mulher moderna, continua a ser a mesma espôsa e mãe exemplar; nem desdenha as prendas que lhe legaram as antigas sinhás.[382]

O texto demonstra a inserção feminina numa nova fase, com a conquista de mais uma profissão, mas, ao mesmo tempo, não deixa de reafirmar que o papel verdadeiro da mulher é ser mãe e esposa exemplar, o que também é sinônimo de mulher moderna. O posicionamento da autora era uma síntese do próprio pensamento da revista, que, ao longo das edições, deixou sempre claro que era preciso, sim, que as mulheres evoluíssem no mercado de trabalho e nas conquistas sociais; no entanto, deveriam manter-se femininas, maternas e, sobretudo, boas esposas. Se o envolvimento político chegou tarde para elas, aqui não foi diferente, pois praticamente foram insignificantes os espaços permitidos para os posicionamentos políticos femininos e as suas manifestações sobre os temas políticos do país, do mundo, além das suas preferências partidárias, que são praticamente inexistentes nas páginas de *O Cruzeiro*. Compreende-se aqui que as questões políticas, segundo as páginas da revista, não eram assunto para a mulher.

[382] *O Cruzeiro*, 2 ago. 1944. p. 53.

O FIM DA *ERA O CRUZEIRO*

Nestes aproximados 209 anos da existência da imprensa no Brasil, revistas nasceram e morreram. Outras estão surgindo, neste instante, em diferentes plataformas possibilitadas pelo mundo on-line, em escala frenética, por um mercado editorial em transformação num período em que o jornalismo, cada vez mais, modifica-se e especializa-se, necessitando segmentar, diversificar conteúdos e formas para mitigar mulplicidades de interesses emergidos dos públicos.

Quando uma publicação editorial finda enterrara consigo eras editoriais e registros históricos das realidades que divulgara e editorializara em suas páginas. As revistas findam e assim possibilitam que parte da história do país possa ser contatada pelos viéses midiáticos, sejam eles reais ou mascarados, verdadeiros ou falseados, impregnados de ideologias, visões, vozes, acertos, erros, interesses de bandeiras erguidas ou escondidas. Contribuem para que possam ser decifrados fragmentos de tempo e realidades que encontravam canais de registros que deram vazão e materializaram momentos sociais, políticos, econômicos, culturais e até privados. De anais de fatos que se solidificaram nas fotos, nos textos, nas produções gráficas, nos discursos, nas fantasias e reais histórias, nas ideias. Naquela função inegável que só a imprensa, a mída tem para a história, que é a de registrar e eternizar fatos na memória de uma sociedade.

É verídico afirmar que as revistas brasileiras registram e registram aquela narrativa a que se propuseram e se propõem a contar, pela sua ótica, daquela história que foi e ali é representada, simbolizada, perpetuada em suas páginas, muitas hoje em bytes, seus escritos, suas representações gráficas e fotográficas. Muitas das revistas brasileiras foram consideras célebres. Definidas como saudosas, entre elas *Realidade* (1976), *Manchete* (2000), *Senhor* (1964), para recordar algumas e que ainda permeiam o imaginário de seus leitores com aquele mundo que os fizeram confiar, naquela realidade, cujo registro foi contado para além-lembranças que faz procurar nostalgicamente, na atualidade, publicações semelhantes daquela escrita e editada.

Tais publicações cumpriram o papel ao qual se propuseram. Hoje talvez não fizesse mais sentido em existir, talvez não tivessem mais a expressividade e o significado dos propósitos daqueles anos em que foram criadas, no entanto, restam memórias, referências e conhecimentos que se misturaram com a história do país. Impregnadas de seus mundos, hoje, podem não ter mais o significado de outrora, porém, têm pistas, caminhos, fatos e principalmente registros que nos ajudam a investigar e entender fatos históricos de uma determinada época e período.

Eis, portanto, um recorte dos registros sobre a biografia de *O Cruzeiro* nos seus 46 anos de existência, que deixou uma herança midiática considerável tanto editorial, gráfica, como técnica. Uma reverência ao fotojornalismo e a soma de 91 mil exemplares, segundo a edição de 16 de junho de 1944, além de quatro milhões de leitores, aproximadamente. Números talvez jamais alcançados por outra publicação no país, guardadas proporções e realidades; de outro modo, sinalizou um legado mascarado, obscuro na delineação editorial jornalística e publicitária, de uma publicação que se prestou aos ditames de um mercado consumidor e desconsiderou mudanças e progressos de ordem social, afogou-se, assim, em subliminaridade, permeada pelo consumo e por ideologia imperativista, opressora, falseada no sonho de "modernidade", numa verdadeira máscara que ludibriou, especialmente, as mulheres brasileiras.

O Cruzeiro utilizou-se de uma variedade de formas, de gêneros jornalísticos, técnicas do mundo das artes e dos impressos, o que de melhor existia na época em termos gráficos e profissionais. Basta observar alguns nomes da literatura, como Monteiro Lobato; das artes, como Portinari; do jornalismo, como David Nasser; da fotografia, com Jean Manzon, e da gravura, como Millôr Fernandes, que estavam engajados como colaboradores ou profissionais contratados pela revista. A comunicação era o primeiro passo para essa transformação social moderna; por isso, revistas como a *Life* e a *Paris-Match* foram fontes de inspiração e de informação para que *O Cruzeiro* adotasse padrões modernos em termos gráficos, jornalísticos e publicitários.

Descompassos entre "real" e "ideal"

Nos acontecimentos da vida, muitas vezes, há descompasso entre o real e o ideal, entre o que se pretende e o que de fato acontece. Os fatos mostrados pela imprensa, pela mídia, nem sempre estão em compasso com a realidade. No movimento dos instantes, vão tecendo-se essas realidades, que, além de ficarem registradas nas memórias das pessoas e nos meios impressos, on-line, eletrônicos, nos bytes, deixam pistas para serem mais bem entendidas, interpretadas, avaliadas em também instantes, naquele que sempre estamos esperando, chamado "futuro". Para alcançar o futuro, atravessa-se o presente, seguem-se vestígios, procura-se desvendar aspectos, e aí então chega-se a considerações, muitas impregnadas por incertezas, afinal, elas nunca deixam de existir, porque não há um fim; há, sim, vestígios para muitos começos.

É com o propósito de trazer aqui contribuições sobre alguns aspectos que talvez estivessem ainda obscuros no entendimento histórico-jornalístico que este livro registra algumas considerações. A primeira delas é justamente sobre a desproporção entre a modernidade que a revista *O Cruzeiro* idealizava para o mundo feminino e a realidade em que viviam as mulheres brasileiras. A preocupação em mostrar um mundo glamoroso, com padrões de vida luxuosos, tinha, sim, um objetivo: o de atrair o público feminino para o consumo. Eram padrões ditados numa firme convicção de que a modernidade se fazia necessária.

Era preciso reforçar os propósitos políticos do financiador da revista, em seu primórdio, o então presidente da República Getúlio Vargas, de transformar o Brasil num país moderno, de dar uma ideia de nação hegemônica; por isso, muitas matérias reforçavam a nacionalidade e enalteciam nossas riquezas naturais, culturais, empresariais. A década de 1930 caracterizou-se, sobretudo, por dois acontecimentos que evidenciaram a nacionalidade: a Revolução de 1930, que iniciou o período do governo Vargas, e a eleição de Yolanda Pereira como Miss Universo, esta que representava o ingresso da beleza da mulher brasileira no cenário internacional.[383] Os concursos de beleza foram a tônica principal de grande parte dos espaços de *O Cruzeiro*, principalmente na década de 1930. A própria revista chegou a ser a promotora dos eventos de Miss Brasil e enviou repórteres ao exterior para cobrir o Miss Universo. Certamente, tudo isso tinha suas compensações, tanto que em várias páginas se podem observar anúncios de sabão "Lux" e outros produtos que as beldades mundiais anunciavam na revista.

Na relação de estreitos laços de interesses entre a revista e o governo de Getúlio Vargas, observou-se o relato dos feitos do presidente em quase todas as páginas do semanário, com matérias e fotos, num resumo constante das atividades do governo até o início da década de 1940. A partir dessa data, contudo, mudaram

[383] CORRÊA, 2000, p. 21.

as perspectivas de interesses de Assis Chateaubriand em relação ao poder, e Getúlio Vargas já não detinha a mesma importância de antes. Então, novos nomes surgiam para o comando da nação, e Chatô via aí novas possibilidades de aliança. Por isso, principalmente a partir de 1944, passou a fazer ferrenhas críticas ao governo de Getúlio Vargas nas páginas de *O Cruzeiro*, numa forte campanha que apontava erros, desqualificava o chefe da nação e reforçava o clima de golpe em 1945.

Todas essas questões políticas envolvendo o governo, especialmente a Revolução de 30, denominada pela revista de *A Revolução Nacional*, e a Segunda Guerra Mundial, que foram motivos de suplementos especiais encartados na revista nas décadas de 1930 e 1940, em momento algum expressaram o pensamento feminino em relação à política, à guerra, à situação do mundo e do Brasil nesse período. Também outros temas considerados mais circunspectos, como eleições, educação, saúde, sempre partiam da perspectiva de um pensamento masculino, o que evidencia que os espaços para as mulheres em *O Cruzeiro* serviam mais para enaltecer o belo, o *glamour* e o consumo; logo, não serviam para a defesa dos interesses femininos, como igualdade de direitos, mais espaços no mercado de trabalho e outras conquistas pelas quais lutava uma parcela de mulheres no país e no mundo nesse período.

Temas como esses aparecem envolvendo as mulheres, seja junto às frentes de trabalho da Cruz Vermelha, seja na Revolução de 1930, quando as esposas dos revolucionários prestaram ajuda aos soldados, sempre transparecendo complacência humanitária, reforçando o seu lado maternal, de caridade e de bondade, jamais o seu pensamento sobre os acontecimentos. No caso da Revolução de 1930, a perspectiva da revista era de mostrar as esposas dos revolucionários engajadas na luta, reforçando a importância da revolução para o país, quando até mesmo as mulheres estavam envolvidas.

Conservadorismo e modernidade

O posicionamento feminino mostrado pela revista dizia respeito a questões domésticas, educação dos filhos, no convívio conjugal, roupas, moda e mudanças comportamentais, que se dividiam entre os estilos ousados e os conservadores. Assim, mostrava exemplos de algumas mulheres de sucesso, como a esposa do presidente americano e a primeira mulher juíza, na Inglaterra, como abordado em capítulo anterior. Isso não significa que em outros números (após 1945 não foram examinados na pesquisa que origina a presente obra) não pudessem ter existido colunas com posicionamentos mais fortes sobre temas como política, economia, entre outros. No período analisado, no entanto, o tema política não era assunto para mulheres; apenas para homens, que, com evidente preconceito, escamoteavam o posicionamento feminino, até mesmo sobre conquistas que lhes interessavam, como era a luta pelo direito ao voto em 1934. É um pensamento delineado por olhos masculinos, que discutiam as ideias e as posições políticas do país e do mundo na revista.

Com uma variedade de informações sobre roupas da moda, comportamentos glamorosos das atrizes do cinema americano, lançamentos de produtos de beleza, e ignorando o ponto de vista feminino sobre temas mais "sérios", como política e economia, por exemplo, assim, a revista acabou deixando às mulheres apenas um caminho: o de acompanhar os ditames da moda em roupas e comportamentos, espelhados nas atrizes do cinema americano. Para alcançar seus propósitos editoriais modernos.

A modernidade apregoada buscava o *novo*. Procurava mostrar para as mulheres que a mudança tinha no consumo o caminho para alcançarem felicidade, por meio da moda, de produtos de uso doméstico, das facilidades dos eletrodomésticos, como as geladeiras e batedeiras, até as mais sofisticadas cozinhas com fogões a gás que dispensavam a sujeira e o picumã, além de comportamentos que adotavam novos vocabulários, exercícios físicos, passeios na avenida, cinema, teatro e muitas compras em modernas lojas com novidades vindas de Nova Iorque e Paris.

A modernidade de *O Cruzeiro* não surge no âmago do real, dos fatos da realidade brasileira como um todo, mas na escolha da linha editorial da revista em adotar e anunciar padrões modernos de ser, de vestir, de comportar-se e de direcionar as próprias condutas de vida, porque receitas não faltavam. Destacam-se, por exemplo, as fórmulas de como ser uma boa esposa, de como vestir-se e ser considerada uma *girl*. Foram páginas dedicadas aos manuais de comportamentos, descritos em colunas conservadoras e em outras progressistas, que reforçavam a submissão das mulheres aos maridos e designavam-lhes apenas o papel de dona de casa, rainha do lar e mãe e, nas colunas de Alceu Penna, "As garotas", ensinavam-se padrões mais ousados, estimulando as moças a terem gostos próprios, a usarem roupas da moda e a frequentarem as avenidas, os espaços públicos. A coluna "As garotas" direcionava-se para um público jovem e de elite.

Era uma série de regras que reforçavam a necessidade feminina no mundo doméstico, esse que agora exigia que adotassem novos hábitos de higiene, equipassem a cozinha com práticos utensílios e se preocupassem muito com o corpo saudável, banhassem-se no mar, tomassem sol e praticassem esportes. Tais padrões de consumo não faziam distinções entre as mulheres consideradas modernas e as conservadoras. Os dois perfis femininos são evidenciados em algumas colunas quando tratavam das mudanças que estavam acontecendo e que exigiam posturas mais ousadas, ou a permanência do conservadorismo.

De todas as colunas voltadas para o universo feminino, uma delas pode ser considerada a mais moderna de todas por mostrar um perfil feminino mais ousado. "As garotas", utilizando como recurso a sátira, apresentava moças livres de preconceitos, presentes nas ruas, nas calçadas, nos cafés, nos movimentos dessa nova forma de vida mais urbanizada, as quais usavam roupas modernas e se comportavam como as *girls* americanas. Eram elas que revelavam os novos comportamentos da modernidade, também anunciando produtos e inserindo novas palavras no vocabulário; com esses termos americanos, elas mostravam as influências culturais hollywoodianas veiculadas principalmente pelo cinema.

Também foi motivador investigar e procurar compreender a realidade daqueles anos e o modo como as mulheres eram vistas e se viam para entender as posições mostradas nas colunas, ora inovadoras, trazendo uma mulher consumidora das novidades dos produtos de beleza, dos eletrodomésticos, ora conservadora, conformada a uma sociedade que pouco se importava com a sua liberdade e a sua independentização dos maridos e que não permitia a muitas o acesso ao mundo do trabalho e da política. A maior parte das colunas da revista era escrita por homens, inclusive a considerada mais moderna "As garotas", de Alceu Pena. As mulheres escreviam nas seções denominadas "Assuntos femininos". Como exemplo, a edição de 26 de maio de 1945 trazia um índice com uma variedade de 36 títulos entre artigos reportagens, contos, poesia, cinema, humorismo, variedades, seções, assuntos femininos, figurinos e modelos; desses, 26 eram escritos por homens e apenas dez por mulheres. Pelo período de recorte da pesquisa foi possível constatar que as seções da revista sofreram muitas alterações, mas a média de espaços destinados para as mulheres era de menos de 10%. Ao longo dos anos, houve um acréscimo de colunas femininas, mas antes da década de 1940 as mais significativas resumiam-se a "Donna" e "Donna na sociedade". Além da desvantagem do espaço, o posicionamento feminino restringia-se a temas amenos, que não comprometiam os "padrões de constituição social" vigentes naqueles anos.

O universo feminino mostrado por *O Cruzeiro* em suas reportagens, publicidade e colunas era glamoroso, inspirado nos moldes de comportamentos e modas do cinema americano, já que o material que aqui chegava era farto em textos e imagens. Era nesse contexto que a revista excitava o imaginário dos leitores, como o culto ao belo. O consumo de cosméticos e de produtos que garantiam beleza, conforto e prometia a realização do sonho feminino de transformação, de dias melhores, de contentamento. Os atores e as atrizes do cinema eram os divulgadores desses novos padrões a serem adotados pelas consumidoras, que eram estimuladas, em cada edição, a usar roupas da estação e a comportar-se diante do mundo e dos relacionamentos como as estrelas hollywoodianas. Era uma variedade de formas simbólicas determinantes para compor o panorama moderno mostrado por *O Cruzeiro*.

Nada, entretanto, pode ser mais expressivo do que as capas da revista, saliências do belo e com uma carga de significados, especialmente porque colocavam as mulheres em evidência num espaço que atraía os leitores na banca. As figuras das capas eram distribuídas de diversas formas, com uma diagramação que não enfatizava apenas os rostos, mas o corpo inteiro. Elas apareciam vestidas com os lançamentos da moda, ou a caráter, para evidenciar os tempos de guerras, ou de carnaval, eram capas temáticas que ilustravam os principais assuntos abordados pelo magazine. Mulheres de traços perfeitos, expressivos, maquiadas, de pele clara, eram desenhadas ou fotografadas em praticamente todas as edições da revista para serem estampadas nas capas, ressaltando o feminino e o belo. É difícil identificar quem realmente elas eram, quem estaria ali emprestando seus traços para chamar a atenção dos leitores a cada semana. Isso porque a revista não costumava utilizar legenda nem outros meios que identificassem as personagens, como se vê hoje em qualquer revista feminina que traz uma atriz ou modelo para ilustrar a capa.

Pode-se dizer ainda que também a beleza mostrada pelas páginas de *O Cruzeiro* partia de uma perspectiva masculina, ou seja, era a impressão dos homens sobre o belo. Embora, aos poucos, procurasse dar às mulheres uma certa individualidade, abrindo espaços em capas e colunas para registrar a beleza e o *glamour* feminino, a ótica sobre tudo isso era masculina. Esse culto ao belo valia-se de uma variedade de produtos que não apenas enalteciam as formas físicas, mas traziam no âmago o sentido da modernidade e as ideias de que aqueles eram tempos novos.

Entretanto, a ascensão das mulheres nos espaços da revista precisava ser sutil; o meio de comunicação não quis levantar bandeiras feministas, nem mesmo para defender seus desejos mais profundos de mudanças. Era o anseio de boa parte delas nesse período modificar a forma de vida que levavam e buscar a igualdade de direitos com o sexo oposto. Contudo, era preciso conter as aspirações para que os meios tradicionais não fossem desconcertados; se vazão fosse dada às ânsias femininas de mudanças, as transformações sociais seriam inevitáveis, como de fato ocorreria mais tarde, quando, aos poucos, as conquistas foram sendo alcançadas. Era preciso insistir na realidade tradicional, que ganhava defensores e defensoras em diversas colunas e espaços da revista para que as formas de relação entre homens e mulheres fossem mantidas. Segundo esse padrão, eles prevaleciam no domínio e no controle da família, das profissões, dos costumes e da sociedade, e a elas cabia o papel da companheira, de ajudante, ou seja, elas não poderiam passar dos limites constituídos na hierarquia patriarcal.

Essa sociedade, marcada pelo predomínio do patriarcado, estava experimentando uma nova ordem, que surgia em decorrência da industrialização e da modernização da vida em geral: o consumo. A lógica do mercado industrial não podia mais restringir consumidores; era preciso avançar e atrair até mesmo quem estava fora da engrenagem social, o que justificava o estímulo às novas formas de vida e de comportamento feminino, como uma estratégia para ganhar mais consumidores. De qualquer maneira, isso significou espaços que enalteciam o imaginário feminino, sem levar em consideração o que de fato acontecia em todas as camadas sociais do país naquele momento, mas sim a formação de novas concepções e comportamentos que levassem a consumir.

Com toda a certeza, esta obra não deu conta da totalidade da análise das mais variadas expressões simbólicas representadas na revista. São espaços que registram acontecimentos sobre as brasileiras de uma parcela restrita das mulheres que viviam em grandes centros, como São Paulo e Rio de Janeiro. Mas essas, segundo as páginas de *O Cruzeiro*, eram referência para mostrar uma realidade de Brasil moderno e de brasileiras que adotavam uma nova forma de vida, consumista e motivada para realizar vontades e desejos, fosse na área artística, fosse na esportiva, entre outras. Para *O Cruzeiro*, era o cinema a sua maior fonte de inspiração para lançar novas modas, uma tirania que vinha das elegantes estrelas, principalmente da Metro-Goldwyn Mayer, além de agências cinematrográficas, como a Paramount.

Certamente ainda ficam pontos a investigar, como a audiência, a forma como essas informações ditadas pela moda se inseriam na sociedade como um todo. A presente obra não pretendeu abarcar as evidências para serem decifradas nessa relação estreita da sociedade com o cinema, com a fotografia, com a publicidade, que dizem mais que o sentido modernizador e simbólico, abrindo portas para um estudo das múltiplas linguagens, nas várias formas de expressão, na história da moda, da comunicação feminina e de uma relação de poder que une governo e imprensa, de uma política que se vale da propaganda como a maior ferramenta de governo; da possibilidade, ainda, de uma história das ideias, da história da propaganda no Brasil e da história do Brasil, criada a partir da realidade mostrada pela revista e pelo imaginário da época. Além dessas, podem ser levantadas ainda outras possibilidades, uma vez que a revista está inserida num contexto histórico rico em acontecimentos e em aspectos tanto da comunicação como da história.

Com o desafio constante de descobrir-se que mulheres eram aquelas mostradas por *O Cruzeiro* e que mereciam estar sempre na primeira página, procuramos compreender aquele universo feminino e os reflexos da modernização no país no período. Entendemos que a revista priorizava aquelas que faziam parte do "mundo novo", mulheres consumidoras de cosméticos e eletrodomésticos, ganhadoras de concurso de beleza, seguidoras da moda e dos padrões hollywoodianos de ser, pertencentes a uma elite social que promovia festas fabulosas e que era notícia nas colunas sociais. Foram histórias de um período significativo para o país e para as mulheres, afinal, a década de 1930 trouxe, pela primeira vez, o direito de voto às brasileiras.

Além de exaustivo, foi desafiador contar um pouco dessa história brasileira feminina vista pelo olhar da objetiva e da visão de um batalhão de colunistas e jornalistas de uma revista que priorizou mulheres belas e que lhes atribuiu um papel: o de protagonistas da modernidade, da sociedade de consumo que emergia.

Ao mesmo tempo, entretanto, o magazine não contribuiu com a luta por conquistas femininas que se levantavam naqueles anos, atendendo ao clamor por igualdade de direitos, de espaços no mercado de trabalho, na própria família e nas decisões políticas do país. *O Cruzeiro* não levantou as bandeiras reivindicatórias das mulheres e contribuiu para sufocar as vozes femininas, não apenas daquelas que priorizou em suas páginas, as belas, as ricas e as que a própria revista definiu como "modernas", porque se encaixavam nos padrões de comportamentos moldados pelo cinema americano e pelo mercado consumidor, mas também daquelas consideradas pobres, submissas, frágeis, dependentes e trabalhadoras, das excluídas socialmente.

Na roda da vida a história quase sempre repete fórmulas, muitas vezes em moldes diferentes e variados. A imagem depreciativa e a ideia de um mercado consumidor que sacia a glutonaria feminina pelo gasto parece ser a tônica de muitos meios de comunicação na atualidade. Veículos surgiram e surgem com foco numa imagem consumista e algumas vezes depreciativa das mulheres, procurando instigar disputa acirrada pelos melhores padrões de beleza que desconsidera a identidade humana. Que estimula o culto ao corpo pelo corpo, em detrimento da saúde e da qualidade de vida.

Apesar do avanço em direitos e igualdade, especialmente no âmbito profissional, é possível encontrar na esfera da realidade mulheres vítimas de violência, que vivem na mais completa opressão, independentemente da classe social a que pertençam. É uma violência, além de física, financeira, que muitas vezes está mascarada pelo medo, pelo *status* social ou, ainda, por uma necessidade de sobrevivência. Estrapolar tais ocorrências, apesar do tempo histórico, e confrontar a realidade atual com aquela mostrada por *O Cruzeiro* permite verificar semelhanças nas formas de mascarar os fatos. A revista transferiu a submissão total das mulheres aos maridos e à sociedade patriarcal, aos ditames da beleza e do consumo, ignorando, dessa forma, a verdadeira realidade em que as mulheres viviam. Hoje, não obstante os avanços, é possível perceber que muitos meios de comunicação continuam mascarando a imagem feminina, reduzindo-as a situações depreciativas, seja na música, na fotografia, na retórica de todos dos dias, ou nos programas popularescos, escamoteando, assim, conquistas femininas em diversos aspectos da sociedade.

Diante de todos os fatos e registros históricos, e por mais longe que voltemos no tempo, compreendemos que a subordinação feminina ao pensamento masculino não é de todo permanente e vai reduzindo-se aos poucos em razão de pequenas conquistas que permitem avanços, seja no âmbito profissional, social, cultural e doméstico. Longe do ideal. Há um longo caminho a ser trilhando, que está além das imposições culturais, sociais, moral e de consumo e que passa pela mudança de conceitos, valores, por uma cultura de paz, de dignidade e de respeito humano. Por uma mudança cultural que considere as mulheres na mesma condição de pertencimento social, profissional econômico e político, de igualdade de direitos, de gênero e de humanização.

REFERÊNCIAS

ACCIOLY, Silvia. *O Cruzeiro*, Rio de Janeiro, 13 abr. 1935. Coluna "Graça, Saúde e Belleza. (Desenhos de Alceu – "Natação IX").

ALVIM, Zuleika. Imigrantes: a vida privada dos pobres do campo. In: SEVCENKO, Nicolau (Org.). *História da vida privada no Brasil*. São Paulo: Cia. das Letras, 1998. v. 3. p. 215-287.

ANNATERESA, Fabris (Org.). *Modernidade e modernismo no Brasil*. São Paulo: Mercado de Letras, 1994.

A PARTICIPAÇÃO da mulher no mercado de trabalho no Brasil. Disponível em: <http://www.frigoletto.com.br/geopop/mulher.htm> Acesso em: 25 mar. 2003.

BERMAN, Marshall. *Tudo o que é sólido se desmancha no ar:* a aventura da modernidade. São Paulo: Companhia das Letras, 1986.

BIRMAN, Joel. *Gramáticas do erotismo*: a feminilidade e as suas formas de subjetivação em psicanálise. Rio de Janeiro: Civilização Brasileira, 2001.

CANAL KIDS. Cidadania: a história do voto. Disponível em: <http://www.canalkids.com.br/surpresa/cidadania_voto. htm>. Acesso em: 14 abr. 2002.

CARDOSO, Ciro Flamarion. *Narrativa, sentido, história*. São Paulo: Papirus, 1997.

CARVALHO, José Murilo. *A formação das almas*: o imaginário da República no Brasil. São Paulo: Companhia das Letras, 1990.

CARVALHO, Luiz Maklouf. *Cobras criadas:* David Nasser e o Cruzeiro. São Paulo: Senac, 2001.

CHARTIER, Roger. *A história cultural*: entre práticas e representações. Rio de Janeiro: Difek/Bertrand Brasil, 1990.

CINTRÃO, Rejane Lassandro. *A figura feminina na arte brasileira do século XX*. São Paulo: Lemos, 1968.

CIRO, Flamarion Cardoso; VAINFAS, R. (Org.). *Domínios da história*: ensaios de teoria e metodologia. Rio de Janeiro: Campus, 1997.

CIVITA, Victor (Ed.). *100 anos de propaganda*. São Paulo: Abril Cultural, 1980.

CORRÊA, Thomaz Souto (Ed.). *A Revista no Brasil*. São Paulo: Abril, 2000.

CPDOC. *Navegando pela história*. Disponível em: <http://www.cpdoc.fgv.br/nav_historia/htm/anos30-37/ev_radpo1001.htm>. Acesso em: 20 dez. 2002.

DARNTON, Robert. *O grande massacre de gatos*. Rio de Janeiro: Graal, 1986.

DE BARROS, Diana Luz Pessoa. *Teoria semiótica do texto*. São Paulo: Ática, 1997.

DEFLEUR, Melvin L. *Teorias da comunicação de massa*. 5. ed. Rio de Janeiro: Jorge Zahar, 1993.

DIEHL, Astor Antônio. A propósito do texto "Epistemologia, texto e conhecimento". *Diálogos*, [s.l.], DHI/UEM, v. 3, n. 3, p. 39, 1999.

______. *Do método histórico*. 2. ed. Passo Fundo: UPF, 2001.

______. *Cultura historiográfica:* memória, identidade e representação. São Paulo: Edusc, 2002.

ECO, Umberto. *Semiótica e filosofia da linguagem*. São Paulo: Ática, 1991.

ERBOLATO, Mário L. *Técnicas de codificação em jornalismo, redação, captação e edição no jornal diário*. São Paulo: Ática, 1991.

EPSTEIN, Isaac. *O signo*. São Paulo: Ática, 1991.

FAUSTO, Boris. *Sociedade e instituições (1889-1930)*. 2. ed. São Paulo: Difel, 1978. v. 3.

______. *Estrutura de poder e economia*. São Paulo: Difel, 1982. v. 3.

______. *A Revolução de 1930*: historiografia e história. São Paulo: Brasiliense, 1983.

______. *Sociedade e Política (1930-1964)*. 2. ed. São Paulo: Difel, 1983. v. 3.

FÉLIX, Loiva Otero. *História e memória:* a problemática da pesquisa. Passo Fundo: Ediupf, 1998.

FICO, Carlos. *Reinventando o otimismo:* ditadura, propaganda e imaginário social no Brasil. Rio de Janeiro: Fundação Getulio Vargas, 1997.

FOUCAULT, Michel. *Microfísica do poder*. 3. ed. Rio de Janeiro: Graal, 1982.

______. *A ordem do discurso*. São Paulo: Loyola, 2001.

GIDDENS, Anthony. *As conseqüências da modernidade*. São Paulo: Editora da Universidade Estadual Paulista, 1991.

GRAMSCI, Antonio. *Os intelectuais e a organização da cultura*. 4. ed. Rio de Janeiro: Civilização Brasileira, 1982.

INSTITUTO GUTENBERG. *Biblioteca*: o disco voador de *O Cruzeiro*. Disponível em: <http://www.igutenberg.org/Biblio24.html>. Acesso em: abr. 2001.

LACOUTURE, Jean. *A história nova*. São Paulo: Martins Fontes, 1990.

LOPEZ, Emilio Mira Y. *Os fundamentos da psicanálise*. Rio de Janeiro: Científica, [s.d.].

MALUF, Marina; MOTT, Maria Lúcia. Recônditos do mundo feminino. In: SEVCENKO, Nicolau. *História da vida privada no Brasil*. São Paulo: Cia. das Letras, 1998. v. 3. p. 367-421.

MARCUSE, Herbert. *A ideologia da sociedade industrial*. Rio de Janeiro: Zahar, 1982.

MARIANI, Ricardo. *A cidade moderna entre a história e a cultura*. São Paulo: Nobel, Instituto Italiano di Cultura di São Paulo, 1986.

MEDEIROS; ALBUQUERQUE. Eugenia e belleza. *O Cruzeiro*, Rio de Janeiro, 27 jul. 1929.

MORAIS, Fernando. *Chatô, o rei do Brasil*. 3. ed. São Paulo: Companhia das Letras, 2001.

MULHER trabalhadora. Disponível em: <http://www.cut.org.br>. Acesso em: 14 abr. 2002.

MURARO, Rose Marie; PUPPIN, Andréa Brandão (Org.). *Mulher, gênero e sociedade*. Rio de Janeiro: Relume Dumará, 2001.

NETTO, Accioly. *O império de papel*: os bastidores de *O Cruzeiro*. Porto Alegre: Sulina, 1998.

NUMBERG. Herman. *Princípios da psicanálise sua aplicação às neuroses*. Prefácio de Sigmund Freud. Revisão conceitual de Maurício Levy Junior. Trad. Ivan Braun. Rio de Janeiro: Atheneu, 1989.

O CRUZEIRO. *A revolução nacional*. Documentos para a história. Rio de Janeiro, nov. 1930.

O CRUZEIRO. *Encontro da meia noite*, Rio de Janeiro, 19 maio 1945.

O CRUZEIRO. *O meu primeiro "Maillot" de rosa branca*, Rio de Janeiro, 13 mar. 1930. (Edição Especial).

O CRUZEIRO. Rio de Janeiro: [s.n.], 1928-1945.

PIAGET, Jean. *A psicologia*. Lisboa: Bertrand, 1981.

SANGIRARDI, Helena. Seja uma boa companheira. *O Cruzeiro*, Rio de Janeiro, 15 abr. 1944. Coluna "Lar doce lar".

SANT'ANNA, Affonso Romano de. *A sedução da palavra*. Brasília: Letraviva, 2000.

SANTAELLA, Lúcia. *Estética:* de Platão a Peirce. São Paulo: Experimento, 1994.

SERPA, Leoní. *A máscara da modernidade:* a mulher na Revista O Cruzeiro (1928-1945). Passo Fundo: UPF, 2003.

SEVCENKO, Nicolau. A capital irradiante: técnica, ritmos e ritos do Rio. In: ______ (Org.). *História da vida privada no Brasil*. São Paulo: Cia. das Letras, 1998. v. 3. p. 513-619.

______. Introdução – o prelúdio republicano, astúcias da ordem e ilusões do progresso. In: SEVCENKO, Nicolau (Org.). *História da vida privada no Brasil*. São Paulo: Cia. das Letras, 1998. v. 3. p. 7-48.

SKIDMORE, Thomas E. *Brasil:* de Getúlio a Castelo Branco, 1930-1964. Rio de Janeiro: Paz e Terra, 1982.

TEIXEIRA, Coelho. *O que é indústria cultural*. São Paulo: Brasiliense, 1980.

THOMPSON, John B. *Ideologia e cultura moderna*: teoria social crítica na era dos meios de comunicação de massa. Petrópolis: Vozes, 1995.

______. *A mídia e a modernidade*: uma teoria social da mídia. Petrópolis: Vozes, 1998.

VAINFAS, Ronaldo. História das mentalidades e história cultural. In: CARDOSO, Ciro F.; VAIFAS, Ronald (Org.). *Domínios da história*. Rio de Janeiro: Campus, 1997.

VOVELLE, Michel. *Ideologias e mentalidades*. São Paulo: Brasiliense, 1987.

WILLI, Bolle. *Fisiognomia da metrópole moderna:* representação da história em Walter Benjamin. São Paulo: Editora da Universidade de São Paulo, 2000.

WISSENBACH, Maria Cristina Cortez. Da escravidão à liberdade: dimensões de uma privacidade possível. In: SEVCENKO, Nicolau. *História da vida privada no Brasil*. São Paulo: Cia. das Letras, 1998. v. 3. p. 49-130.

WOLF, Mauro. *Teorias da comunicação massa media*: contextos e paradigmas, novas tendências, efeitos a longo prazo, o newsmaking. Lisboa: Presença, 1995.